中越边境常见跨国犯罪实务系列研究丛书

邓崇专　黎仲诚 / 著

妨害国境管理罪司法认定与刑罚适用问题研究

Study on Judicial Determination and
in the Crimes against Administration o

中国法制出版社
CHINA LEGAL PUBLISHING HOUSE

图书在版编目（CIP）数据

妨害国境管理罪司法认定与刑罚适用问题研究 / 邓崇专，黎仲诚著 .—
北京：中国法制出版社，2019.10
（中越边境常见跨国犯罪实务系列研究丛书）
ISBN 978-7-5216-0565-5

Ⅰ . ①妨… Ⅱ . ①邓… ②黎… Ⅲ . ① 妨害国境管理罪 – 研究 – 中国
Ⅳ . ① D924.364

中国版本图书馆 CIP 数据核字（2019）第 203462 号

策划编辑：马春芳
责任编辑：刘 悦 封面设计：杨泽江

妨害国境管理罪司法认定与刑罚适用问题研究

FANGHAI GUOJING GUANLIZUI SIFA RENDING YU XINGFA SHIYONG WENTI YANJIU

著者 / 邓崇专 黎仲诚

经销 / 新华书店

印刷 / 北京京华虎彩印刷有限公司

开本 / 710 毫米 ×1000 毫米 16 开 印张 / 18 字数 / 256 千

版次 / 2019 年 10 月第 1 版 2019 年 10 月第 1 次印刷

中国法制出版社出版

书号 ISBN 978-7-5216-0565-5 定价：66.00 元

值班电话：010-66026508

北京西单横二条 2 号 邮政编码 100031 传真：010-66031119

网址：http://www.zgfzs.com **编辑部电话：010-66073673**

市场营销部电话：010-66033393 **邮购部电话：010-66033288**

（如有印装质量问题，请与本社印务部联系调换。电话：010-66032926）

前 言

PREFACE

《妨害国境管理罪司法认定与刑罚适用问题研究》是中越边境常见跨国犯罪实务系列研究丛书中的第二本，是继《走私罪司法认定与执法完善问题研究》的接续成果，同时也是本人与广西金狮律师事务所主任黎仲诚先生精诚合作、共同努力的又一结晶。

根据目前的司法实践，由于中越边境涉及妨害国境管理的犯罪类型并不齐全，因此本书的研究对象虽以《刑法》分则第六章第三节规定的妨害国境管理类罪冠名，但实际上仅选取了组织他人偷越国境罪、运送他人偷越国境罪和偷越国境罪（以下简称“三罪”）这三种中越边境常见的妨害国境管理犯罪为研究对象。

本书的目标直指“三罪”在司法认定中的诸多疑难问题与刑罚适用问题的求解。其中，在“三罪”的司法认定层面，主要涉猎了如下内容：一是“三罪”的客观方面，对诸如“组织”“运送”“结伙”等客观方面的行为以及各“加重情节”或“情节严重”情形的内涵进行了较为细致的解读，同时就“三罪”的客观方面在司法实践中出现的各种疑难现象或者争议问题，相应地展开了力所能及的剖析、研判与化解。二是组织他人偷越国境罪与运送他人偷越国境罪各自既遂与未遂的划分。实践中对该二罪既遂与未遂的认定上存在着较大的分歧，特别是组织他人偷越国境罪的既遂与未遂划分问题，其争议尤为激烈。虽然司法解释对组织他人偷越国境罪的未遂作出了规定，但由于该规定的内容具有一定的抽象性或者模糊性，导致实务界对其的理解并不一致；同时尽管最高人民法院也为此发布了指导案例，但实践证明，该指导案例并没有真正创制出行之有效的司法规则，因而没能发挥其应有的“指导”功能。由此，上述努力并未平息各方对组织他人偷越国境罪既遂、未遂划分的争议。所以，为消除分歧并达成统一，有必要对二罪各自既遂与未遂的划分问题作一番具有实质性的探讨，并最大限度地对之予以厘定。三是“三罪”的共同犯罪问题。由于刑法在妨害国境管理类罪中将某些帮助的行为予以正犯化而设置了独立的罪名，由此对于其他为“三罪”提供帮助的行为是否纳入共犯处罚，同时，如果要纳入共犯处罚，在某些特殊情形下又如何认定，在实践中成为有争议的问题。另外，基于跨国犯罪之故，“三罪”不仅基本表现的是共同犯罪的形态，而且在组织他人偷越国境或者实施运送他人偷越国境的犯罪中，犯罪主体往往表现出多层次性，而且因有的行为人没有到案而导致“另案处理”的情形增多。那么，在如此情形下，对于主犯与从犯究竟如何划定，也是一个值得商讨的问题。所以，对此无疑均需一一提出解决方案。四是“三罪”的罪数形态问题。其解决的是在实践中究竟是以一罪抑或数罪处理的问题。由于罪数形态是刑法理论及刑事司法实践均绕不过的问题，这种无法规避性即意味着：面对以一罪处断抑或数罪并罚的提问，司法最终必须作出“二选一”的回答。无论是刑法理论还是刑事司法实务，对于“三罪”的罪数形态尚存在诸多分歧，因此有必要对此一一作出达成统一的厘定。为此，本书具体就运送他人偷越国境罪和偷越国境罪的罪数形态问题进行了一定的研究，并分别表明了自己的立场。五是此罪与彼罪的关系问题。由于实施组织他人偷越国境犯罪中，无疑也存在运送的行为，那么该罪与运送他人偷越国境罪究竟如何区分，成为司法实践中的一个极具争议的问题。同时，刑法规定的骗取出境证件罪，其成立的要求是为“组织他人偷越国境使用”，那么，实践中将一经实施了骗取出境证件的行为即以该罪处罚，这一做法是否合适，也值得探讨。为此，本书特别就组织他人偷越国境罪与运送他人偷越国境罪的界限以及组织他人偷越国境罪与骗取出境证件罪的关系，进行了较为深入的研究。六是组织他人偷越国境罪的主体的认定问题。由于实践中出现了诸多难以确定是否为“组织者”的情形，且争议较大，因此有必要专门就该罪的主体认定问题进行探讨并予以厘定。在“三罪”的刑罚适用层面，本书主要安排了两项内容：一是梳理中越边境妨害国境管理犯罪的成因与特点，该项内容的安排主要是为随后寻找解决刑罚适用中所存在问题的径路提供铺垫；二是揭示了刑罚适用中存在的具体问题，并有针对性地提出系列解决方案。

值得一提的是，既然本书研究的是中越边境的妨害国境管理犯罪，那么开展研究的素材当然主要来自中越边境妨害国境管理犯罪的司法实践。本书的思路是希望通过对上述“三罪”司法认定及刑罚适用的研究，运用归纳法推理出具有普适性的结论。虽然对于整体来说，其表现出了一定的特殊性，甚至似乎属于“个案”的范畴，但是基于妨害国境管理犯罪的共同特点无疑会让这一“个案”不再具有“个性”。另外需要说明的是，本书引用的案例基本来自北大法宝的司法案例（http://www.pkulaw.cn/Case/）数据库，所以，凡书中所举的案例来源于该数据库的，则不再注明其来源，如果不是来源于该数据库的，会在脚注特别注明其出处。

通过研究上述内容，笔者相信，本书所陈列的各种观点对司法实践的指导应当具有一定的启迪。当然不得不承认的是，本书付梓之际，本人的内心实际是忐忑的。尽管作者对中越边境妨害国境管理犯罪进行了一定的调研，为本书的写作积累了一些心得或者提供了一定的基础，但出于时间及精力受限并主要囿于作者学识及分析问题与解决问题的能力之故，书中表达的许多观点缺乏深思熟虑，同时对用于分析的案例也存在误读的可能，因而本书所呈现的诸多观点肯定会存在值得商榷或者自相矛盾，甚至谬误之处。特别是，本书主要展现的是上述“三罪”的司法认定及刑罚适用的旨趣，在一些问题的看法上竟然与长期战斗在司法一线的实务界专家的观点表现出不一致，这更让作者感到不安。不过，既然是学术探讨，就肯定存在不同的见解。非常期待大家的批评与指教。

邓崇专

2019年6月22日

于广西民族大学相思湖畔

目　录

CONTENTS

第一章　组织他人偷越国境罪 / 001

第一节　对“组织”的理解 / 003

一、刑法语境中“组织”的含义 / 003

二、本罪“组织”的理解及认定 / 005

第二节　对本罪主体的认定 / 021

一、单位究竟能否成为本罪的主体 / 021

二、受他人之托实施拉拢、引诱、介绍行为是否一律认定为本罪的组织者 / 027

三、委托人不明确告知招募越南籍务工人员的是否成立组织者 / 032

四、本罪是否仅限于追究组织者的刑事责任 / 033

第三节　本罪加重情节的理解及其认定 / 037

一、对本罪“首要分子”的认定 / 038

二、本罪“人数众多”的具体认定 / 040

三、本罪“多次”的理解 / 046

四、对“造成被组织人重伤、死亡”的理解 / 049

五、对“剥夺或者限制被组织人人身自由”的理解 / 052

六、对“以暴力、威胁方法抗拒检查”的理解 / 055

第四节 组织他人偷越国境罪的既遂与未遂 / 060

一、本罪既遂与未遂的纷争概览 / 060

二、司法解释对本罪既遂与未遂的确立及其理解 / 064

三、本罪既遂与未遂划分标准的本书观点 / 074

第五节 本罪的共同犯罪问题 / 078

一、成立本罪共犯的范围 / 078

二、本罪主从犯的认定 / 079

第六节 本罪与他罪的界分 / 084

一、本罪与运送他人偷越国境罪的界限 / 084

二、本罪与骗取出境证件罪的关系 / 101

第二章 运送他人偷越国境罪 / 105

第一节 对本罪成立要求的把握 / 107

一、运送一人是否构成本罪 / 107

二、对非法运送之“非法”的理解 / 110

三、运送已经入境我国的越南籍人员能否构成本罪 / 115

第二节 对“运送”的理解及其认定 / 123

一、“运送”方式的争论 / 123

二、本书的观点 / 124

第三节 本罪加重情节的理解及其认定 / 126

一、本罪“多次”的理解及其认定 / 127

二、本罪“人数众多”的认定 / 128

三、“交通工具不具备必要的安全条件”及“足以造成严重后果”的理解及其认定 / 132

四、“造成被运送人重伤、死亡”的理解及其认定 / 134

第四节 本罪的共同犯罪问题 / 136

一、协助运送行为的定性 / 136

二、多人多层次参与运送的共犯认定 / 141

三、本罪主犯与从犯的认定 / 148

第五节 本罪既遂与未遂的划分标准 / 154

一、本罪既遂与未遂的既有观点 / 154

二、本书的立场 / 156

第六节 本罪的罪数形态 / 163

一、本罪的想象竞合犯 / 163

二、本罪数罪并罚的情形 / 164

第三章　偷越国境罪 / 167

第一节　本罪"情节严重"的理解及其认定 / 169

一、对"在境外实施损害国家利益行为"的理解 / 169

二、"偷越国境三次以上"的理解及其认定 / 174

三、"三人以上结伙"的理解及其认定 / 180

四、"拉拢、引诱他人一起偷越国境"的理解及其认定 / 197

五、对"偷越国境被行政处罚后一年内又偷越国境"的理解 / 199

第二节　"涉恐"型偷越国境罪的理解及其适用 / 200

一、"涉恐"型偷越国境罪相关概念的内涵 / 201

二、"涉恐"型偷越国境罪的司法适用 / 202

第三节　本罪的共同犯罪问题 / 206

一、为偷越国境的人提供帮助的是否依本罪的共犯论处 / 206

二、本罪主犯与从犯的认定 / 209

第四节　本罪的罪数形态 / 210

一、本罪的想象竞合犯情形 / 210

二、本罪的牵连犯情形 / 212

三、本罪与他罪数罪并罚的情形 / 214

第四章　中越边境妨害国境管理犯罪的刑罚适用 / 223

第一节　中越边境妨害国境管理犯罪影响刑罚适用的因素 / 225

一、中越边境妨害国境管理犯罪的成因 / 225

二、中越边境妨害国境管理犯罪的特点 / 228

第二节　中越边境妨害国境管理犯罪刑罚适用存在的问题与解决径路 / 236

一、刑罚适用中存在的问题 / 236

二、解决中越边境妨害国境管理犯罪刑罚适用中存在问题的进路 / 252

参考文献 / 273

第一章 组织他人偷越国境罪

第一节　对“组织”的理解

一、刑法语境中“组织”的含义

我国刑法规定了诸多涉及“组织”这一词语的罪名，有的罪名中的“组织”作为动词使用，有的则作为名词使用。单以动词使用的罪名除本罪外，其他罪名有：组织残疾人、儿童乞讨罪，组织未成年人进行违反治安管理活动罪，组织、领导传销活动罪，组织出卖人体器官罪，组织他人非法聚集罪，组织会道门、邪教组织破坏法律实施罪，组织致人重伤、死亡罪，非法组织卖血罪，组织卖淫罪，组织播放淫秽音像制品罪，组织淫秽表演罪以及组织越狱罪，等等；既作动词又作名词的罪名有组织、领导、参加恐怖组织罪和组织、领导、参加黑社会性质组织罪。另外，有些罪名虽然没有冠以“组织”的名称，但其犯罪的客观方面刑法规定需要有“组织”的要求，如《刑法》第103条的分裂国家罪、《刑法》第104条的武装叛乱、暴乱罪以及《刑法》第105条的颠覆国家政权罪，其客观方面表现为“组织、策划、实施”了分裂国家、武装叛乱或者武装暴乱以及颠覆国家政权的行为。

在刑法语境里，与“组织”相联系的有“组织犯”和“组织行为”两个概念。“组织犯”是划分共同犯罪人种类的一种称呼，它一般与实行犯、教唆犯和帮助犯一起成为以分工为标准的基本种类。我国刑法虽然没有明文规定组织犯的概念，但有学者认为，在刑法条文中确实包含有组织犯的规定，如关于主犯和首要分子的规定即是。[①]为此，“我国刑法理论上的组织犯，是指组织、领导犯罪集团或者在犯罪集团中起策划、指挥作用的犯罪分子”。[②]作为分工，实践中组织犯一般不直接参与实施具体的犯罪行为，但也存在既实施组织行为又直接参与实施具体犯罪行为的情形。而“组织行为”是就共同犯罪行为而言的，它是指组织犯在犯罪集团中的组织、领导、策划、指挥行为。按照陈兴良教授的观点，“组织行为具有不同于正犯行为的特点，它不是由刑法分则加以规定的，而是由刑法总则规定的。如果某种组织行为已由刑法分则作了规定，那就不仅是组织犯的组织行为，其本身就是正犯行为”。[③]例如，《刑法》第120条规定的组织、领导、参加恐怖组织罪中，就包含了组织行为，此时的“组织行为”已经由刑法规定为犯罪的实行行为（正犯行为）。

从语义上看，“组织”有“使分散的人或事物具有一定的秩序和系统”及“按照一定的目的和系统组织起来的团体”之意。[④]显然，前者是当“组织”作为动词使用时的语义，而后者则是“组织”作为名词使用时的语义。在刑法语境中，如果与犯罪集团对应，“组织”是指为实施共同犯罪的目的，通过发起以及招募、雇用、拉拢、引诱、鼓动等方式而将分散的个人召集起来，形成较为固定的犯罪组织并对犯罪集团实施领导、策划、指挥的行为；如果与一般共同犯罪相对应，“组织”不仅指发起、召集，而且还包括在实施具体犯罪中的领导、策划、指挥行为；如果与单

---

① 《刑法》第26条第1款规定：“组织、领导犯罪集团进行犯罪活动的……是主犯。”《刑法》第97条规定：“本法所称首要分子，是指在犯罪集团或者聚众犯罪中起组织、策划、指挥作用的犯罪分子。”

② 马克昌主编：《犯罪通论》，武汉大学出版社2006年版，第542页。

③ 陈兴良：《规范刑法学（上册）》，中国人民大学出版社2013年版，第232页。

④ 参见《新华词典》，商务印书馆2013年版，第1357页。

独犯罪相对应，“组织”则是直接实施领导、策划、指挥以及安排、协调、布置等的行为。

二、本罪“组织”的理解及认定

（一）司法解释对本罪“组织”的确立及理解

对于何为本罪中的“组织”，2002年最高人民法院《关于审理组织、运送他人偷越国（边）境等刑事案件适用法律若干问题的解释》第1条对此作出了明确的规定，最高人民法院、最高人民检察院《关于办理妨害国（边）境管理刑事案件应用法律若干问题的解释》（自2012年12月20日起施行，以下简称《解释》）第1条第1款也沿用了该内容。即规定：“领导、策划、指挥他人偷越国（边）境或者在首要分子指挥下，实施拉拢、引诱、介绍他人偷越国（边）境等行为的，应当认定为《刑法》第三百一十八条规定的‘组织他人偷越国（边）境’。”据此，要确定本罪的“组织”行为，就应当首先确定何为“组织他人偷越国（边）境”。根据《解释》，“组织他人偷越国（边）境”是指领导、策划、指挥他人偷越国（边）境或者在首要分子指挥下，实施拉拢、引诱、介绍他人偷越国（边）境。这亦是本罪调控的两大范围。那么，本罪的组织行为包括两种方式：一是行为人领导、策划、指挥他人偷越国境的行为；二是在首要分子的指挥下，实施拉拢、引诱、介绍他人偷越国境的行为。

按照《解释》，对于本罪组织行为的安排，首先可以确定的是本罪的组织行为与特殊的共同犯罪（犯罪集团）中组织犯的组织行为有着本质的区别。如上所述，“组织犯”是基于分工的不同而划分的与教唆犯、实行犯和帮助犯相并列或对应的共同犯罪人种类，是专指犯罪集团中起组织作用的首要分子。可见，“组织犯”的组织行为是发生在犯罪集团中（内部）对于其他犯罪人（包括教唆犯、实行犯、帮助犯）的犯罪活动实施统一的组织、策划、指挥，其此时的组织行为并不是实行行为中的组织行为。而本罪中的组织行为，完全是一种纯粹的实行行为，其体现在对他人偷越国境过程中的具体领导、策划、指挥。由此，对《解释》规定的第一种组织行为方式不能作出仅为组织他人偷越国境犯罪集团的首要分子所实施的理解，亦即首要分子之外的人实施的“领导、策划、指挥”行为也属于本罪的组织行为。

那么，对于第一种组织行为方式，其应包括行为人单独实施与共同实施（含一般的共同犯罪和特别的共同犯罪）组织他人偷越国境下的领导、策划、指挥行为。在单独实施情形下，由于无所谓召集他人共同参与的行为，所以行为人只要直接实施拉拢、引诱、介绍并领导、策划、指挥他人偷越国境的，即为本罪的组织行为。例如，毛某某 1 组织他人偷越国境案，该案经审理查明，2017 年 1 月 30 日中午，被告人毛某某 1 在东兴市东某 2 越友谊公园门口招揽赵某 2、赵某 1、罗某、惠某 4 名游客偷渡到越南游玩，并商定按人均人民币 260 元的标准收取偷渡费用。随后，毛某某 1 带着赵某 2 等 4 人从东兴市东某 3 中路关帝庙对面的铁门进入榕木潭码头，再搭乘毛某某 1 安排的一艘铁皮船偷渡到越南芒街市。同日下午 4 时许，毛某某 1 带着赵某 2 等 4 人乘船返回中国东兴市，途中按约定向赵某 2 等人收取人民币 1045 元。后毛某某 1 带着赵某 2 等人在东兴市榕木潭码头上岸时被民警抓获。法院认为，被告人毛某某 1 违反国家出入境管理法规，组织他人偷越国（边）境，其行为已构成组织他人偷越国境罪。[1] 在此案中，被告人毛某某 1 独自一人招揽赵某 2、赵某 1、罗某、惠某 4 名游客偷渡到越南游玩，属于直接实施领导、策划、指挥他人偷越国境的组织行为。

在一般共同犯罪和特别共同犯罪的情形下，行为人领导、策划、指挥他人偷越国境，便当属本罪的组织行为。例如，王某某等组织他人偷越国境案，该案经审理查明：2017 年 1 月 10 日，被告人王某某与中国山东省菏

① 参见广西壮族自治区东兴市人民法院（2017）桂 0681 刑初 121 号刑事判决书。

泽市牡丹区沙土镇新兴村任某的“晨明建材制砖厂”签订了劳务合同，由其负责招收工人，之后，被告人王某某、古某到越南集市宣传招工，并通过古某的亲戚传话、熊某7（身份不详）等人招工的方式，招募越南籍人员到该砖厂打工。在招募到42名越南籍人员后，被告人王某某让被告人王某某1联系车辆到云南省文山州接人，被告人王某某1联系好车辆后，被告人王某某通知越南籍人员李某2、李某1等人于2017年农历正月十一（2017年2月7日）到被告人王某某家下面一个叫金厂的地方集中乘车。2017年2月7日，被告人王某某、古某带领该42名越南人到金厂乘坐微型车，于次日凌晨2时到文山州德厚服务区，并转乘由被告人王某某1事先联系好的车牌为吉E ××××× 的大客车去山东。2017年2月8日10时30分，该车行至富源县胜境关时被富源县公安局查获。一审法院认为，被告人王某某、古某、王某某1组织他人偷越国（边）境，人数众多，其行为已构成组织他人偷越国（边）境罪，公诉机关指控的事实清楚，罪名成立。[①] 此案显然属于一般的共同犯罪类型，由被告人王某某、古某等直接实施了拉拢、引诱、介绍并领导、策划、指挥42名越南籍人员偷越国境的组织行为。

对于第二种组织行为方式，实务界有人认为，由于此种“组织”行为必须是在首要分子指挥下进行，所以如果没有首要分子指挥而实施拉拢、引诱、介绍行为的，则不构成本罪的“组织”行为。而且此种“组织”行为方式主要限于拉拢、引诱、介绍三种方式。由于组织他人偷越国境犯罪环节较多，参与人员情况复杂，对于实施拉拢、引诱、介绍三种方式以外的其他一般协助行为，不宜认定为“组织”行为。[②] 笔者认为，上述观点对《解释》的解读无疑是正确的。因为，在刑法所设置的关于妨害国境管理的罪名中，组织他人偷越国罪的法定刑是最高的，因而本罪“组织”行为的边界应当作一定

① 参见云南省富源县人民法院（2017）云0325刑初197号刑事判决书。

② 参见熊选国、任卫华主编：《刑法罪名适用指南——妨害国（边）境管理罪》，中国人民公安大学出版社2007年版，第3—4页。

的限制，即只能限于《解释》规定的两种行为方式，否则有扩大本罪适用范围之嫌，也违背《解释》的规定。再者，刑法已就骗取出境证件、提供伪造、变造的出入境证件以及运送他人偷越国（边）境等为组织他人偷越国境“服务”的行为规定了独立的罪名，因此对本罪的第二种组织行为限定在为组织者（首要分子）提供拉拢、引诱、介绍协助的范围之内，无疑是正确的。不过值得强调的是，《解释》只是将在首要分子指挥下实施拉拢、引诱、介绍的行为确定为本罪的“组织”行为，并没有绝对排除其他的协助行为可以成立本罪组织者的共犯。因此，除了骗取出境证件为组织他人偷越国境使用、为组织偷越国境的组织者提供伪造、变造的出入境证件或者出售出入境证件，分别依照骗取出境证件罪、提供伪造、变造的出入境证件罪及出售出入境证件罪处理之外，对于那些给组织者提供其他协助的行为人，根据情节可以考虑将其以本罪组织者的共犯（帮助犯）处置。

值得注意的是，行为人在实施本罪的过程中，既可能实施了所有的包括领导、策划、指挥行为以及在首要分子指挥下实施拉拢、引诱、介绍等的行为，也可能实施了其中某几种或者一种具体的行为（例如，只实施了策划行为而没有实施领导行为，只实施了拉拢行为而没有实施引诱行为，等等），但行为人只要具有第一种行为方式和第二种行为方式中的某一个具体行为即可成立本罪的组织行为。

另外，与刑法分则规定的其他组织罪相比，本罪“组织”的内涵或边界范围表现出了其应有的特性。根据《解释》的规定，本罪“组织”的范围包括领导、策划、指挥行为以及在首要分子指挥下实施拉拢、引诱、介绍等行为。所谓“领导”，是指指引、带领被组织者偷越，如组织者亲自率领被组织者实施偷越行为；所谓“策划”，是指出主意、定办法，亦即为了顺利实施偷越（包括顺利地与接应人对接或者为了规避检查而顺利越境）而拟定偷越的时间、路线、地点等；所谓“指挥”是指组织者在组织他人偷越过程中的各种调度行为，如安排接应的人员、时间、地点、车辆、食宿以及越境后的车辆行驶路线、安排人员望风等；所谓“拉拢”，是指为了实现某种目标而利用各种手段使被组织者向行为人靠拢；所谓“引诱”，是指通过刻意地夸大某种事实或者将会获得某种好处为诱饵，诱惑、唆使他人偷越国境，如对被组织者宣传偷越到他国务工可以赚取比国内更高额的利益；所谓“介绍”，既可以是指行为人对被组织者为了解偷越国境从事某种工作的好处的直接描述（这种行为一般不通过刻意地夸大或者虚构某种事实为前提），也可以是指在组织者与被组织者之间牵线搭桥，促使他们相互认识并能顺利偷越国境。

从以上可以看出，本罪与其他组织罪最大的区别，就是本罪的实行行为需要跨越国境，因此本罪的组织行为在具体实施中无疑表现出一个向国境推进的动态过程。其中领导、策划、指挥的目的就是如何能够让通过拉拢、引诱、介绍聚集的人成功偷越国境，拉拢、引诱、介绍的目的则是如何聚集偷越的人员，而其他组织罪的组织行为则没有这样的过程。同时，如果是组织他人进入我国，那么本罪组织行为的多个环节（如拉拢、引诱、介绍、运送、食宿等）必定或一般是在国外进行。由此，本罪与其他组织罪在犯罪既遂与未遂的划分上会出现不同的标准。另外，由于刑法设置了骗取出境证件罪、提供伪造、变造的出入境证件罪、出售出入境证件罪、运送他人偷越国境罪及偷越国境罪，所以行为人为本罪的组织者提供上述帮助的，均不能以本罪的共犯处理。而有的组织罪则不然，如非法组织卖血罪，为非法组织卖血的行为人提供招募、引诱、运送等帮助的，就应以该罪的共犯（即帮助犯）处置。还有，本罪与其他有的组织罪在组织行为所使用的手段上也有所不同。有学者将刑法分则法条中的“组织”分为两种情形：一种是不限手段的组织行为，即这种组织行为可以以暴力和胁迫等限制手段为前提，也可以仅仅实施一般的策划、领导行为等而未实施强制行为；另一种是手段受到限制的组织行为，这种组织行为大多以暴力或者胁迫为前提。[①]

---

① 参见熊永明：《〈刑法修正案（八）〉第37条的理解与适用》，载《山东警察学院学报》2011年第5期。

根据此观点，本罪的组织行为显然是不限手段的组织行为类型。亦即在组织他人偷越国境的过程中，行为人所实施的组织行为，既可以是使用暴力或胁迫的方式进行（如剥夺或者限制被组织人的人身自由），也可以采取拉拢、引诱、介绍等非强制的方式进行。

（二）对本罪“组织”认定的实践展开

根据司法实践，关于对本罪“组织”的理解及认定问题，有以下几种情形值得探讨：

一是被组织者持护照、边民证等证件合法出入境，此种情形能否认定组织人的行为为本罪的组织行为。

有学者认为，组织他人偷越国（边）境罪，以被组织者的行为属于偷越国（边）境为前提。亦即虽然不要求被组织者的行为构成偷越国（边）境罪，但其行为至少属于违反出入境管理法的偷越国（边）境的行为。如果被组织者的出入境行为不属于偷越国（边）境，就不能认定组织者的行为构成组织他人偷越国（边）境罪。[①] 笔者对此予以赞同。因为，根据《解释》第6条的规定，所谓偷越国（边）境是指符合下列情形之一的行为：（一）没有出入境证件出入国（边）境或者逃避接受边防检查的；（二）使用伪造、变造、无效的出入境证件出入国（边）境的；（三）使用他人出入境证件出入国（边）境的；（四）使用以虚假的出入境事由、隐瞒真实身份、冒用他人身份证件等方式骗取的出入境证件出入国（边）境的；（五）采用其他方式非法出入国（边）境的。显然，偷越国（边）境必须以非法出入境为前提。以组织外国人入境我国为例，根据《出境入境管理法》第6条规定，外国人应当从我国对外开放的口岸出境入境，特殊情况下，可以从国务院或者国务院授权的部门批准的地点出境入境。出境入境人员应当接受出境入境边防检查。第42条规定，外国人入境，应当向出入境检查机关交验本

---

① 参见张明楷：《刑法学（下）》，法律出版社2016年版，第1111页。

人的护照或者其他入境许可证明，履行规定的手续，经查验准许，方可入境。据此，如果被组织人持有效证件且从我国对外开放的口岸出境入境，并经查验准许，当然无所谓“偷越”可言，组织人的行为也就难以符合本罪“组织”的要求，从而不符合本罪的构成特征。对此的处理应为：如果被组织人属于非法居留或者非法就业的，可依据《出境入境管理法》第62条的规定对其遣送出境，亦可分别依据《出境入境管理法》第78条第1款和第80条第1款，对其予以行政处罚；① 对于容留、藏匿非法居留的外国人的个人或单位，以及介绍外国人非法就业和非法聘用外国人的行为，可分别依照《出境入境管理法》第79条及第80条第2款、第3款予以行政处罚。②

但是，被组织人虽然持有效护照等出入境证件，却并没有从我国对外开放的口岸并经查验准许出境入境，这仍然属于偷越国境的行为，组织人当然要承担组织他人偷越国境罪的刑事责任。例如，孙某某组织他人偷越国境案即这种情形。在此案中，被告人孙某某组织王某等8人（均办理了护照）到越南办理驾照，为制造在越南已居住三个月的假象，孙某某与王某等8人先持护照从我国口岸正常进入越南境内，当天又从中越边境便道全部非法进入我国。三个月后，孙某某与王某等8人先从中越边境便道全部非法入境越南，再持护照从口岸进入我国境内，从而完成了在越南居住

① 《出境入境管理法》第78条第1款规定：“外国人非法居留的，给予警告；情节严重的，处每非法居留一日五百元，总额不超过一万元的罚款或者五日以上十五日以下拘留。”第80条第1款规定：“外国人非法就业的，处五千元以上二万元以下罚款；情节严重的，处五日以上十五日以下拘留，并处五千元以上二万元以下罚款。”

② 《出境入境管理法》第79条规定：“容留、藏匿非法居留的外国人，处二千元以上一万元以下罚款；情节严重的，处五日以上十五日以下拘留，并处五千元以上二万元以下罚款，有违法所得的，没收违法所得。单位有前款行为的，处一万元以上五万元以下罚款，有违法所得的，没收违法所得，并对其直接负责的主管人员和其他直接责任人员依照前款规定予以处罚。第80条第2款规定：“介绍外国人非法就业的，对个人处每非法介绍一人五千元，总额不超过五万元的罚款；对单位处每非法介绍一人五千元，总额不超过十万元的罚款；有违法所得的，没收违法所得。”第3款规定：“非法聘用外国人的，处每非法聘用一人一万元，总额不超过十万元的罚款；有违法所得的，没收违法所得。”

三个月的虚假记录。虽然组织人孙某某与被组织人王某等8人均办理了护照，但他们均两次有经中越边境便道逃避检查而非法进出境的经历，因此，审理本案的广西靖西市人民法院认定被告人孙某某构成组织他人偷越国境罪，无疑是正确的。此案的具体案情如下：[①]

经审理查明，被告人孙某某系江苏省常州市飞达驾校教练，其从网上获知如果在国外获得机动车驾驶证并居住三个月后，再转回中国，只要在国内考第一科目的理论考试就能取得中国驾照。得知此信息后即萌生用该方法赚钱的念头。遂在江苏省常州市组织王某、韦某、潘某、李某1、高某、李某2、刘某、徐某八人去越南办理驾照，协商在王某等人成功办理驾照后每人给孙某某相应的报酬，王某等人为此分别办理了出国护照。为制造在国外居住三个月的假象，2017年6月27日，孙某某与王某等人在广西靖西市会合后，次日，孙某某在靖西市包了本地男子陆某的面包车，带着以上八名人员乘车到达中越边境龙邦口岸，持中国护照从中国广西靖西市龙邦口岸出境到越南境内，当天孙某某等人从越南经中越边境便道非法入境进入中国。三个月后，即2017年9月26日，孙某某再次组织王某等8人，从江苏省来到靖西市会合，2017年9月28日，又包了陆某的面包车到中越边境的龙邦口岸，组织王某等8人从中国广西靖西市龙某经中越边境便道非法出境后进入越南境内，再持护照从越南境内通过龙邦口岸进入中国境内，完成了上述人员在越南居住三个月的虚假记录，以此在越南购买驾驶证再转回中国并获得中国驾照。法院认为，被告人孙某某违反国家有关出入境的管理规定，组织他人偷越国境，其行为已构成组织他人偷越国境罪，公诉机关指控的罪名成立。

不过，如果组织人组织的越南籍人员均持《中越边境地区出入境通行

① 参见广西壮族自治区靖西市人民法院（2018）桂1081刑初13号刑事判决书。

证》(俗称“边民证”)通过指定的口岸或者便道入境我国后，再由组织人带领其进入我国内地务工，或者越南籍人员持“边民证”主动入境我国后，再通过他人组织进入我国国内务工，这两种情形是否可认定为本罪的“组织”行为，值得商榷。笔者认为，第一种情形只不过是组织者或者被组织者以“边民证”为掩护，但其仍然属于偷越国境的性质。因为，申领“边民证”的一般是中越两国各自边界一侧的乡(镇)范围的居民、边境地区边贸人员及应邀参加传统民族节日联谊活动的双方边境地区的人员，其出入境不仅规定有时间期限(一般出入境为一天)，而且还有只在边境地区范围内活动的限制，超出时间和限定范围外活动的须到有关主管部门办理相关手续。例如，《广西壮族自治区中越边境地区人员入境出境暂行规定》第8条规定：“越方边境地区人员入境到本自治区边境地区的，必须持有本国主管机关签发的中越边境地区出入境通行证，从双方规定的出入境口岸、通道(含便道)出入境；前往本自治区边境地区以外地区的，须向自治区边境县(市)公安局提出申请，获准并领取《中华人民共和国外国人出入境证》；前往目的地属不对外国人开放的地区的，须同时申领旅游证件；前往本自治区以外的地区的，须持有效护照和签证。”第10条第1款规定：“越方边境地区人员入境到本自治区边境地区探亲访友，求医治病，从事正当商品交易，当天不能出境的按规定办理住宿登记后，可以在本自治区境内住宿；需要停留一个月以上的，必须在入境后三日内到当地县(市)公安局申请办理《广西壮族自治区边境地区外国人临时居留证》。”第11条规定：持有临时居留证的人只能在该县(市)范围内居住。可见，当组织者组织持有“边民证”的越南籍人员突破限定活动范围外并深入我国内地务工的，这与偷越国境并无本质上的差异，因而组织者的行为应当符合本罪的构成特征。至于上述第二种情形，笔者认为，鉴于持“边民证”的越南籍人员主动入境，其入境行为并无受他人组织，之后他人(运送人)受请求将其送往目的地，送往的过程中即使表现出了一定的领导、策划、指挥等行为，但因与本罪的“组织”特征不符而不能以本罪追究行为人的刑事责任，如果构成运送他人偷越国境罪或者因与偷越人通谋而成立偷越国境罪的，应以该二罪分别论处。

二是偷越人自愿或者主动“被组织”的能否认定组织者的行为为本罪的组织行为。

司法实践中往往出现这样的情形，就是行为人在实施“拉拢、引诱、介绍”行为时，有的越南籍人员知道要招募工人去中国务工的消息后而主动找到行为人自愿加入，或者有的越南籍人员本就有去中国务工的意愿而积极主动地寻找曾经有过在中国务工经历的行为人请求帮助偷越国（边）境，然后行为人提供了帮助的，对于上述缺乏“拉拢、引诱、介绍”行为的情形，是否可以认定为本罪的组织行为，非常值得探讨。

在理论界，有学者认为，此种情形应当具体分析，如果行为人只是单纯应他人请求为他人偷越国（边）境做向导或提供其他帮助的，不宜按本罪处理；如果行为人应他人请求加入偷越国（边）境行为中来，并且积极主动策划、指挥、领导的，则应认定为组织他人偷越国（边）境罪。[①]

在实务界，对于偷越人自愿或者主动“被组织”的能否认定组织者的行为为本罪的组织行为，出现了不同的意见。一种意见认为，行为人在没有实施拉拢、引诱、介绍行为而是被组织者自愿或者主动请求的情况下，不应认定为本罪的“组织”行为，从而不构成组织他人偷越国境罪；另一种意见则认为，虽然被组织人是自愿或者主动请求、加入的，但毕竟组织者实施了组织他们偷越国境的行为，因而应当以本罪论处。对此问题究竟如何解决，笔者且以窦某某组织他人偷越国境一案为例配合探讨。在该案庭审中，公诉机关东兴市人民检察院认为被告人窦某某构成组织他人偷越国境罪，被告人窦某某则辩称不构成本罪，而是构成偷越国境罪，一审法院东兴市人民法院最后认定公诉机关指控的罪名成立。该案公诉机关的指控、被告人辩解、庭审查明的事实及法院的认定依次如下：[②]

---

① 参见谢望原、赫兴旺主编:《刑法分论》，中国人民大学出版社 2011 年版，第 329 页。

② 参见广西壮族自治区东兴市人民法院（2017）桂 0681 刑初 186 号刑事判决书。

东兴市人民检察院指控，2017年年初，被告人窦某某同意带被告人范某某、吴某某、阮某某1、阮某某2到中国打工，并与被告人窦某某1约定偷渡到中国打工，窦某某1又叫其妹妹窦某某3一起偷渡到中国打工。后约定2017年2月20日从越南家中出发偷渡去中国。2017年2月20日下午，窦某某、窦某某1、范某某、阮某某1、阮某某2从越南河静省搭班车出发前往芒街，途经义安省和宁平省时分别接上吴某某和窦某某3。次日早上6时许，七人到达芒街后以每人人民币1050元的价格通过芒街的阿山（另案处理）组织，一起乘铁皮船偷渡到了中国广西东兴市，后七人在中国的其他组织者（均另案处理）的组织下到达广西南宁市，再转乘一辆从南宁到广东汕头的红色大巴车前往广东，途经广西南宁市二塘附近的一个红绿灯处时被公安民警抓获。公诉机关认为被告人窦某某违反我国边境管理法规，组织他人偷越国境，应以组织他人偷越国境罪追究刑事责任；被告人窦某某1、窦某某2、范某某、吴某某、阮某某1、阮某某2违反我国国境管理法规，偷越国境，情节严重，应以偷越国境罪追究刑事责任。

被告人窦某某辩称其没有组织他人偷越国境，不构成组织他人偷越国境罪，但构成偷越国境罪。

经审理查明的事实与指控事实一致。一审法院认为，被告人窦某某违反中国出入境管理法规，非法组织他人偷越国境，其行为已构成组织他人偷越国境罪，公诉机关指控的罪名成立。

此案所查明的事实表明，被告人并没有实施拉拢、引诱、介绍的行为，而是“同意带被告人范某某、吴某某、阮某某1、阮某某2到中国打工”，这表明被组织人是自愿或者主动请求被告人窦某某组织到中国打工的，所以被告人窦某某才作出了不构成组织他人偷越国境罪的自我辩解。笔者认为，根据《解释》中的相关规定，“拉拢、引诱、介绍”要成为本罪的组织行为，必须是在首要分子指挥下实施，而此案不属于由犯罪集团实施组织他人偷越国境犯罪的情形，无所谓首要分子的存在，那么认定被告人窦某某是否构成本罪，也就不存在将是否实施了拉拢、引诱、介绍的行为作为组织行为存在与否而进行讨论的问题。此案实际为被告人单独实施的组织他人偷越国境的犯罪，因此只要查明其实施了“领导、策划、指挥”的第一层次的行为，便可以直接认定为具有本罪的组织行为。应当说，被告人窦某某在本案中实施的组织行为体现的不是十分明显，而且在偷越国境的推进过程中还得到了“阿山”和中国其他组织者的协助，但是其不明显的原因是组织行为本身并不复杂且实施顺利而致，并不能因此否定其组织行为的存在。事实上，被告人无疑实施了领导、策划、指挥的组织行为，当然成立本罪。根据该案所确认的被告人供述等证据，以下两个方面可以验证被告人窦某某在该案中实施了组织行为：首先，被告人范某某、吴某某、阮某某1、阮某某2均供称，他们主动请窦某某带其到中国打工，后来的事实证明窦某某同意了他们的请求。这一“带”字即意味着被告人窦某某在偷越者中处于领导的地位，意味着具体的偷越过程主要由其安排进行。同时，如果其不同意带被告人范某某、吴某某、阮某某1、阮某某2到中国打工，该案或许就不会发生；其次，在具体偷越的过程中，窦某某实际体现出了组织者的作用，诸如其与窦某某1商定去中国打工的事宜、告知范某某等人去中国打工出发的时间和乘车的细节、联系“阿山”安排出租车接送并安排乘船偷渡以及收取并转交偷渡费用等积极的系列行为即为明证。可见，该案司法机关认定被告人窦某某构成本罪（而不是偷越国境罪）并无不妥。

三是通过他人实施拉拢、引诱、介绍的行为是否可以认定为本罪的组织行为。

在中越边境实施的组织他人偷越国境的犯罪中，很多是组织者通过在越南的亲戚、朋友等实施召集人员到我国务工的情形。那么，在组织者并没有亲自实施拉拢、引诱、介绍行为的情况下，他人的代理行为是否可以认定为本罪的组织行为，实践中对此的处理观点不一。例如，李某甲组织他人偷越国境一案，在该案的庭审中，被告人李某甲的辩护人即提出被告人没有实施拉拢、引诱他人偷越国境的行为，因而被告人李某甲不构成组织他人偷越国境罪，而公诉机关靖西县（现为靖西市，下同）人民检察院和一审法院靖西县（现为靖西市，下同）人民法院则认为李某甲构成本罪。该案的指控事实、被告人辩解与辩护人辩护意见、查明的事实及法院的认定依次为：①

靖西县人民检察院指控：2015年3月19日，被告人李某甲通过电话联系在越南的黄某甲（另案处理），由黄某甲在越南组织黄某乙、邓某、黄某丁、黄某丙、冯某5名越南人（另案处理）偷越国境进入我国那坡县百都乡芭蕉坪村大洞田屯务工。当日18时许，被告人李某甲即雇请同屯村民李某乙驾驶三轮车与其在广西那坡县百省乡那孟村各界屯附近567号中越界碑处接应黄某甲等6名越南人，当行至广西那坡县百省乡坡同村规合屯路段时，被公安民警查获。公诉机关认为，被告人李某甲违反国家有关出入境管理规定，非法组织多名越南人偷越国境，其行为已触犯了《刑法》第318条之规定，犯罪事实清楚，证据确实充分，应当以组织他人偷越国境罪追究其刑事责任。

被告人李某甲对起诉书指控的事实和罪名有异议。李某辩称，他只联系黄某甲一个人，并没有想到黄某甲联系来那么多人。辩护人对起诉书指控被告人的事实和罪名有异议。李某甲主观、客观上并无组织他人偷越国境的故意。李某甲因建房需要帮工，只向亲戚黄某甲表达了这个意愿，没有刻意夸大、欺骗以拉拢、引诱他人偷越国境，黄某甲将李某甲这一意愿转达给其他亲戚，其他亲戚知情后，自愿来帮忙，这在边境地区属于两国边民亲戚之间日常的联络行为。

经审理查明，被告人李某甲系我国广西那坡县百都乡芭蕉坪村大洞田屯村民，其非法通婚的妻子凤某系越南国籍人。2015年3月19日，被告人李某甲通过电话联系其妻子凤某在越南的亲戚黄某甲（另案处理），让黄某

① 参见广西壮族自治区靖西县人民法院（2015）靖刑初字第149号刑事判决书。

甲联系越南人到李某甲家里帮工。当天，黄某甲在越南组织黄某乙、邓某、黄某丁、黄某丙、冯某5名越南人（另案处理），从越南境内经中越边境567号界碑附近便道非法进入中国境内。18时许，被告人李某甲雇请同屯村民李某乙驾驶三轮摩托车从百都乡那隆村那隆街出发，往百省乡那孟村各界屯接应黄某甲等越南人。20时许，被告人李某甲在各界屯附近中越边境567号界碑处与黄某甲等越南人碰面后，即让黄某甲等6名越南人和其一家3人一起搭乘李某乙驾驶的三轮摩托车欲回其家，当行至那坡县百省乡坡同村规合屯路段时，被公安民警查获。经查，黄某甲、黄某乙、邓某、黄某丁、黄某丙、冯某6名越南人均未办理任何合法有效的出入境证件。

一审法院认为，被告人李某甲违反我国有关出入国境管理法规，非法组织5名越南人偷越国境，其行为构成组织他人偷越国境罪，公诉机关指控的罪名成立。

此案与上述所举的窦某某组织他人偷越国境一案类似，争议的焦点都是对于在没有实施拉拢、引诱、介绍行为的情况下，行为人的行为是否可以认定为本罪的组织行为。不过本案不同的是，被告人李某甲因自家需要帮工，通过电话联系在越南的亲戚黄某甲找人帮忙，其没有亲自实施拉拢、引诱、介绍的行为，应当说是李某甲通过黄某甲代为实施的。按理，黄某甲的行为后果要归于李某甲，亦即对于黄某甲所实施的拉拢、引诱、介绍的行为负责。当然，本案由于是行为人单独实施的犯罪，并不存在犯罪集团组织他人偷越国境犯罪的情形，所以与上述窦某某组织他人偷越国境一案一样，并不存在将是否实施了拉拢、引诱、介绍的行为作为组织行为存在与否而进行讨论的问题。因此，解决本案中被告人李某甲能否构成本罪的问题，仍然要看其是否实施了领导、策划、指挥的行为。笔者认为，尽管被告人李某甲没有亲自实施拉拢、引诱、介绍的行为，但是因其实施了领导、策划、指挥的组织行为，无疑构成本罪。根据该案确认的证人证言及被告人的供述等证据，其实施的组织行为具体体现在如下四个方面：（1）电话联系越南的黄某甲，让黄某甲联系越南人到其家里帮建房子，每人每天给50元人民币的工钱；（2）黄某甲答应后即在其寨子里召集了黄某乙、邓某、黄某丁、黄某丙、冯某5名越南人，并按约定步行至中越边境567号界碑附近等候被告人李某甲的接应；（3）黄某甲答应找人后，被告人李某甲即打电话给李某乙，让李某乙帮助接几个越南人，讲好200元的运费，如路况不好就加100元。李某乙答应接人后，被告人李某甲就打电话给黄某甲，告诉他会叫车去接人，并说好让黄某甲到那坡县百省乡那孟村各界屯等；（4）被告人李某甲雇请同屯村民李某乙驾驶三轮摩托车从百都乡那隆村那隆街出发，往百省乡那孟村各界屯接应黄某甲等越南人，被告人李某甲在各界屯附近中越边境567号界碑处与黄某甲等越南人碰面后，即让黄某甲等6名越南人一起搭乘李某乙驾驶的三轮摩托车欲回其家。从上述四个方面看出，从组织的发动到接应的安排，整个过程无疑体现出了被告人李某甲策划和指挥的行为。因而，司法机关将其以本罪追究刑事责任并无不当。

四是行为人介绍工作的行为是否认定为本罪的组织行为。

在实践中，有的行为人在越南招揽务工人员时，只是向他人陈述到中国务工的某个客观事实或者介绍谋求一个工作的好机会，并没有刻意夸大或者欺骗（即没有拉拢、引诱），这种纯介绍工作的行为（有的称为“日常的联络行为”）是否为本罪的组织行为，对此引发了认定上的迷惑。笔者认为此种情形并不存在认定上的困难。因为《解释》已明确规定“介绍”只能是在首要分子指挥下实施的才能作为本罪的组织行为，因此在不存在组织他人偷越国境犯罪集团的场合下，只要查明行为人的介绍行为不是其自行组织他人偷越国境犯罪的前期工作或者其与他人不存在共同犯罪的，则可排除其介绍行为成为本罪组织行为的可能性。

另外在实践中，行为人往往以仅为偷越人介绍工作作为其不构成本罪的抗辩理由。认为，其只是从中赚取一点点中介费而已，与那些组织他人偷越国境的组织者会从中牟取较大或很大的利益相比，存在本质上的区别。笔者认为，本罪的本质特征是通过实施组织的行为而使他人偷越国境，所以本罪组织行为的认定应当与行为人所获利益的大小不存在必然的关系。实际上，谋取中介费也是牟利的一种（特别是以介绍工作为业的），只不过与某些组织者所牟取到的利益存在大小而已。但二者并不具有本质上的差异，关键是看行为人的介绍行为能否纳入本罪组织行为的范围或者其在介绍工作中是否又存在组织的行为。因此，对于实践中在组织者或者用工者与偷越人（务工者）之间牵线搭桥的掮客，其行为是否可认定为本罪的组织行为，应分情形作分别的处理。一是经查明“掮客”是在组织他人偷越国境犯罪集团首要犯罪分子的指挥下而实施介绍工作的，这当然符合《解释》规定的本罪第二层次的组织行为，其无疑构成本罪；二是经查明“掮客”的行为即使不在首要分子指挥下实施，但是其实际上与组织者一起实施了组织偷越人偷越国境的行为的，其介绍行为应是组织行为中的一部分，那么介绍行为由组织行为吸收，其应构成本罪；三是经查明“掮客”不属于以上两种情形之一，但其既自行介绍又自行组织他人偷越国境的，其介绍行为也应是组织行为的组成部分，根据吸收原则，以本罪追究其刑事责任；四是经查明“掮客”不属于以上三种情形任何之一，的确是仅仅为组织者或者用工者联系偷越国境的务工者，从中只赚取佣金而没有参与任何组织行为的，其行为则不属于本罪的组织行为，而不以本罪论处。当然，如果其与偷越国境的人有共谋的，可以依偷越国境罪的共犯处理。

五是简单的“遥控”行为是否认定为本罪的组织行为。

应当说，实施本罪的组织行为在复杂的情况下，往往表现出由领导、策划、指挥、拉拢、引诱、介绍以及联络、运送、中转、安排食宿等行为组成的系列性特征，而且整个实施过程有预谋、有组织、有分工，即有的出谋划策，有的拟定具体偷越的时间、地点，有的负责安排交通运输工具，等等。由于中越边境特有的地理和人文环境，偷越国境者往往通过历史上形成的众多小道或者便道，随时随地可以跨越中越边境，因而组织者也往往无须通过实施上述系列行为，而是通过实施其中的一种或者两种行为，甚至根本不需要亲自到现场指挥（通过电话联系）便可以成功完成组织行为。比如，组织者通过电话遥控在越南的偷越人，各自从不同的地点偷越进入我国后再在某地集中。对于行为人这种简单的且偷越人不需要任何协助即可偷越成功的行为，是否应认定为本罪的组织行为，实践中存有不同的处理意见。有的人就认为，此种情形由于缺乏本罪组织行为应有的过程性和艰难性，其组织行为体现的不十分明显，因此不应认定为组织行为为宜。

笔者认为，本罪的组织行为并不与具体组织中所谓的艰苦性大小有关，也不与组织中实施了组织行为的种类相连。只要行为人实施了《解释》规定的领导、策划、指挥或者在首要分子指挥下实施了拉拢、引诱、介绍的行为，就成立本罪的组织行为，而不论其组织行为如何简单或容易，也不论其只实施了《解释》规定的某一种组织行为。实际上，有的行为看似简单或容易，但是其体现出的组织性却十分明显，而且还可能更具艰难性。例如，通过电话“遥控”组织，行为人需要将不同的偷越人从不同的方向在几乎相同的时间聚集在一起集中偷越，或者偷越后在预定地点集中，这一过程已十分明显地体现出了其领导、策划、指挥的作用，同时该过程要损失行为人很多的电话费不说，更会耗掉行为人很多精力。基于上述分析，那种认为因行为人的行为缺乏应有的过程性和艰难性而不予将其认定为本罪组织行为的观点，并不可取。

第二节　对本罪主体的认定

根据目前的司法实践，关于本罪主体的认定有以下一些问题值得探讨。

一、单位究竟能否成为本罪的主体

我国刑法在妨害国境管理的类罪中，只对骗取出境证件罪规定了单位的犯罪主体，其余罪均设置的是自然人犯罪主体。《解释》第7条作出了将单位作为主体纳入上述三罪实施刑罚处罚的规定，即“以单位名义或者单位形式组织他人偷越国（边）境、为他人提供伪造、变造的出入境证件或者运送他人偷越国（边）境的，应当依照刑法第三百一十八条、第三百二十条、第三百二十一条的规定追究直接负责的主管人员和其他直接责任人员的刑事责任。”《解释》之所以作出如此的规定，是基于如下考虑：“一是对以单位名义或者形式实施妨害国（边）境管理犯罪追究直接负责的主管人员和其他直接责任人员的刑事责任，是司法实践的现实需要。实践中组织偷越国（边）境罪、提供伪造、变造的出入境证件罪、出售出入境证件罪和运送他人偷越国（边）境罪等案件不少是一些中介机构所为，这些公司并不是为了进行违法犯罪而设立，设立后也不是以实施犯罪为主要活动。如果司法解释不作出明确规定，司法机关对此种行为难以追究刑事责任，实践中导致不少妨害国（边）境管理的行为无法得到有效惩治；二是对以单位名义或者形式实施犯罪的案件追究直接负责的主管人员和其他直接责任人员的刑事责任，在最高人民法院、最高人民检察院已有的司法解释中有先例可循，这样规定符合刑法的立法本意。”①

但是，既然《解释》明确作出了规定，那么为何还有必要在此就单位究竟能否成为本罪的主体进行探讨呢？主要是基于如下两个方面的原因，从而引发了诸多的疑问：一是理论界发出了质疑的声音。例如，刘艳红教授就指出：法无明文规定的单位犯罪依有罪论之处理，一方面，它是迄今为止刑法领域“规范隐退论”的最典型代表，而规范隐退的后果是对刑法权威性的破坏，是对形式法治的突破；另一方面，它是晚近中国刑法教义学化过程中最明显的“反教义学化”，它粗暴地通过有权解释修改了原有的刑法规范，破坏了法教义学的安定性价值，其用意是打着法教义学的名义通过解释刑

① 陈国庆、韩耀元、吴峤滨：《〈关于办理妨害国（边）境管理刑事案件应用法律若干问题的解释〉理解与适用》，载《人民检察》2013年第3期。

法规范瓦解刑法规范；[①] 二是司法实践并没有对此作出应有的“热情”回应，甚至鲜有见到将一些明显参与组织他人偷越国境犯罪的单位纳入刑法视野的案例。我们且以阮某某组织他人偷越国境一案为例，该案经审理查明的事实以及法院的判决结果为：[②]

经审理查明，被告人阮某某曾在中国广东省潮州市一个水果厂打工。2018年春节前，因水果厂缺少工人，该厂老板娘（印度尼西亚籍）联系好印度尼西亚籍女子到工厂打工。老板娘给阮某某3000元人民币作为经费，让阮某某到越南河内接4名印度尼西亚籍女子到厂里做工，阮某某表示同意。2018年1月28日，阮某某如约来到越南河内，在机场接到莎莉亚、妮某（四人均另案处理）等四名印度尼西亚国籍女子。于同月30日，在阮某某的组织下，莎莉亚等四人随同阮某某通过中越边境便道进入中国境内，伺机前往广东省；当日9时许，阮某某、莎莉亚等五人搭车途经靖西旧州边境检查站时被中国警方查获。经查，阮某某等五人均未持有任何合法有效的出入境证件。

一审法院最后认为，被告人阮某某违反我国有关出入国境管理法规，非法组织4名印度尼西亚人偷越国境，其行为构成组织他人偷越国境罪，公诉机关指控的罪名成立。

此案中的被告人阮某某构成本罪是无疑的，因为虽然其表面上实施的是接应行为，但其显然在接应4名印度尼西亚籍偷越人偷越国境的过程中，实施了诸如领导、策划、指挥的组织行为，否则作为印度尼西亚籍的偷越人不会顺利从越南入境我国。值得注意的是，在本案中，被告人阮某某到越南接

① 参见刘艳红:《“规范隐退论”与“反教义学化”——以法无明文规定的单位犯罪有罪论为例的批判》，载《法制与社会发展》2018年第6期。

② 参见广西壮族自治区靖西市人民法院（2018）桂1081刑初174号刑事判决书。

应偷越人是由广东省潮州市一个水果厂的“老板娘”发动的，亦即该“老板娘”是典型的教唆犯，应以本罪追究其刑事责任。因为，从查明事实来看，“老板娘”对于其联系好的4名到其工厂打工的印度尼西亚籍女子没有相关的出入境证件，其肯定是明知的，否则其不至于指使阮某某长途跑到越南河内机场去接应该4名印度尼西亚籍女子。同时，根据1999年6月18日最高人民法院《关于审理单位犯罪案件具体应用法律有关问题的解释》规定，个人为进行违法犯罪活动而设立的公司、企业、事业单位实施犯罪的，或者公司、企业、事业单位设立后，以实施犯罪为主要活动的，不以单位犯罪论处。显然“老板娘”的水果厂并不是为实施组织他人偷越国境的违法犯罪活动而设立，也不是在设立后以实施本罪为主要活动的，所以，既然其是水果厂的老板娘，而且又是为该厂招募务工人员，那么其当然代表的是其单位的行为，因而应将其单位作为本案的主体，根据《解释》的规定追究“老板娘”的刑事责任。然而，从该案法律文书所载明的内容来看，“老板娘”并没有进入刑事处罚之列（法律文书中也没有作“另案处理”）。①

在笔者看来，刑法立法没有将单位列为本罪的主体，的确是立法存在的一大缺陷。因为现实中某些企业为招用廉价的劳动力，催生了大量地组织他人偷越国境的犯罪活动，而且很多情形下企业的老板还专门委托他人明确去越南等东南亚国家招工。如果不考虑对这些企业纳入刑法进行有效惩治，就很难从源头预防和控制偷越国境犯罪活动的蔓延。因此，上述观点认为《解释》将单位规定为本罪的主体是为了满足“司法实践的现实需要”，这是有道理的。同时，如此规定有先例可循的最高人民检察院、最高人民法院的相关司法解释，这的确也是事实。例如，早在1996年1月23日，最高人民检察院《关于单位盗窃行为如何处理问题的批复》（已失效）就规定：“单位组织实施盗窃，获取财产归单位所有，数额绝大，情节恶劣的，应对其直接负

① 当然，即使不将该水果厂列为本罪的主体，基于预防犯罪的需要，也应将该“老板娘”作为本案的自然人犯罪主体对待。

责的主管人员和其他主要的直接责任人员按盗窃罪依法批捕、起诉。”随后，1998年4月17日最高人民法院的《关于审理拒不执行判决、裁定案件具体应用法律若干问题的解释》(已失效)、2011年8月1日最高人民法院、最高人民检察院颁布的《关于办理危害计算机信息系统安全刑事案件应用法律若干问题的解释》等，均有以单位名义或者单位形式实施相关犯罪而追究直接负责的主管人员和其他直接责任人员的刑事责任的规定。

根据我国《刑法》第31条规定，对单位犯罪一般采取双罚制的原则(即对单位判处罚金，同时对单位直接负责的主管人员和其他直接责任人员判处刑罚)，但也同时规定了“本法分则和其他法律另有规定的，依照规定”的例外情形。这一例外情形实际指的是对单位犯罪采取单罚制，即只追究单位直接负责的主管人员和其他直接责任人员的刑事责任，而不对单位判处罚金，如《刑法》第161条规定的违规、不披露重要信息罪及第162条规定的妨害清算罪就是实例。因此，《解释》为了解决本罪法条在现实中的适用不足问题，利用了刑法的“例外”规定，仅对以单位名义或者单位形式实施本罪的行为采取单罚制，这不能不说是一种较为妥当的处理方法。① 另外，2014年4月24日，第十二届全国人大常委会第八次会议通过的《关于〈中华人民共和国刑法〉第三十条的解释》，这无疑给《解释》的规定增添了一枚具有相当分量的“砝码”。该立法解释规定：“公司、企业、事业单位、机关、团体等单位实施刑法规定的危害社会的行为，刑法分则和其他法律未规定追究单位的刑事责任的，对组织、策划、实施该危害社会行为的人依法追究刑事责任。”据此，《解释》

① 当然，也有学者就只处罚单位直接负责的主管人员和其他直接责任人员的情形，是否属于单位犯罪表达了不同的观点。张明楷教授就指出，既然刑法没有针对单位规定法定刑，当然就意味着单位本身不构成犯罪。因为人们判断一个行为是否构成犯罪，并不是只看法条对行为主体的表述，而是要看刑法是否针对该行为主体规定了刑罚。因此，即使刑法分则条文将行为主体表述为单位，但也不宜认定为单位犯罪。参见张明楷:《刑法学(上)》，法律出版社2016年版，第137页。而陈兴良教授则是指出了对单位犯罪采取单罚制的不科学性。他认为，对法人犯罪应当采用双罚制，因为既处罚法人，又处罚法人成员，体现了刑法对法人犯罪的全面的否定性评价。参见陈兴良:《本体刑法学》，中国人民大学出版社2011年版，第467—468页。

的规定可以说是更有了坚实的法律支撑。基于上述分析，单位能成为本罪的主体应当不存在疑问。所以，笔者主张，基于遏制实施组织他人偷越国境犯罪的需要以及预防整个偷越国境犯罪目标的考虑，司法机关应该积极地适用《解释》的规定，将以单位名义或者单位形式组织他人偷越国境犯罪中的单位直接负责的主管人员和其他直接责任人员，以本罪追究其刑事责任。

至于本罪单位犯罪主体的具体认定问题，可以从如下两个层次把握。一是本罪单位犯罪主体的范围。根据《刑法》第 30 条规定，“单位”的范围包括公司、企业、事业单位、机关和团体。根据实施本罪的目的以及司法实践，成为本罪单位主体的一般应为公司和企业，而事业单位、机关和团体则一般不会成为本罪的单位主体。同时，依照《民法总则》的规定，单位可分为法人和非法人组织两大类。法人是指具有民事权利能力和民事行为能力，依法独立享有民事权利和承担民事义务的组织。其中法人又分为营利法人（如公司、企业）、非营利法人（如事业单位、社会团体）和特别法人（包括机关法人、农村集体经济组织法人等）；非法人组织是不具有法人资格，但是能够依法以自己的名义从事民事活动的组织，包括个人独资企业、合伙企业、不具有法人资格的专业服务机构等。从上述分类来看，本罪的单位主体也一般应为公司和企业（包括具有法人资格的公司、企业和不具有法人资格的个人独资企业、合伙企业），因为只有以营利为目标的单位，才有招收包括廉价劳动力在内的工人的需要。另外，依照 1999 年 7 月 3 日实施的最高人民法院《关于审理单位犯罪案件具体应用法律有关问题的解释》第 2 条规定，个人为进行违法犯罪活动而设立的公司、企业、事业单位实施犯罪的，或者公司、企业、事业单位设立后，以实施犯罪为主要活动的，不以单位犯罪论处。应当说，与一些专门从事组织他人偷越国境的中介公司不同的是，我国内地的用工企业并不是为进行组织他人偷越国境犯罪活动而开设，也不是以组织他人偷越国境犯罪为主要活动，而是为了招用廉价劳动力，偶尔或适时进行为数不多的组织他人偷越国境犯罪活动，因而将此种情形的企业（或公司）认定为单位犯罪，并不存在问题。

二是直接负责的主管人员和其他直接责任人员的厘定。根据《解释》的规定，单位犯本罪的，追究直接负责的主管人员和其他直接责任人员的刑事责任。为此，要准确厘定直接负责的主管人员和其他直接责任人员的范围，必须首先厘清以单位名义或者单位形式实施组织他人偷越国境犯罪的情形。以下三种情形可以认定为以单位名义或者单位形式实施组织他人偷越国境犯罪：（1）由企业集体研究决定招用并委派本单位人员或者通过单位以外人员具体组织外籍人员偷越中越国境进入该企业工作的；（2）由企业的负责人或者被授权的其他人员决定、同意招用并亲自或者委派本单位人员，或者通过单位以外人员具体组织外籍人员偷越中越国境进入该企业工作的；（3）虽然没有事先经企业集体研究或者负责人决定、同意，但是本企业其他人员在招用并组织外籍人员偷越中越国境的过程中，从该企业指派车辆接应以及开支组织费用，且吸纳所偷越国境的外籍人员进入该企业工作的。对于上述三种情形中的集体研究人员和直接决定、同意的负责人或者被授权的其他人员认定为直接负责的主管人员和其他直接责任人员的范围，应是没有问题的，对于上述范围之外的在组织他人偷越国境犯罪过程中起主要作用或者积极参与的其他单位人员，也可以认定为直接责任人员。

二、受他人之托实施拉拢、引诱、介绍行为是否一律认定为本罪的组织者

以自越南组织越南籍人员偷越国境进入我国为例，在实践中，组织者一般通过在越南的亲戚或者朋友对偷越人员实施拉拢、引诱、介绍的行为，而受托人在成功召集偷越人员后一般会随同被组织人一起偷越进入我国。那么，受托人是否一律被认定为本罪的组织者而以本罪论处，在司法实践中是一个值得探讨的问题。

根据实施本罪是单独犯罪还是共同犯罪，受托的情形分为受单独实施本罪的组织者之托和受共同犯罪的组织者之托；根据共同实施本罪是一般的

共同犯罪还是特殊的共同犯罪，受托的情形又分为受一般共同犯罪的组织者之托和受特殊共同犯罪的组织者之托。在上述情形中，认定受托人是否为本罪的组织者的难点表现在：一是在存在组织他人偷越国境犯罪集团的场合，是应当认定直接受首要分子指挥下的受托人为组织者，还是也可以将再受托人认定为本罪的组织者？比如，甲为犯罪集团的首要分子，其指挥乙实施拉拢、引诱、介绍的行为，而乙又通过丙来具体实施，那么丙是否可归为组织者的范畴；二是在单独实施本罪或者作为一般共同犯罪实施本罪的情况下，受托人帮助实施的拉拢、引诱、介绍行为，肯定不属于本罪的第二种组织行为形式，但又不能绝对排除受托人是与委托人共同犯罪，那么二者成为本罪的共犯，应当具备怎样的条件？

对于第一个认定难点，笔者认为，不应将再受托人认定为本罪的组织者为宜。因为，首先，所谓“在首要分子指挥下”，应当是指首要分子指挥与其直接联系的受托人实施拉拢、引诱、介绍行为的情形，如果将从未与首要分子谋面或者有任何联系的再受托人的行为认定是在首要分子指挥下而为，那么这不仅不符合常理，也是让人难以接受的（如果在开展工作中再受托人与首要分子有了联系并转而受首要分子的指挥，则另当别论），同时也有处罚不当之嫌（即不当扩大打击面）；其次，根据我国《刑法》第 25 条第 1 款规定：“共同犯罪是指二人以上共同故意犯罪。”由此，刑法理论将共同犯罪的成立条件概括为三个，即主体方面必须是二人或二人以上；客观方面要求具有共同的犯罪行为；主观方面是行为人具有共同的犯罪故意。“所谓共同犯罪故意，是指各行为人通过犯意联络，明知自己与他人共同实施犯罪会造成某种危害结果，却希望或者放任这种危害结果发生的心理态度。”[①] 据此，所谓“在首要分子指挥下”，也应当是指其与实施拉拢、引诱、介绍行为直接联系的受托人，因为二者通过犯意联络（即存在通谋），各自均直接明知自己是在与对方沟通实施组织他人偷越国境的犯罪，从而满足共同犯罪的

① 陈志军：《共同犯罪的理论与实践》，中国人民公安大学出版社 2012 年版，第 53 页。

主观条件。同时，虽然在多人参与共同犯罪的情形下，尽管不以所有参与人间都必须存在意思联络为必要，因而再受托人实施的拉拢、引诱、介绍行为似乎可以纳入本罪的组织行为而将其认定为组织者，但是再受托人的行为只在受托人的指使或者授意下进行，而受托人不属于首要分子，因而再受托人的行为就不属于在首要分子的直接指挥下实施。因此，将再受托人认定为本罪的组织者与《解释》的规定相冲突。

对于第二个认定难点，可以肯定的是，由于受托人帮助实施的拉拢、引诱、介绍行为不属于本罪的第二种组织行为形式，所以在受托人与委托人不存在本罪的共同犯罪的情况下，不能将受托人认定为本罪的组织者（如果与其他偷越国境者一同偷越国境的，则可能构成偷越国境罪的共犯）。同时也可以肯定的是，再受托人为受托人实施了拉拢、引诱、介绍的行为，其与受托人或者委托人不存在本罪的共同犯罪的情况下，亦不能将其认定为本罪的组织者。例如，宁某某组织他人偷越国境案，该案经审理查明，2017 年农历 2 月初的一天，一名叫银某德的男子通过微信联系被告人宁某某，让宁某某在越南召集人到广西柳州市砍甘蔗。宁某某将此事告诉李某 4、李某 1 并让他们找人。2017 年农历 2 月初十早上，宁某某与李某 4、李某 1、翟某、乐某、赵某、李某 2、李某 3、邓某、宁某 9 人在越南某地会合后，宁某某安排李某 4 等 9 人乘坐铁船过北仑河偷渡进入中国东兴市。宁某某从东兴口岸进入中国东兴市，宁某某找来一辆面包车在东兴市明宏码头处接应李某 4 等 9 人后送到柳州务工。2017 年 4 月 15 日早上，宁某某从柳州市接李文光等 9 人回到防城区那良镇民生村细迭码头准备乘船回越南时，被巡逻民警抓获。一审法院最后认为，被告人宁某某违反出入境管理法规，非法组织他人偷越国境，其行为已构成组织他人偷越国境罪。[①] 此案中的组织者宁某某是受银某德委托的第一层次的受托人，后其通过李某 4 和李某 1 具体召集务工的人员，李某 4 和李某 1 即为再受托人。虽然李某 4 和李某 1 实施了拉拢、引诱、

① 参见广西壮族自治区东兴市人民法院（2017）桂 0681 刑初 153 号刑事判决书。

介绍的行为，但二人肯定不能认定为本罪的组织者。因为，实施拉拢、引诱、介绍行为的必须要在首要分子指挥下进行，显然该案不存在实施本罪的犯罪集团（即使将通过微信联系宁某某的银某德列为被告人也不是犯罪集团），宁某某不是首要分子。同时，李某 4 和李某 1 等人完全是受宁某某的组织偷越国境的，且偷越国境的过程中二者均没有实施任何领导、策划、指挥的组织行为。因此，即便李某 4 和李某 1 帮助实施了拉拢、引诱、介绍的行为，也不能成为组织者而以本罪追究其刑事责任（当然如果有证据证实二者引诱他人偷越国境的，则应以偷越国境罪处置）。

关于第二种认定难点的情形中如何认定受托人为本罪的组织者而与委托人成立共同犯罪的问题，笔者认为，关键是把握受托人在实施了拉拢、引诱、介绍的行为之后，又与被召集的人员一同偷越国境过程中是否具有明显的领导、策划、指挥的组织行为，如果存在即可将其与委托人作为共同犯罪而认定为本罪的组织者。如上述宁某某组织他人偷越国境一案，虽然被告人宁某某是受银某德的委托在越南召集人到广西柳州市砍甘蔗，但是其在召集后的系列行为中无疑实施了领导、策划、指挥的组织行为：一是被告人宁某某与李某 4、李某 1、翟某、乐某、赵某、李某 2、李某 3、邓某、宁某 9 人在越南某地会合后，其安排李某 4 等 9 人乘坐铁船过北仑河偷渡进入中国东兴市；二是其本人从东兴口岸进入中国东兴市后，主动联系一辆面包车在东兴市明宏码头处接应李某 4 等 9 人后并成功送到柳州务工；三是务工结束后，被告人宁某某又从柳州市接李某 4 等 9 人回到防城区那良镇民生村细迭码头准备乘船回越南。可见，宁某某与银某德属于共同犯罪，司法机关将其认定为本罪的组织者并以本罪论处，是完全正确的。

又如，黄某某等组织他人偷越国境案，此案中的被告人黄某某与徐某某更明显地体现出了受托者与委托者共同实施了组织他人偷越国境犯罪的行为。该案经审理查明的事实以及最后的判决结果为：[①]

---

① 参见云南省麻栗坡县人民法院（2017）云 2624 刑初 97 号刑事判决书。

被告人黄某某曾在中国务工时得知被告人徐某某的电话。2015年年底，被告人黄某某欲到中国境内务工便电话与徐某某联系，徐某某承诺到中国后可找到工地做工，并叫黄某某找20名越南籍工人到中国做工。二被告人为此事面谈了三次，徐某某亲自到达麻栗坡县八布街、越南黄某某家指使黄某某在越南境内寻找工人。2016年1月30日（农历腊月二十一），黄某某找好越南籍民工后，在中越320号界碑处徐某某给了黄某某8000元人民币用于发放给愿意到中国境内务工人员的预付款，后被告人黄某某将8000元费用带回家分别发放给愿意到中国境内务工的20名越南籍民工。2016年2月25日凌晨，被告人黄某某组织带领25名越南籍人员从中越320号界碑旁的便道偷越国境进入中华人民共和国境内，乘坐被告人黄某某事先联系好的两辆微型车前往中华人民共和国云南省麻栗坡县董干镇南利河桥边与在此等候的被告人徐某某会合，当车辆行至中华人民共和国云南省麻栗坡县八布乡人民政府门口时，被中华人民共和国云南省麻栗坡县公安边防大队八布边境检查站官兵当场查获。经查，黄某某及25名越南籍公民，均未办理出入境证件。

一审法院认为，被告人黄某某、徐某某违反出入境管理法规，在未办理任何相关出入境手续的情况下，组织他人偷越国境，侵犯了国家对国（边）境的正常管理秩序，所实施的行为均已构成组织他人偷越国境罪，犯罪事实清楚，证据确实、充分，公诉机关指控的罪名成立。

显然，司法机关将此案中的受托人黄某某作为组织者予以认定并以本罪追究其刑事责任，无疑是正确的。首先，被告人黄某某与徐某某就召集并组织越南籍人员到中国务工面议了三次，说明被告人黄某某的行为已不属于单纯地帮助徐某某实施拉拢、引诱、介绍的行为，而是与徐某某具有了共同犯罪的故意，其所实施的行为是两被告人进行的分工合作，是整个组织行为的组成部分；其次，被告人黄某某实际实施了其共同犯罪中的分工行为，即召集了多名越南籍务工人员，同时，其将徐某某事先给的8000元费用带回家分别发放给愿意到中国境内务工的20名越南籍民工；最后，被告人黄某某实施了领导、策划、指挥的组织行为，即其不仅事先联系好了运送的两辆微型车，而且还亲自带领25名越南籍人员从中越320号界碑旁的便道偷越国境进入我国境内，并乘坐其事先联系好的两辆微型车前往约定的地点与被告人徐某某会合。

值得注意的是，实践中有的组织者委托在越南的亲戚或朋友召集务工人员的地点就在中越边境附近，被召集的务工人员本身对如何偷越中越边境的情况就非常熟悉（可谓轻车熟路），受托人帮助联系好务工人员后几乎不需要实施所谓领导、策划、指挥的组织行为，便可以如约出入境。此种情形下，如果组织者（委托人）开车直接到边境线附近接应偷越的务工人员，同时，受托人又与其他偷越者一同务工，也没有向其收取任何费用的，则不应将受托人认定为组织者而以本罪追究刑事责任为宜。

三、委托人不明确告知招募越南籍务工人员的是否成立组织者

实践中，有的委托人（包括用工单位和其他个人）往往只告知受托人招募一些务工人员，而并不明确需要比较廉价的越南籍务工者。例如，上述王某某等组织他人偷越国境一案，该案中的被告人王某某于2017年1月10日与中国山东省菏泽市牡丹区沙土镇新兴村任某的“晨明建材制砖厂”签订了劳务合同，由其负责招收工人。从该案查明的事实来看，“晨明建材制砖厂”并没有明确要求是招收越南籍的务工人员，而被告人王某某等实际上是去越南境内招募了42名越南籍人员。此种情形下，作为委托人能否成立本罪的组织者，是司法认定的一个难点，并由此产生了处理意见上的分歧。

应当说，有的委托人不明确告知受托人招收越南籍务工人员，只不过是其为自己的违法犯罪行为所作出的一种掩护手段。因此笔者认为，以下两种情形可以将委托人作为教唆犯认定为本罪的组织者：一是委托人有意委托越南籍公民或者是中国的边民招收廉价的劳动力，基于受托人的身份，

可以由此推定委托人对于受托人到越南找务工者是心知肚明的（亦即具有了本罪的故意）。因为依照常识判断，委托人无非在利用受托人容易招募到比较廉价的越南籍工人以及熟悉中越边境偷越出入境的便利。以此为前提，委托人最后又实际上接纳了受托人所招收的越南籍务工人员，那么委托人与受托人无疑属于本罪的共同犯罪，因而应将委托人认定为组织者；二是委托人虽然当时不明确告知受托人招收越南籍务工人员，但如果有证据证实受托人之后已将此明确告知了委托人（如受托人用越南手机告诉委托人找到了越南籍的务工人员），委托人没有提出反对意见，且最后又实际接纳了受托人所招收的越南籍工人，可以以本罪的教唆犯将其认定为组织者。

四、本罪是否仅限于追究组织者的刑事责任

关于本罪是否仅限于追究组织者的刑事责任问题，理论界存在着不同的意见。持肯定论的学者认为："本罪主体为年满 16 周岁并具有刑事责任能力的、安排他人有计划、有步骤地偷越国（边）境的组织者，即俗称为'蛇头'的人。"①而持否定论的学者则认为，从刑法条款及司法解释来看，并不能当然得出该罪只追究起组织、策划、指挥作用组织者的刑事责任这一结论。②"为组织偷越国（边）境的人通风报信、充当打手、承担运送偷越国（边）境人员的任务的，明知他人组织偷越国（边）境而为其介绍偷越者的，可以成为本罪共犯。"③

与理论界一样，实务界也存在着两种不同的主张。一种观点认为，为组织者提供帮助的人应当与组织者一起作为共同犯罪处理。例如，上海市奉贤区人民检察院指控钟某长（越南社会主义共和国国籍）和钟某富（中华人

① 赵秉志主编：《刑法新教程》，中国人民大学出版社 2012 年版，第 550 页。

② 参见姜俊山：《组织他人偷越国（边）境罪相关问题探析》，载《法学杂志》2015 年第 9 期。

③ 周光权：《刑法各论》，中国人民大学出版社 2011 年版，第 352 页。

民共和国国籍）犯组织他人偷越国（边）境罪一案，上海市奉贤区人民法院经审理查明：2012 年 4 月至 2013 年 5 月，被告人钟某长伙同他人多次在越南安排越南籍人员至中国务工。在向每人收取约 800 万越南盾（折合人民币 2000 余元）后，组织或者通过他人安排越南籍人员乘船过河道、翻越国境铁丝网等方式偷越国境至中国，或者采用持护照、旅游签证等方式入境后逾期不归的方式滞留中国境内。其间，被告人钟某长采用上述方式组织共计 53 名偷渡人员偷越国境，并将偷渡人员带至上海市奉贤区、浦东新区等地非法务工。2013 年 3 月起，被告人钟某富明知上述越南籍人员系偷渡入境，仍多次帮助被告人钟某长为 10 余名偷渡人员安排食宿、工作等，并为 20 余名偷渡人员联系制作伪造的中华人民共和国第二代居民身份证。在此案一审庭审中，被告人钟某富的辩护人提出，被告人钟某富与被告人钟某长之间不具有事先共谋，其只是在越南籍人员偷渡入境以后，即犯罪既遂后接到被告人钟某长的通知，为非法入境人员安排食宿、工作并帮助联系制作伪造的居民身份证件，该行为应认定为伪造、变造居民身份证罪。法院最后认为，被告人钟某富明知本案越南籍人员系偷渡入境，但仍多次协助被告人钟某长安排越南籍人员食宿和工作及帮助联系制作伪造的身份证，长期以来，已经形成了被告人钟某长带人入境、被告人钟某富进行接应和帮助的默契，应当认定为共同犯罪，故对被告人钟某富辩护人的辩护意见不予采纳。① 实务界有人为此给出了进一步的理由，认为刑法法条和司法解释“只是解释和列举了组织行为的特征，并不叙明追究责任的对象。它不像《刑法》第 292 条规定的聚众斗殴罪，法条明确提出只追究首要分子和积极参与者的刑事责任。故如何追究该罪的刑事责任人员，仍需按照刑法总则的理论和分则的构成要件来判定”。② 另一种观点则认为，为组织者提供帮助的人不应当与组织者一起作

① 参见李晓杰：《在境内多次接应外籍偷渡人员构成组织他人偷越国（边）境犯罪》，载《人民司法》2017 年第 17 期。

② 李晓杰：《在境内多次接应外籍偷渡人员构成组织他人偷越国（边）境犯罪》，载《人民司法》2017 年第 17 期。

为共同犯罪处理。例如，林某某等组织他人偷越国（边）境、运送他人偷越国（边）境案，该案由广东省广州市南沙区人民法院作出（2008）南法刑初字第177号刑事判决，该判决认定：2007年间，被告人黎某某从他人处获悉被告人林某某组织他人从中国大陆偷渡往中国香港，遂以电话联系，表示其可以负责水路运送。2008年3月，被告人林某某联络了18名欲从中国内地非法进入中国香港的偷渡人员（男、女性各9人，其中7名是孟加拉国人，4人是尼泊尔人）。之后通过电话告诉被告人黎某某安排船只，并承诺按每人港币1000元付钱。被告人黎某某遂联系船家陈某某，承诺按每人港币800元付钱。同时又纠合被告人黄某某3让其帮助在陆地上带路，并承诺给付报酬。3月7日晚，被告人林某某通过电话联系被告人程某某，要求其以汽车将18名偷渡人员接送到某处，并承诺按每辆车港币800元付钱。被告人程某某遂纠合被告人向某某，让其以汽车接送其中部分偷渡人员，并承诺付报酬。3月8日凌晨，被告人程某某、向某某各驾驶一辆汽车，在深圳市接载了共18名偷渡人员之后驶至广州市南沙区某处，然后由前来接应的被告人黎华宝、黄某某3带路来到海边，让所有偷渡人员登上了陈某某的船，船随即离岸驶往中国香港，途中被公安人员截获。原判认为，被告人黎某某明知被告人林某某组织他人偷渡而提供运输，共同构成组织他人偷越国（边）境罪。一审宣判后，被告人黎某某向广州市中级人民法院提起上诉。二审法院认为，上诉人黎某某受上诉人林某某的电话指使，负责联系船只运送偷渡人员，为运送偷渡人员的车辆引路，并未实施组织他人偷越国（边）境的行为，其行为应构成运送他人偷越国（边）境罪，遂撤销了一审法院对黎某某的定罪部分，改定黎某某犯运送他人偷越国（边）境罪。[①]

笔者认为，从本罪的立法沿革来看，本罪的组织者只是立法者重点“关照”的对象，亦即对妨害国境管理类犯罪中的组织行为予以严厉打击而已，但并不能由此得出本罪只处罚组织者的唯一结论。虽然行政法对协助组织

① 参见广东省广州市中级人民法院（2009）穗中法刑一终字第13号刑事判决书。

者的行为作出行政处罚的规定，但是行政处罚的根据是“尚不够刑事处罚”，对于超出行政处罚范围的协助组织的行为作为帮助犯处罚，这不仅是罪刑法定原则的要求，也是有效控制组织他人偷越国境犯罪上升趋势的有力手段。为此，上述关于本罪只限于追究组织者的刑事责任的观点是不正确的。具体理由如下：

第一，刑法对本罪的帮助行为并没有全部正犯化。“一般认为，帮助行为正犯化是指如下情形，帮助行为本来是相对于正犯行为的共犯行为，但被直接提升为正犯行为予以评价，并被设置独立的法定刑。”[①]虽然刑法分则单独设立了骗取出境证件罪，提供伪造、变造的出入境证件罪，出售出入境证件罪，运送他人偷越国（边）境罪和偷越国（边）境罪，但是上述可以成为组织他人偷越国境犯罪的帮助行为，只是因其具有严重的社会危害性而从众多的帮助行为中抽取出来作为单独犯罪并予以正犯化而已，并不是除上述帮助行为外就不再考虑其他的帮助行为也可以依本罪的帮助犯处理。也就是说，刑法并没有穷尽所有的帮助行为，对于其他的帮助行为应依照刑法总则关于共同犯罪的规定进行处理。从这一角度分析，刑法立法实际上并没有隐含或表明本罪处罚的主体只为组织者。

第二，《解释》给实施本罪提供帮助的行为依照本罪的共犯处罚预留了空间。刑法理论一般认为，帮助犯属于共同犯罪中边缘化的参与者，其既决定不了事实上的因果流程，对共同犯罪的实行、完成也起不到控制、支配的作用。因为帮助犯的特点就在于，没有直接实施实行行为，而是通过提供各种方便条件，促成正犯实行或完成犯罪。[②]“实行犯与帮助犯的区别在于，实行犯主观上持亲自实行的故意，帮助犯主观上持帮助他人实行的故意。”[③]而《解释》将本罪的组织行为明确规定为“领导、策划、指挥他人偷越国（边）

① 孙运梁：《帮助行为正犯化的教义学反思》，载《比较法研究》2018年第6期。

② 参见林亚刚：《刑法学教义（总论）》，北京大学出版社2014年版，第522页。

③ 张平、周铭川：《刑法总论疑难问题探究》，中国政法大学出版社2016年版，第413页。

境或者在首要分子指挥下，实施拉拢、引诱、介绍他人偷越国（边）境”，显然这两种组织行为是实行行为而非帮助行为（虽然拉拢、引诱、介绍是帮助正犯的行为，但其已被《解释》予以正犯化），因而其无疑表明了对于为组织者提供帮助的行为可以纳入刑罚处罚范围的态度。

第三，只对组织者提供帮助的行为予以行政处罚无法达到惩治有效。根据《治安管理处罚法》第61条的规定，协助组织他人偷越国（边）境的，处十日以上十五日以下拘留，并处一千元以上五千元以下罚款。从该规定可以看出，与为偷越国境人员提供条件的行为被领受的行政处罚相比，对前者的行政处罚显然要重得多。[①] 同时，该规定对帮助行为人所作的“自由罚”处理，看似达到了“顶格”的高度（即处十日以上十五日以下拘留），似乎不再需要刑罚的跟进，但这只是表明了行政立法将为组织者提供帮助的行为予以严厉惩治的态度，而不是排除刑法处罚帮助犯的表态（当然行政法也不能作出这样的表态）。所以，虽然对于那些目的只是获取点运费、跑腿费等报酬的帮助者实施行政处罚即可，但对于那些情节严重的帮助者唯有纳入刑罚处罚，才能有效改变并遏制中越边境地区越来越多地为组织者提供各种单纯帮助行为的状况及发展趋势。

第三节　本罪加重情节的理解及其认定

《刑法》第318条第1款规定了七种情形作为本罪的加重情节，即有下列情形之一的，处七年以上有期徒刑或者无期徒刑，并处罚金或者没收财产：（一）组织他人偷越国（边）境集团的首要分子；（二）多次组织他人偷越国（边）

① 《治安管理处罚法》第62条第1款规定：“为偷越国（边）境人员提供条件的，处五日以上十日以下拘留，并处五百元以上二千元以下罚款。”

境或者组织他人偷越国（边）境人数众多的；（三）造成被组织人重伤、死亡的；（四）剥夺或者限制被组织人人身自由的；（五）以暴力、威胁方法抗拒检查的；（六）违法所得数额巨大的；（七）有其他特别严重情节的。《解释》只是对何为“人数众多”及“违法所得数额巨大”作出了规定，即组织他人偷越国（边）境人数在十人以上的，应当认定为“人数众多”；违法所得数额在二十万元以上的，应当认定为“违法所得数额巨大”。由于《解释》对其他各项并没有作出必要的规定，而且即使就何为“人数众多”作出了规定，但实践中这个问题仍然存在疑惑之处。因此，对本罪的加重情节有必要作全面而深入的探讨。

一、对本罪“首要分子”的认定

由于“首要分子”出现在犯罪集团中，所以要正确厘定本罪中的首要分子，应首先确定何为本罪的犯罪集团。根据《刑法》第26条第2款的规定，所谓犯罪集团，是指三人以上为共同实施犯罪而组成的较为固定的犯罪组织。那么，所谓组织他人偷越国境的犯罪集团即为三人以上为共同组织他人偷越国境犯罪而组成的较为固定的犯罪组织。由此，构成组织他人偷越国境的犯罪集团必须同时满足以下三个条件：一是由三个以上组织他人偷越国境的人员组成（包括三人在内）。这是对组织他人偷越国境犯罪集团主体的量的要求，如果是二人共同组织他人偷越国境的，则是一般的共同组织他人偷越国境犯罪形式。由于《解释》规定，以单位名义或者单位形式组织他人偷越国（边）境的，应当依本罪追究直接负责的主管人员和其他直接责任人员的刑事责任。所以，这里的“人”，应当包括自然人和单位；“三人”则包括“自然人＋自然人＋自然人”“自然人＋自然人＋单位”“自然人＋单位＋单位”以及“单位＋单位＋单位”的组合形式。根据中越边境组织他人偷越国境犯罪的实践，“三人以上”人员的具体组成，既包括领导、策划、指挥层次的组织人员，也包括在首要分子指挥下实施拉拢、引诱、介绍的组织人员；既有中国籍人员，也有越南籍人员（而且实施拉拢、引诱、介绍的组织人员最主要的是来自越南籍人员)。二是有预谋、有计划地为共同组织他人偷越国境犯罪而组成。这是认定组织他人偷越国境犯罪集团的目的性要求。亦即此类犯罪集团的组成是基于组织他人偷越国境的目的，而非其他目的，否则便不是组织他人偷越国境的犯罪集团，而是其他犯罪集团。三是组织他人偷越国境的犯罪组织要较为固定。这是对组织他人偷越国境犯罪集团的组织性要求，它是区分组织他人偷越国境犯罪集团与一般组织他人偷越国境共同犯罪的标志。所谓“较为固定的组织他人偷越国境犯罪组织”，是指基于组织他人偷越国境的概括犯罪故意，为在较长时间内或者反复多次实施组织他人偷越国境为目的而成立的组织，而且有明显的首要分子，组织的重要成员固定或者基本固定，集团成员的结合比较紧密。

另外，根据《刑法》第97条规定，首要分子是指在犯罪集团或者聚众犯罪中起组织、策划、指挥作用的犯罪分子。由于本罪不属于必要的共同犯罪类型，所以本罪的首要分子，就是指在三人以上(包括自然人和单位)组织他人偷越国境的犯罪集团中起组织、策划、指挥作用的犯罪分子。根据刑法及《解释》的规定，具体来说，本罪的首要分子有以下三种：一是组织犯。如上所述，我国刑法理论上的组织犯，是指组织、领导犯罪集团或者在犯罪集团中起策划、指挥作用的犯罪分子。因此，本罪的首要分子中存在组织犯，亦即在本罪的犯罪集团中实施组织、策划、指挥的组织行为的人。其既可以只是从事本罪犯罪集团的组织活动，也可以直接参与组织他人偷越国境的具体行为(实行行为)。在组织犯不直接参与具体的组织他人偷越国境犯罪行为的情况下，由于其组织犯的地位也应当对本罪犯罪集团其他成员所实施的预谋的全部犯罪负责。二是教唆犯。在犯罪集团中，只要存在组织、策划、指挥的行为，就一定存在教唆的行为。否则，犯罪集团本身不可能建立，也无法开展具体的犯罪活动。就本罪而言，行为人通过拉拢、利诱、授意、指使、安排或者胁迫他人参与本罪的犯罪活动的，就是实施了教唆的行为。例如，教唆他人拉拢、引诱、介绍他人偷越国境的；教唆他人安排交通工具运送偷越国境者(被组织者)的；等等。而这些教唆行为如果从建立犯罪集团中的人（实践中一般是处于第一层次实施教唆的人）发起，那么这样的犯罪人就是犯罪集团的首要分子（实践中往往存在多层次教唆，第二层次以后的教唆犯不应认定为首要分子）；三是实行犯。由于《解释》将领导、策划、指挥他人偷越国境作为本罪第一层次的组织行为，显然在存在犯罪集团的情况下，实施了具体领导、策划、指挥他人偷越国境行为的行为人，即为本罪的首要分子。值得注意的是，帮助首要分子实施拉拢、引诱、介绍他人偷越国境的行为人，即使之后其与被组织人一起偷越国境，且在偷越的过程中同时具有领导、策划、指挥的行为，也不能将其认定为集团的首要分子。

二、本罪“人数众多”的具体认定

实践中往往出现这样的情形，即如果将某一或某些“被组织人”计算在内，就正好满足组织他人偷越国境 10 人的加重情节条件，否则就以本罪的基本刑处罚，为此，对于特殊情形下究竟应否将“被组织人”计算在被组织的人数内，便成为实践中极具争议的问题。

（一）组织者本人应否计算在被组织人的人数内

为成功实施本罪，组织人往往也与被组织者一同偷越国境，由此产生的问题就是，作为组织者本人能否计算在被组织的人数当中。例如，唐某某等组织他人偷越国境案，该案经审理查明：[①]

被告人唐某某栽种在中国云南省麻栗坡县八布乡和平村委会白口洞的香蕉基地需要工人。2017 年 8 月 19 日，被告人唐某某便电话联系被告人熊某某，让熊某某找几个越南籍工人到香蕉基地做工。被告人熊某某为组织人员到中国务工，在越南社会主义共和国境内拉拢、邀约了越南籍人员项

① 参见云南省麻栗坡县人民法院（2018）云 2624 刑初 4 号刑事判决书。

某乙、马某、陶某甲、王某、熊某、杨某、陶某丙、陶某乙、项某甲共9人，于2017年8月21日上午，从中越323号界碑处偷越国境进入中国，2017年8月21日9时许，唐某某驾驶自己车牌号为云H ××××× 的皮卡车到中华人民共和国云南省麻栗坡县八布乡哪灯村委会胖甲村公路上接到熊某某等10名越南人，在驾车返回途中时被当场查获。

此案中，被告人熊某某在越南境内拉拢、邀约了越南籍人员项某乙、马某、陶某甲、王某、熊某、杨某、陶某丙、陶某乙、项某甲共9人，如果将组织人熊某某计算在内，那么行为人就要受到加重处罚。本案在审理中就是否将被告人熊某某计算在组织的人数中，产生了两种不同的观点。第一种观点认为，熊某某是本案的被告人，其虽然与其他偷越人一起偷越国境，但作为组织者本身不应计算在被组织的人数内；第二种观点则认为，被告人唐某某明知熊某某系越南籍人，还授意熊某某组织越南人到中国打工，后熊某某组织了9名越南籍人从中越边境偷越到中国境内，唐某某对于熊某某组织他人偷越国境的行为应承担刑事责任。因此，被告人唐某某组织他人偷越国境的人数，应包含熊某某，应认定为10人。一审法院认为，被告人唐某某、熊某某违反出入境管理法规，在未办理任何相关出入境手续的情况下，组织越南籍人员到中国务工。被告人唐某某、熊某某所实施的行为均已构成组织他人偷越国境罪，犯罪事实清楚，证据确实、充分，公诉机关指控的罪名成立。对被告人唐某某、熊某某应依法惩罚。在共同犯罪的过程中，被告人唐某某、熊某某均起到相应的作用，不宜划分主犯、从犯。被告人唐某某在被查获、盘问的过程中，主动交代犯罪事实，应视为自动投案，系自首，依法可以从轻或者减轻处罚。法院最后决定对唐某某减轻处罚，判处有期徒刑五年，并处罚金人民币4000元；判处被告人熊某某有期徒刑三年，并处罚金人民币2000元。[①] 从判决结果可以看出，一审法院

① 参见云南省麻栗坡县人民法院（2018）云2624刑初4号刑事判决书。

显然采纳的是第二种观点，即将熊某某计算在了被组织的人数内。

笔者认为，该案的处理结论是值得商榷的。因为，所谓组织他人偷越国境，只能解释为被组织的人在组织者的组织下偷越国境，因而所谓组织他人偷越国境人数众多，就只能理解为被组织偷越国境的人数众多。而本案中，对于被告人唐某某来说，虽然其首先让熊某某在越南境内召集务工人员，看似也是其组织的对象，但既然本案已将熊某某认定为组织者而与唐某某作为共同犯罪人处理，那么熊某某的组织行为就成为二人整个共同犯罪不可分割的一部分，因而应将熊某某排除在被组织人之外。否则，就会产生组织者（唐某某）组织组织者（熊某某）的逻辑结论。而这，显然是与本罪的构成特征不符，也是不可思议的。同时我们注意到，一审法院认为被告人唐某某和熊某某在共同犯罪过程中，均起到相应的作用，从而对二被告人没有划分主从犯。而既然均是主犯，就应当对二人所参与的或者组织、指挥的全部犯罪处罚。而既然是全部处罚，就不应当对二人的共同组织行为实施人为的分割，亦即不能将熊某某的组织行为全部由唐某某个人承担。但是在具体处理时，对唐某某按照加重情节处刑（本来应在七年以上处刑，但因其自首减轻处罚为五年有期徒刑），而对熊某某则依本罪的基本刑处罚，在均被认定为主犯的情况下，一审法院的处理显然是自相矛盾的，这对唐某某有不公平之嫌。①

（二）组织者并没有向招募者讲明用工的具体人数，是否应以实际招募的人数计算

实践中，组织者有的只是请在越南的亲戚或朋友联系找一些人或者几

① 其实，从该案法律文书载明的确证的证人证言及被告人供述等证据来看，熊某某仅是帮助唐某某召集了9名务工人员（单就熊某某此时的行为还不属于组织行为），而在其与他人偷越国境的过程中并没有体现出明显的组织行为，因而认定其与唐某某构成共同犯罪是比较勉强的。所以，如果将熊某某从组织者中排除，只认定唐某某为本案的唯一组织者，那么本案的最后处理就不会出现如此的尴尬。

个人到中国打工（或做帮工），而并没有向其讲明需要的具体人数，如上述所举李某甲组织他人偷越国境一案，其对公诉机关的指控就作出了“他只联系黄某甲一个人，并没有想到黄某甲联系来那么多人”的辩解。[①] 而招募者最后帮助组织者联系到了 10 人以上的，此时对组织者（招工人）是否应按照组织“人数众多”的加重情节处理，实践中有两种不同的意见。一种意见认为应按“人数众多”处理，因为组织者已经有全部接纳的事实，属于事后认可；第二种观点认为，应当按照本罪的基本刑处理，因为行为人没有事先表明要多少人，此种情形下应当依照有利于被告人的原则进行处理，亦即不能作法定刑升格处理。笔者认为，上述第二种观点是合理的。因为，刑法规定的组织他人偷越国境人数众多，应当是指组织者事先预谋要组织的人数众多或者事中明知所组织的人数众多，只有如此理解才能与其主观恶性及其社会危害性相符合，这也是刑法之所以将其作为加重处罚的原因。也就是说，如果组织者一开始就不具有组织人数众多的主观意图，同时在事中也不明知其组织的人数在“众多”的范围内，说明其本人及其行为不具有很大的危险性和危害性。所以，此种情形应当作出有利于被告人的解释。当然，虽然组织者事先没有讲明需要的具体人数，但是其同时向帮助者表示招募越多越好的，或者帮助者招募好务工人员后向组织者报告了具体的人数而组织者没有反对的，或者帮助者带领所招募的人员在偷越国境的过程中向组织者报告了具体的人数而组织者没有反对的，则应当对实际组织偷越的人数负责。亦即如果符合“人数众多”条件的，应对组织者按照加重情节处理。

（三）被组织人半途中加入偷越队伍中，是否应计算在被组织人的人数内

实践中，有的被组织人知道有人要组织人员偷越国境到中国打工的消息

---

① 参见广西壮族自治区靖西县人民法院（2015）靖刑初字第 149 号刑事判决书。

后，便另行组织偷越人员或者在半途中加入被组织的偷越队伍中，这些过后加入的偷越人员是否作为被组织的人数计算，在实践中产生了争议。例如，裴某某组织他人偷越国境上诉一案，该案经广西钦州市钦北区人民法院一审，认定被告人裴某某组织偷越的人数为16人。一审宣判后，裴某某向钦州市中级人民法院提起上诉，裴某某及其辩护人提出：一审认定事实错误，其带的是7个越南亲戚偷越中国国境，并不是一审认定的16个人。二审经审理查明的事实及最后的裁定结果为：①

2010年3月，上诉人裴某某从越南非法入境中国到广东省佛山市南海区打工。2013年6月1日，裴某某通过电话联系的方式告知其在越南国内的姐姐裴某某1，在中国打工有钱赚，如果有人想去，到芒街会合，由其带到中国广东打工，所需费用等打工赚钱之后扣除。在越南的裴某某1、郭某某、谢某某、黎某某1、黎某某2、梅某某、柳某某7人（均是裴某某的亲戚）商量后决定一起偷渡到中国打工。同日，越南人丁某某1得知后以同样的方法组织了谢某某、裴某某2、陈某某、范某某、薛某某、武某某6人准备跟随裴某某偷渡到中国打工。2013年6月5日，裴某某在广东佛山市租用郭某某（另案处理）的一辆五菱面包车，于次日早上前往广西东兴市。2013年6月6日，裴某某电话联系邹某某（另案处理），叫其开一辆车到东兴市帮运送人到佛山。邹某某因自己无车，便以1300元的价格租用了杨某某（另案处理）的一辆金杯面包车与杨某某一同前往广西东兴市。裴某某到达东兴后，从北仑河出境回到越南芒街，在芒街联系了已约好的裴某某1、郭某某、谢某某、黎某某、黎某某、梅某某、柳某某7人，和丁某某1组织的谢某某、裴某某、陈某某、范某某、薛某某、武某某6人，在越南芒街伺机偷渡过中国的张某某、陈某某2人也跟随上诉人裴某某偷渡到中国打工。当晚11时许，裴某某等17人从中越交界的北仑河乘坐铁皮船非法入境中国广西东

① 参见广西壮族自治区钦州市中级人民法院（2014）钦刑二终字第67号刑事裁定书。

兴市，然后分别搭乘裴某某联系的杨某某、郭某某驾驶的两辆面包车前往中国广东佛山市。当杨某某、郭某某驾车搭乘裴某某等17人途经南北高速公路石滩服务区时被公安机关查获。

二审法院最后认为，裴某某组织其姐裴某某1等7人、丁某某1、谢某某等7人和张某某、陈某某2人共16人，有丁某某1、裴某某1、郭某某、邹某某、杨某某等证人证言证实，并有上诉人裴某某在公安机关的供述相印证，足以认定，遂作出了驳回上诉，维持原判的裁定。

本案之所以在组织的人数上存在争议，是因为丁某某1及其组织的7人并不是裴某某联系的，而张某某、陈某某2人更是在越南芒街伺机偷渡过中国时临时决定跟随被告人裴某某一起偷越的。因此裴某某及其辩护人认为，其只应对直接联系的裴某某1等7人负责。在笔者看来，裴某某无疑构成组织他人偷越国境罪，并应对偷越的16人这一人数负责。因为，虽然被告人裴某某对丁某某1组织的7人以及张某某、陈某某2人没有实施任何拉拢、引诱、介绍等组织的行为，但从本案的发生及发展脉络来看，裴某某的一系列行为（包括电话联系其姐裴某某1组织人员、安排运送车辆、亲自回到越南芒街组织偷渡等）显然符合本罪“领导、策划、指挥”的组织行为特征。亦即其不仅组织了其直接联系的裴某某1等7人偷越国境，而且丁某某1组织的7人以及张某某、陈某某2人的成功偷越国境，也是在被告人裴某某亲自组织下的结果。具言之，作为本罪的组织行为“领导、策划、指挥”，不应仅仅理解为组织人在幕后层面的操控行为，还应包括组织人亲自在现场实施的诸如电话联络、安排车辆和食宿及确定偷越的时间、路线、地点等的各种具体行为。本案中，被告人裴某某首先从广东佛山市租用郭某某的一辆五菱面包车到广西东兴市，到达后即电话联系邹某某开一辆车到东兴市（邹某某租用了杨某某的一辆金杯面包车），做好接运偷越人的准备。然后，裴某某便从中越交界的北仑河出境回到越南芒街，在芒街分别联系上了已约好的裴某某1等7人以及丁某某1组织的谢某某等6人，并同意张某某、陈某某2人一起于当晚从北仑河乘坐铁皮船非法入境中国广西东兴市，然后分别搭乘被告人裴某某联系的杨某某、郭某某驾驶的二辆面包车前往中国广东佛山市。从上看出，无疑体现了被告人裴某某对所有偷越人员实施了组织的行为，应对本案所有偷越的人员数量负责，因而法院对其组织偷越人数的认定无疑是正确的。

三、本罪“多次”的理解

我国刑法分则或司法解释中多处使用了“多次”一词，作为一个量词，其体现了行为人的主观恶意性和社会危害性。总体来看，刑法或司法解释中的“多次”是在三种意义上使用的。一种是作为定罪的标准。例如，刑法条文规定的有：多次盗窃的，构成盗窃罪；多次抢夺的，构成抢夺罪；多次扰乱国家机关工作秩序，经行政处罚后仍不改正，造成严重后果的，构成扰乱国家机关工作秩序罪；多次组织、资助他人非法聚集，扰乱社会秩序，情节严重的，构成组织、资助他人非法聚集罪。司法解释规定的有：多次随意殴打他人，多次追逐、拦截、辱骂、恐吓他人而造成恶劣社会影响，多次强拿硬要或者任意毁损、占用公私财物而造成恶劣社会影响的，均构成寻衅滋事罪；①多次以捏造的事实提起民事诉讼的，构成虚假诉讼罪②；等等。一种是作为法定刑升格的条件（情节加重）。例如，多次聚众斗殴的，对首要分子和其他积极参加的，处三年以上十年以下有期徒刑（聚众斗殴罪的基本刑是三年以下有期徒刑、拘役或者管制）；多次实施运送他人偷越国（边）境行为的，处五年以上十年以下有期徒刑，并处罚金（运送他人偷越国（边）境罪的基本刑是处五年以下有期徒刑、拘役或者管制，并处罚金）；

① 参见2013年7月最高人民法院、最高人民检察院《关于办理寻衅滋事刑事案件适用法律若干问题的解释》第2条、第3条、第4条。

② 参见2018年9月最高人民法院、最高人民检察院《关于办理虚假诉讼刑事案件适用法律若干问题的解释》第2条。

等等。一种是作为犯罪所得数额累计计算的依据。例如，对多次走私未经处理，按照累计走私货物、物品的偷逃应缴税额处罚（《刑法》第153条第3款）；多次实施掩饰、隐瞒犯罪所得及其产生的收益行为，未经行政处罚，依法应当追诉的，犯罪所得、犯罪所得收益的数额应当累计计算。[①]显然，“多次组织偷越国（边）境”中的“多次”，是属于上述第二种情形的范畴，即作为法定刑升格条件使用的。

那么，“多次组织偷越国（边）境”中的“多次”究竟具体是指多少次呢？对此《刑法》和《解释》均未作出规定。根据司法解释以往的规定，“多次”一般是指三次以上（包括三次）。例如，2010年5月最高人民检察院、公安部《关于公安机关管辖的刑事案件立案追诉标准的规定（二）》第87条规定：“本规定中的‘多次’，是指三次以上。”2013年最高人民法院、最高人民检察院《关于办理盗窃刑事案件适用法律若干问题的解释》第3条规定，“多次盗窃”是指二年内盗窃三次以上的情况；2013年最高人民法院、最高人民检察院《关于办理抢夺刑事案件适用法律若干问题的解释》第2条规定，一年内抢夺三次以上的，抢夺公私财物“数额较大”的标准按照第一条规定标准的百分之五十确定。据此，为了与司法解释对其他犯罪中“多次”的次数达到统一，本罪的“多次”也应确定为三次以上。那么，本罪的“三次以上”又有怎样的时间限制，亦即“三次以上”的组织行为发生在一年或二年内合适吗？关于时间的限制问题，刑法或者司法解释的规定并未统一，有的是确定为一年内，有的则是二年内。笔者认为，将行为的次数是限定在一年内还是二年内，一般依据的是某种犯罪行为的社会危害性大小并融入了一定刑事政策的考量而作出的。将行为次数限定在一年内，一般是从宽层面掌握的考虑，因为一年内的时间相对较短，只要第三次行为发生在一年后，即不能构成犯罪或者不符合加重情节的情形；而将行为次数限

① 参见2015年5月最高人民法院《关于审理掩饰、隐瞒犯罪所得、犯罪所得收益刑事案件适用法律若干问题的解释》第4条第2款。

定在两年内，则一般是从严层面掌握的考虑，因为两年内的时间相对较长，行为人第三次行为的发生要直至两年后，刑法才不予关注。基于上述分析，由于本罪一直是刑法立法从严考虑的，因此将本罪加重情节中的“多次”应确定为在二年内组织他人偷越国境三次以上。据此，行为人自第一次实施组织他人偷越国境犯罪之日起至第三次实施组织他人偷越国境犯罪之日止，其时间发生在二年内的，即对其作升格处罚。例如，行为人于2019年5月5日开始着手实施组织他人偷越国境犯罪，直到2021年5月4日止，行为人还实施了两次组织他人偷越国境的犯罪行为，这样该行为人即满足了“多次组织他人偷越国境”的加重处罚条件。

值得探讨的是，如果这三次中其中有一次经过了行政处罚，还能否计算在三次以内。应当说，司法解释存在将已经行政处罚的行为计算在三次以上内的规定情况。例如，2019年4月9日最高人民法院、最高人民检察院、公安部、司法部共同发布的《关于办理实施“软暴力”的刑事案件若干问题的意见》第5条第2款就指出，《关于办理寻衅滋事刑事案件适用法律若干问题的解释》第2条至第4条中的“多次”一般应当理解为二年内实施寻衅滋事行为三次以上，而三次以上既包括未受行政处罚的行为，也包括已受行政处罚的行为。同时第8条第2款也规定，《关于办理敲诈勒索刑事案件适用法律若干问题的解释》第3条中“二年内敲诈勒索三次以上”，包括已受行政处罚的行为。那么，对于本罪的“三次”中有一次已经行政处罚应作怎样的处理呢？笔者认为，上述意见关于寻衅滋事和敲诈勒索“多次”中包括已受行政处罚的行为的规定，是针对当前扫黑除恶的专项斗争而特别作出的，因此在法律或者司法解释对本罪没有作出明确规定的情况下，已受行政处罚的行为不应计算在三次以内为宜。

另外需要探讨的是，行为人组织的“三次”中有一次是预备、未遂或者中止的，此时应否依照本罪的加重情节处理。根据刑法总则的规定，对于预备犯、未遂犯是比照既遂犯从宽处罚的，应当说这是确立了普遍处罚的原则。但是司法实践并非如此。例如，2010年5月最高人民检察院、公安部《关于公安机关管辖的刑事案件立案追诉标准的规定（二）》第89条就规定："对于预备犯、未遂犯、中止犯，需要追究刑事责任的，应予立案追诉。"可见，司法机关并没有一律处罚预备犯、未遂犯、中止犯。因为，如果遵循刑法总则一律处罚的原则，那么其在此就没有作出任何"追究刑事责任的应予立案追诉"的强调的必要。又如，2013年4月最高人民法院、最高人民检察院《关于办理盗窃刑事案件适用法律若干问题的解释》第12条规定，盗窃未遂，具有下列情形之一的，应当依法追究刑事责任：（1）以数额巨大的财物为盗窃目标的；（2）以盗窃珍贵文物为盗窃目标的；（3）其他情节严重的情形。从此解释也可以明显看出，司法机关并不是对所有的盗窃未遂犯追究刑事责任，而是只厘定出诸如以数额巨大的财物为盗窃目标以及以盗窃珍贵文物为盗窃目标等情节严重的盗窃未遂行为进行刑事处罚。笔者认为，既然《解释》规定处罚本罪的未遂犯，当然行为中未遂的情形也应计算在三次内，至于预备及中止的情形则无须且无必要计算在内。

四、对"造成被组织人重伤、死亡"的理解

关于"造成被组织人重伤、死亡"的内涵，可以通过以下三个方面把握。

一是"造成被组织人重伤、死亡"的成立范围。显而易见，造成被组织人重伤、死亡是来自组织行为本身，而非组织行为之外的其他行为。亦即组织行为与被组织人重伤、死亡结果之间必须具有直接的因果关系。例如，组织者在亲自运送被组织人时因车祸、船舶倾覆致使被组织人重伤、死亡，组织者在徒步组织他人偷越国境过程中因被组织人紧张或恐慌而不慎跌下悬崖或在路上摔倒导致重伤、死亡，组织者在涉水组织他人偷越国境时被组织人不慎溺水死亡，等等。在组织他人偷越国境的过程中，因第三方的原因致使被组织人重伤或死亡的（如被他人伤害或杀害），应不属于"造成被组织人重伤、死亡"的范围，因为此种情形与组织行为不具有直接的因果关系，应由第三方负责。但是，如果是检查人员检查时，被组织人在

逃跑的过程中导致其重伤或死亡的，则不应由检查人员负责，此种情形仍认定为与组织者的行为具有直接因果关系，即应归责于组织者。另外，在组织他人偷越国境的过程中，对于被组织人不愿继续跟随组织人偷越国境，在返回的路途中不慎造成重伤或死亡的，是否认定为“造成被组织人重伤、死亡”，应划分情形具体分析：如果组织者在实施组织行为中表现出了强制力（如剥夺或者限制被组织人的人身自由），被组织人是在设法逃跑的过程中导致重伤或死亡的，应当认定组织者的行为与被组织人的重伤或死亡结果具有直接的因果关系。但是，如果被组织人逃跑后离开组织者有较远的距离，组织者的强制力已基本或完全无法对被组织人形成威慑，此时如果被组织人不慎造成伤亡，组织者对此不应担责；如果组织者在实施组织行为中没有表现出强制力或者强制力不明显，被组织人是否愿意继续跟随组织者偷越国境有相当的自由决定度，那么被组织人在返回的过程中不慎伤亡，由于此时与组织者组织行为的原因力微弱，因而不宜认定二者之间存在直接的因果关系，亦即不能归责于组织者。

二是组织者对被组织人造成重伤或死亡的主观方面的要求。应当说，组织者对被组织人伤亡结果的产生是持排斥的心理态度的，因此对于组织者在造成被组织人重伤或死亡的主观方面一般表现为过失。亦即组织者在组织他人偷越国境的过程中，应当预见其组织行为可能会造成被组织人重伤或死亡的结果，因疏忽大意而没有预见，或者已经预见可能会造成被组织人重伤或死亡的结果而轻信能够避免。同时，由于《刑法》第 318 条第 2 款规定的对被组织人实施杀害、伤害、强奸、拐卖等的犯罪行为，组织者的主观方面应当表现的是直接故意，那么，造成被组织人重伤、死亡能否包括间接故意呢？例如，在组织他人偷越国境的过程中，一被组织人从车上掉下，可能由于处于紧张的偷越过程组织人并没有采取施救行为，最后因没有及时得到救治而导致被组织人死亡。笔者认为，此种情形也应当属于“造成被组织人重伤、死亡”的情形。当然这里需要解决的是，行为人是否有义务施救，即牵扯到不作为的义务来源问题。我国传统刑法理论从形式上将不作为的义务来源概括为法律明文规定的义务、职务或业务上要求的义务、法律行为引起的义务以及先行行为引起的义务四种。[①] 其中先行行为引起的作为义务，“是指行为人先前实施的行为，该行为使某种合法权益处于遭受严重损害的危险状态，该行为人产生以积极行动阻止损害结果发生的义务”。[②] 显然，根据先行行为引起的义务，组织者对于从车上掉下的被组织人是有施救的义务的。因为，组织者在实施组织他人偷越国境的过程中，运送被组织人是其施行的先行行为，由于该行为使从车上掉下的被组织人的健康权或者生命权处于严重损害的危险状态，因而对组织者产生了应采取有效措施对被组织人进行救治的特定义务。同时，由于刑法将该加重情节的法定刑设置为七年以上有期徒刑或者无期徒刑，其基本可以满足间接故意杀人或故意伤害情形下对行为人的惩治要求，因而对于组织者不实施救助从交通工具上跌落的被组织人而导致重伤或死亡的间接故意情形，可以在该加重情节中处理。可见，“造成被组织人重伤、死亡”的情形，组织者的主观方面不仅表现为过失，还应包括间接故意在内。

三是造成被组织人重伤、死亡的时空性。按文义解释，造成被组织人重伤、死亡，是指在组织他人偷越的过程中造成被组织人重伤、死亡。因此，这里需要解决的是如何理解“过程中”的问题。一般情况下，组织人在单纯实施拉拢、引诱、介绍的过程中不会出现造成被组织人重伤或者死亡的可能性。应当说，刑法关注的“造成被组织人重伤、死亡”应是具体实施组织偷越行为的过程中，亦即自被组织人离开其居所地开始，即使被组织人尚在国内，如在离开其居所地前往其国内的某一地点集中的过程中造成重伤或者死亡的，也应当认定为本罪的加重情节。同时，虽然组织他人偷越国境的行为既遂，但是基于组织行为的延续性，在被组织人到达目的地之

---

① 参见高铭暄、马克昌主编:《刑法学》，北京大学出版社、高等教育出版社2017年版，第68—69页。

② 陈兴良:《教义刑法学》，中国人民大学出版社2010年版，第250页。

前的过程中，尽管有可能出现多个运送环节或路段，但所造成的被组织人重伤或死亡的结果，亦均属于本罪的加重情节。因此，本罪此处的“过程中”应是指从拉拢、引诱、介绍行为完成后，被组织人离开其居所地开始至到达目的地的空间范围。详言之，在这一过程中可以认定为“造成被组织人重伤、死亡”的具体环节包括：（1）组织者组织被组织人离开其居所地前往其国内的某一地点集中的过程中；（2）组织者组织被组织人向国境线开进的过程中；（3）组织者组织被组织人正在偷越国境的过程中；（4）组织者组织被组织人成功偷越国境后到达目的地之前的过程中；（5）在组织者对被组织人的运送过程中，由于距离较远、时间较长，加之路途中紧张、饥困之故，从而导致被组织人到达目的地后死亡，并且经鉴定与组织行为有直接关联的；（6）在组织者组织被组织人偷越国境的整个过程中，因剥夺或者限制被组织人人身自由致使被组织人重伤或死亡的。

五、对“剥夺或者限制被组织人人身自由”的理解

所谓剥夺被组织人人身自由，就是采取拘禁或者其他强制方法，使被组织人在一定时间内完全失去身体活动的自由。例如，将被组织人拘禁在固定场所内，禁止其进出。所谓限制被组织人人身自由，是指采取适当或一定程度的强制方法，使被组织人在一定时间内相对失去身体活动的自由。例如，被组织人可以从此场所去到彼场所，但是规定必须在一定时间内回到此场所，或者组织者派人跟踪被组织人的活动，等等。过于“剥夺或者限制被组织人人身自由”的内涵，具体可从如下两个方面把握。

一是剥夺或者限制被组织人人身自由发生的时空条件。笔者认为，从行为发生的可能性角度分析，剥夺或者限制被组织人人身自由发生的时空，应是从以组织他人偷越国境为目的，招募、拉拢、引诱、介绍、培训偷越国境人员开始至在组织他人偷越国境再至目的地前的过程中。至于到达目的地后剥夺或者限制被组织人人身自由的，如果是非法拘禁被组织人并构

成犯罪的，对组织者应当以本罪与非法拘禁罪实施数罪并罚；如果以剥夺或者限制被组织人人身自由的方法强迫被组织人劳动并构成犯罪的，由于对人身自由的剥夺是强迫劳动罪的当然结果，不需以非法拘禁罪作另行的单独评价，所以对组织者应以本罪与强迫劳动罪实施数罪并罚。

二是剥夺或者限制被组织人人身自由是否以构成非法拘禁罪为限。对此实践中存在两种不同的意见。一种意见认为，只要行为人（组织者）对被组织人人身自由实施了剥夺或限制的，无论是否构成非法拘禁罪，均应成立该加重情节；另一种意见则认为，行为人（组织者）对被组织人人身自由实施剥夺或限制的行为，必须要达到犯罪的程度，才能成立本罪的加重情节。在笔者看来，由于刑法将剥夺或限制被组织人人身自由的行为列为法定刑升格的条件，且规定了七年以上或者无期徒刑的法定刑，而非法拘禁罪的基本刑为三年以下有期徒刑、拘役、管制或者剥夺政治权利，因而从罪责刑相适应的原则考量，“剥夺或者限制被组织人人身自由”似乎应当理解为需要构成非法拘禁罪才妥。但是，刑法之所以将“剥夺或者限制被组织人人身自由”作为本罪的加重情节，并规定为七年以上或者无期徒刑的法定刑，并不是以其构成非法拘禁罪为基点考虑的，而是仍然以本罪的严重社会危害性为基础的，这从刑法没有为本罪设置任何罪量就可以看出。亦即一般性的实施组织他人偷越国境的行为就已被法律列为重罪的范畴（本罪的基本刑为二年以上七年以下有期徒刑），更何况组织者还在组织的过程中有意实施剥夺或限制被组织人人身自由的行为，这更应受到严厉的惩处。同时，根据 2019 年 4 月 9 日最高人民法院、最高人民检察院、公安部、司法部共同发布的《关于办理实施“软暴力”的刑事案件若干问题的意见》第 6 条规定，非法拘禁他人三次以上、每次持续时间在四小时以上，或者非法拘禁他人累计时间在十二小时以上的，应当以非法拘禁罪定罪处罚。据此，如果组织者在组织他人偷越国境的过程中，剥夺被组织人的人身自由没有达到上述要求的，就不能构成非法拘禁罪。但将没有达到上述要求的行为排除在本罪的加重情节之外，显然是难以让人接受的。进一步值得注意的是，刑法只是将剥夺他人人身自由的行为作为非法拘禁罪的调控范围，而并不包括限制他人人身自由的行为（即限制他人人身自由的行为不成立非法拘禁罪）。而刑法在本罪加重情节中将剥夺或者限制被组织人人身自由的两种行为方式进行并列规定，这明显可以看出立法的用意是并不要求组织者一定构成非法拘禁罪。基于上述分析，本书赞成第一种意见，即认为，组织者对被组织人剥夺或限制人身自由的行为无论是否构成犯罪，均应按本罪的加重刑予以处罚。当然，如果因组织者剥夺被组织人的自由构成犯罪的，在具体处理时，应当对组织者在加重刑的幅度内选择一较重刑罚处罚（如可判处15年有期徒刑或者无期徒刑）。

这里有必要就《刑法》第318条第2款与本加重情节的关系作一具体阐明。根据《刑法》第318条第2款规定，犯本罪并对被组织人有杀害、伤害、强奸、拐卖等犯罪行为的，依照数罪并罚的规定处罚。据此，行为人（组织者）犯本罪又分别对被组织人实施了上述犯罪行为的，应以本罪与故意杀人罪、故意伤害罪、强奸罪、拐卖妇女、儿童罪实施数罪并罚。但这里需要探讨的是，刑法在上述规定中作出了“等犯罪行为”的表述，那么对于没有明确列举的“等犯罪行为”（尤其是较轻的犯罪）是否也应与本罪实施数罪并罚呢？有学者认为对此也应当实行数罪并罚。其理由是，刑法规定实行数罪并罚的目的，在于严厉处罚该类行为，如果对此也可以按照其他方法处理（如按牵连犯择一重罪处理），那么刑法没有必要特别强调实行数罪并罚。同时，“等犯罪行为”并没有排斥较轻的犯罪，因而将之纳入其中并不违背刑法规定，符合罪刑法定原则。[①] 还有学者认为，从刑法强调数罪并罚的规定来看，对于行为人实施了其他犯罪的，不应归于《刑法》第318条第1款第（7）项“有其他特别严重情节的”范围，而应实行并罚。[②] 该观点的言下之意，就是对

---

① 参见彭文华、王昭武、吴江：《中国刑法罪刑适用》，法律出版社2013年版，第516—517页。

② 参见张明楷：《刑法学（下）》，法律出版社2016年版，第1112页。

于“等犯罪行为”也应一律与本罪实施数罪并罚。笔者对上述观点基本赞同。但需要注意的是，由于《刑法》第318条第1款第（4）项规定了“剥夺或者限制被组织人人身自由的”作为该罪法定刑升格的条件，那么组织者犯非法拘禁罪的，就应不再与本罪实施数罪并罚。因为除笔者的上述理由外，从体系解释的角度分析也可以得出这样的结论。由于《刑法》第318条第1款第（5）项将“以暴力、威胁方法抗拒检查的”妨害公务的行为列为本罪的加重情节，而刑法对以暴力、威胁方法阻碍国家机关工作人员依法执行职务的妨害公务的情形并没有规定罪量，那么在实施本罪中凡是以暴力、威胁方法抗拒检查的，均构成妨害公务罪。既然如此，作为与“以暴力、威胁方法抗拒检查”并列的加重情节，“剥夺或者限制被组织人人身自由”加重情节中就没有理由不包含非法拘禁罪的存在。因此，“等犯罪行为”不应包括对被组织人实施的非法拘禁犯罪行为。基于上述分析，即使行为人因剥夺被组织人的人身自由而构成了非法拘禁罪，但由于《刑法》第318条第2款的规定排除了其不与本罪实行数罪并罚，因而上述讨论组织者的剥夺或者限制人身自由的行为应否以构成犯罪为限，实际上没有任何必要。

六、对“以暴力、威胁方法抗拒检查”的理解

关于“以暴力、威胁方法抗拒检查”的内涵，可以从以下三个方面进行把握。

一是暴力和威胁在本罪中的限度。从语义上看，“暴力”一词有“强制的力量”“特指国家的强制力量”及“武力”三层含义；[①]“威胁”一词有“（用武力或权势）逼迫、恫吓”及“使造成危害或祸患”之义。[②]因此，“暴力”和“威胁”总体上体现出的是一种对相对方强行的单向压制的状态。刑法

① 参见《新华词典》，商务印书馆2013年版，第41页。

② 参见《新华词典》，商务印书馆2013年版，第1042页。

中规定了较多在客观方面必须使用暴力、威胁的方法才能成立犯罪的罪名，如抢劫罪、强奸罪、强制猥亵罪、强迫劳动罪、强迫交易罪等。刑法中的暴力，是指行为人为了顺利实施犯罪，而采取的排除或者压制被害人的抗拒，致使被害人不能反抗、不敢反抗，或者即使能够反抗也存在非常棘手的情况，并足以或直接危及被害人的健康、生命的行为，一般表现为殴打、捆绑、堵嘴、掐脖、禁闭、伤害、杀害等有形力。广义上的暴力，不仅包括直接暴力，也包括间接暴力，即不要求行为人直接针对被害人的身体实施，通过对某种物施加有形力而对被害人造成影响；不仅包括“硬暴力”，还包括“软暴力”，即不要求行为人直接针对被害人实施殴打、捆绑等硬性行为，如果对被害人实施紧身贴靠的，亦属于暴力的范围。刑法中的威胁，是指通过语言以将要加害于被害人及其家人相通告或者纠集多人当着被害人的面摆架势示威等无形力，足以使被害人产生恐惧、恐慌进而形成心理强制的精神强制行为。当然，因各罪构成的要求不同，因而“暴力”在各罪中所体现的具体方式和强度也有所差异。例如，抢劫罪中的暴力不仅体现为殴打、捆绑、伤害等方式，还可以包括故意杀人的方法，即行为人为了非法占有他人财物而当场杀死他人的，应定抢劫罪一罪；而强迫交易罪中的暴力则不能体现重伤害及杀害的方式和程度，因为该罪的法定刑最高为七年有期徒刑，显然对于强迫交易中行为人采取重伤害及杀害的行为，应当依照故意伤害罪及故意杀人罪论处。

由于《刑法》第 318 条第 2 款规定，组织者对检查人员有杀害、伤害等犯罪行为的，依照数罪并罚的规定处罚，所以本罪加重情节之“暴力”的方式和强度，应当不包括轻伤，而只能控制在没有造成检查人员受伤或者即使受伤也应在轻微伤的范围之内。否则，如果达到轻伤以上的，对组织者则以故意伤害罪与本罪实施数罪并罚。另外，在中越边境发生的组织他人偷越国境的犯罪中，组织者（包括负责运送的共犯）驾驶运送被组织人的车辆在途经边境管理检查站或其他执勤点时，故意加大油门强行冲卡以逃过检查的案例时有出现，那么此种强行冲卡的行为应否认定为本罪的“暴力”是值得商讨的。如上所述，刑法中的暴力包括直接暴力和间接暴力，表面上看，组织者驾驶运送车辆冲卡时是冲破栏杆、破胎器等障碍物，其直接侵害的是物，而没有针对执勤的检查人员的身体直接实施有形行为。但是，驾车强行冲卡的行为实质上冲破的是这些障碍物背后执勤的检查工作人员的拦截。从逻辑上或社会的一般观念分析，组织者驾车强行冲卡的行为，特别是在突然加大油门提速的情况下，极有可能或者肯定碰触到现场执勤人员的身体，足以或者肯定会危及执勤人员的身体健康乃至生命安全。因此，笔者认为，此种情形与暴力的性质无异，因而应当归属为暴力的范围。

根据2019年4月9日最高人民法院、最高人民检察院、公安部、司法部共同发布的《关于办理实施“软暴力”的刑事案件若干问题的意见》第5条规定，采用“软暴力”手段，使他人产生心理恐惧或者形成心理强制的，分别属于《刑法》第226条规定的“威胁”以及第293条第1款第（2）项规定的“恐吓”。据此，本罪的行为人如果对检查人员或者在检查现场实施诸如跟踪贴靠、扬言传播疾病、揭发隐私、摆场架势示威、聚众哄闹滋扰、拦路闹事等“软暴力”行为，并足以使检查人员产生心理恐惧或者形成心理强制的，亦属于本罪加重情节中的“威胁”。

二是抗拒检查的时空条件。由于《解释》第1条第3款规定，以组织他人偷越国境为目的，招募、拉拢、引诱、介绍、培训偷越国境人员，策划、安排偷越国境行为，在他人偷越国境之前或者偷越国境过程中被查获的，应当以组织他人偷越国境罪（未遂）论处，所以，抗拒检查的时空应自组织者对偷越国境人员进行招募、拉拢、引诱、介绍、培训以及策划、安排偷越国境行为时起至组织他人偷越国境到达目的地的过程中。亦即组织者对偷越国境人员进行招募、拉拢、引诱、介绍、培训以及策划、安排偷越国境行为时以暴力、威胁方法抗拒检查的，就应成立本罪的加重情节（只不过结合未遂犯的处罚原则量刑）。

三是抗拒检查的对象，即主体的范围（下称检查人员）的把握。目前地方政府对中越边境地区的治安一般采取的是群防群控的方法，而这一综合治理的体系需要较多的人力支持才能有效运作。由此，在边境管理部门缺乏人力的情况下，往往会向社会发出招聘信息，采取聘用的方法吸收人力资源。例如，广西中越边境地区的“路长”队伍建设便是其中的典型代表。其做法是：将边境线划分成若干段、若干片区，聘请有威信、信息灵通且热心于边境治安的边境村民担任“路长”和治安信息员。采取责任承包制，即一“路长”负责一边境路段或一片区，为此形成由诸多“路长”组成的管边队伍。“路长”的职责是对边界、通道、便道、界碑、码头及易于船舶停靠点等重点地段或区域进行巡逻、管控，及时发现、通报和制止诸如偷渡、走私等各类违法犯罪活动，被誉为驻守在中越边境线上“不下班的值班员”，成为边境管理部门管边控边的一支重要依靠力量。显然，这些活跃在边境线上的诸如“路长”、协警（辅警）等在内的各种参与管边控边的编外人员，是否均属于“检查人员”的范畴，亦即以暴力、威胁的方法抗拒他们检查的，能否成立本罪的加重情节，应当说是有需要进行考证的问题。

2018 年全国两会期间发布的国务院机构改革方案，明确提出组建国家移民管理局，将公安部的出入境管理、边防检查职责整合，建立健全签证管理协调机制。在《国务院关于部委管理的国家局设置的通知》中，明确国家移民管理局由公安部管理，加挂中华人民共和国出入境管理局牌子。国家移民管理局的主要职责包括：协调拟定移民政策并组织实施，负责出入境管理、口岸证件查验和边民往来管理，负责外国人停留居留和永久居留管理、难民管理、国籍管理，牵头协调“三非”外国人治理和非法移民遣返，负责中国公民因私出入国（境）服务管理，承担移民领域国际合作等。据此，目前参与拦截、检查偷渡违法犯罪活动的主要力量应是国家移民管理局下属的各边境管理部门，同时，从该局“牵头协调‘三非’外国人治理和非法移民遣返”的职责可以看出，参与打击偷渡违法犯罪活动的还包括其他单位或部门。由此可知，本罪行为人抗拒检查的对象应属于国家机关工作人员（在编的），显然满足妨害公务罪的构成条件。同时，根据 2000 年 3 月 21 日最高人民检察院《关于以暴力威胁方法阻碍事业编制人员依法执行行政执法职务是否可以对侵害人以妨害公务罪论处的批复》的规定，对于以暴力、威胁方法阻碍国有事业单位人员依照法律、行政法规的规定执行行政执法职务的，或者以暴力、威胁方法阻碍国家机关中受委托从事行政执法活动的事业编制人员执行行政执法职务的，可以对侵害人以妨害公务罪追究刑事责任。另外，2002年12月28日全国人民代表大会常务委员会《关于〈中华人民共和国刑法〉第九章渎职罪主体适用问题的解释》规定："在依照法律、法规规定行使国家行政管理职权的组织中从事公务的人员，或者在受国家机关委托代表国家机关行使职权的组织中从事公务的人员，或者虽未列入国家机关人员编制但在国家机关中从事公务的人员，在代表国家机关行使职权时，有渎职行为，构成犯罪的，依照刑法关于渎职罪的规定追究刑事责任。"根据上述司法解释和立法解释，不管是事业单位的人员，还是在国家机关中不在编的聘用人员，只要是从事公务，均以国家机关工作人员论，而不拘泥于是否有公务员身份和编制。为此，上述诸如"路长"、协警（辅警）等在内的各种参与管边控边的编外人员，因受国家机关的聘用之故，从而成为从事公务的人员，应均属于"检查人员"的范畴，如果这些"检查人员"在依法执行职务时，以暴力、威胁的方法抗拒他们检查的，无疑成立本罪的加重情节。

关于本加重情节还有一个值得探讨的是，由于在成立故意伤害罪的情形亦属于以暴力、威胁方法抗拒检查的妨害公务的行为，那么对组织者以本罪与故意伤害罪实施并罚时，究竟是以本罪的基本刑与故意伤害罪实施并罚，抑或以本罪的加重刑与故意伤害罪实施并罚。笔者认为，应以本罪的加重刑与故意伤害罪实施并罚。因为，本罪的基本刑是二年至七年有期徒刑，假如组织者对检查人员的伤害为轻伤，其所处的刑罚是三年以下有期徒刑、拘役或者管制，显然，二罪并罚后有可能不能达到本罪加重刑的刑罚量（本罪的加重刑为七年以上有期徒刑或者无期徒刑），这与立法的目的相悖。因此，只能以本罪的加重刑与故意伤害罪实施并罚，才能符合本罪立法的意愿。

第四节　组织他人偷越国境罪的既遂与未遂

一、本罪既遂与未遂的纷争概览

关于本罪既遂与未遂的认定标准，是目前理论界和实务界最具争议的一个问题，在实务界尤为激烈。

在刑法理论界，划定本罪既遂与未遂的标准，有行为犯说与越境说之分。持行为犯说的学者认为，本罪应以组织者组织行为的完成为既遂的标准，至于被组织的偷渡者是否已经偷渡成功，不影响对既遂的认定。至于何种情况下可以认为组织行为的完成，则可以根据“组织”的具体行为考察，应以被组织的偷渡者接受偷渡的“组织”为标准。亦即“组织”行为只要针对具体的偷渡者实施，且偷渡者接受了这样的“组织”安排，就应当视为“组织”行为已经完全符合构成要件的要求；[①]“他人在行为人的煽动、拉拢、诱使、串联或者安排下，被组织起来，组织者即构成本罪既遂。至于被组织者在行为人的安排、组织下偷越国（边）境是否成功，也不影响本罪既遂的成立”。[②]持越境说的学者认为，本罪以被组织者的行为属于偷越国境为前提，被组织者非法出境或者入境是本罪的既遂标志。[③]

而在实务界，则存在着行为犯说、越境说（或结果犯说）和入境范围有限说（或目的说）三种观点的碰撞，其中后两种观点目前的争议最为激烈。持行为犯说的观点认为，行为人只要完成本罪的组织行为，无论偷渡人员是

① 参见马克昌主编:《百罪通论（下卷）》，北京大学出版社 2014 年版，第 1012—1013 页。

② 周光权:《刑法各论》，中国人民大学出版社 2011 年版，第 352 页。

③ 参见张明楷:《刑法学（下）》，法律出版社 2016 年版，第 1111 页。

否越过国境线，均构成组织他人偷越国境罪既遂。例如，上述所举林某某等组织他人偷越国（边）境、运送他人偷越国（边）境一案，审理该案的法院即持此种观点。该案由广东省广州市南沙区人民法院作出（2008）南法刑初字第177号的一审刑事判决，该判决认为：根据查明的事实，公诉机关指控林某某犯组织他人偷越国（边）境罪证据充分，罪名成立。但公诉机关认定被告人林某某犯罪未遂，经查有误，予以纠正。组织他人偷越国（边）境罪是行为犯，行为人只要完成了组织行为，不论偷渡者是否越过国（边）境线，均构成犯罪既遂。一审宣判后，被告人林某某向广州市中级人民法院提起上诉。其认为，无论组织他人偷越国（边）境罪还是运送他人偷越国（边）境罪，都是结果犯，而非行为犯。因此，其行为应系犯罪未遂，应比照既遂犯从轻或减轻处罚。二审法院最后亦以“组织他人偷越国（边）境罪是行为犯，行为人只要完成组织行为，无论偷渡人员是否越过国（边）境线，均构成组织他人偷越国（边）境罪既遂”的与一审法院的相同理由，维持原审判决。[①] 从该案公诉机关的指控和被告人林某某的辩护看出，他们均认为本罪不属于行为犯，而是结果犯 [即以越过国（边）境为既遂的标准]，显然在本罪既遂与未遂的划分标准上形成了法院与公诉机关及被告人观点的两大阵营对决。

持越境说的观点认为，本罪的既遂与未遂应以被组织人是否越过国境线为标准，也就是说，被组织人只要越过了国境就为既遂，否则为未遂。例如，黄某某组织他人偷越国境一案。云南省红河哈尼族彝族自治州河口瑶族自治县人民检察院指控：2016年9月12日，被告人黄某某组织两名柬埔寨女子从越南非法渡口乘坐小船入境至中国河口，准备乘坐火车前往昆明，当日22时，在河口县火车站检票时被查获。被告人黄某某的辩护人认为，被告人黄某某带人偷渡后在河口就被查获，系犯罪未遂。一审法院认为，被告人黄某某非法带2名外籍人员非法进入中国境内，就已经是犯罪的完成

① 参见广东省广州市中级人民法院（2009）穗中法刑一终字第13号刑事判决书。

时态，故不构成未遂。[①] 应当说，持越境说的观点是目前司法实践中的多数派，绝大部分司法机关均持这种观点。

持入境范围有限说的观点认为，本罪的既遂并非为组织行为已完成时，也并非为被组织人已跨越国境时，而是被组织人跨越国境后已突破了边境管理区域时。亦即被组织人虽然已经入境，但是其在当地设置的边境管理区域内被查获的，为本罪的未遂。由于该观点认为被组织者在偷越国境线后被查获时依然处在边境管理区域内，意指被组织者尚在偷越过程中而没有到达组织者既定的目的地，因而也可以称此观点为目的说。从目前的司法实践来看，入境范围有限说（或目的说）是少数派。例如，农某兴组织他人偷越国境案，该案的裁判理由可谓此种观点的起源。该案已被最高人民法院收入为第 883 号刑事审判指导案例。其基本案情为：[②]

广西壮族自治区靖西县人民检察院以被告人农某兴犯组织他人偷越国境罪，向靖西县人民法院提起公诉。

靖西县人民法院经审理查明：被告人农某兴系云南省富宁县归朝镇孟村村民委板桑小组村民，因其种植的甘蔗地须找人工除草，为获取廉价劳动力，图谋雇请越南人越境为其务工。2012 年 7 月 16 日，农某兴电话联系越南人农某报，请农某报帮忙找一些越南人到其家除甘蔗地里的杂草，并承诺包吃包住，另给每人每天人民币 50 元工钱。当日下午，农某报把中国境内有招人做工的事分别告诉了宋某巴、杨某幸等 13 名越南人，并约定前往中国境内做工集结的时间和地点。当日晚，农某报通过打电话将已经找到愿意前往中国做工的越南人的情况告诉了农某兴。两人商定由农某报负责组织越南人从中越边境 591 号界碑附近便道入境，农某兴负责在中国广西那

① 参见云南省河口瑶族自治县人民法院（2017）云 2532 刑初 22 号刑事判决书。

② 参见中华人民共和国最高人民法院刑事审判第一、二、三、四、五庭主办：《中国刑事审判指导案例（05 卷）》，法律出版社 2017 年版，第 258—259 页。

坡县百南乡弄民村弄元屯附近等候接应。次日凌晨零时许，农某兴约上住同村组的表弟农某荣，驾驶其车牌号为云 HQB××8 的银灰色轻型货车从自家出发，5 时许到达那坡县百南乡弄民村弄元屯附近等候。19 时许，农某报带领宋某巴等 13 名越南人从中越边境 591 号界碑附近便道进入广西那坡县百南乡弄民村弄元屯，随后登上由农某兴驾驶的车辆前往云南省富宁县。20 时许，农某兴驾驶的车辆行至百南乡上隆村路口遇上正在巡逻的公安民警，农某兴以及非法入境的 14 名越南人被当场抓获。经查，农某报、宋某巴等 14 名越南人均未办理任何合法有效的出入证件。

靖西县人民法院认为，被告人农某兴为获取廉价劳动力，违反国家有关出入国境管理法规，非法组织多名越南人偷越国境，其行为构成组织他人偷越国境罪，公诉机关指控的罪名成立。农某兴所组织的 14 名越南人在偷越过程中被查获，其组织他人偷越国境属于犯罪未遂，依法可以从轻或者减轻处罚。农某兴到案后如实供述自己的罪行，具有坦白情节，依法可以从轻处罚。综合农某兴上述犯罪事实、情节以及悔罪表现，法院认为其符合判处缓刑的条件。据此，靖西市人民法院以被告人农某兴犯组织他人偷越国境罪，判处有期徒刑 3 年，缓刑 3 年，并处罚金人民币 5000 元。

一审宣判后，靖西市人民检察院向百色市中级人民法院提起抗诉。理由是：一审判决认定原审被告人农某兴组织他人偷越国境犯罪未遂系适用法律错误，农某兴没有减轻情节，应当判处七年以上有期徒刑。

百色市中级人民法院经公开审理认为，本案涉案的越南人系从中越边境 591 号界碑附近便道入境，进入中国广西那坡县百南乡弄民村弄元屯，原审被告人农某兴在驾车搭载入境的越南人前往云南省富宁县途中，被那坡县公安局百南边防派出所民警查获。农某兴组织他人偷越国境的行为仍处于持续过程中，属于在组织他人偷越国境过程中被查获，应当认定为犯罪未遂。据此，驳回抗诉，维持原判。

二、司法解释对本罪既遂与未遂的确立及其理解

根据《解释》第1条第3款的规定，以组织他人偷越国（边）境为目的，招募、拉拢、引诱、介绍、培训偷越国（边）境人员，策划、安排偷越国（边）境行为，在他人偷越国（边）境之前或者偷越国（边）境过程中被查获的，应当以组织他人偷越国（边）境罪（未遂）论处。据此，本罪的未遂包括两种情形：一是在组织他人偷越国境之前被查获的；二是在组织他人偷越国境过程中被查获的。对于前者，实践中基本没有争议，对于后者则因应究竟如何理解“在他人偷越国境过程中”的“过程中”而存在较大的争议。其争议点在于：“偷越国境之前”和“偷越国境过程中”作为《解释》规定的两种未遂情形，究竟是互不包含的并列关系，抑或均属于跨越边境前的内容上互有重合的概括类型。如果是前者，那么“偷越国境过程中”肯定有其独有的不同于“偷越国境之前”的内涵，亦即“偷越国境过程中”可以被理解为“他人”入境后的延续行为；如果是后者，那么“偷越国境过程中”只能被理解为入境前的行为。

应当说，上述争议源于最高人民法院公布的上述第883号刑事审判指导案例，即农某兴组织他人偷越国境案。该案的一审靖西县（现靖西市）人民法院虽然认定农某兴构成组织他人偷越国境罪，但属于未遂，从而引发了公诉机关靖西县（现靖西市）人民检察院的抗诉。虽然百色市中级人民法院驳回了公诉机关的抗诉，而且该案也被最高人民法院收入为刑事审判指导案例，然而目前司法实践中并没有因此画上圆满的句号，而是仍然对“偷越国境过程中”存在理解上的争议，由此产生了司法适用不统一的乱象。

编写上述指导案例的作者认为，被告人农某兴之所以被认定为犯罪未遂，其理由之一是认为，从相关规范性指导文件规定分析，被告人的行为应当认定为犯罪未遂。因为，根据《解释》第1条第3款的规定，被组织者偷越国（边）境之前及偷越国（边）境过程中被查获的，应当以本罪（未遂）论处。而“偷越国（边）境之前”与“偷越国（边）境过程中”是两个并列的情形，如果“偷越国（边）境过程中”是指被组织者在尚未跨越

国（边）境线的过程中，那么《解释》就完全没有必要再规定“偷越国（边）境过程中”的情形，因为后者完全可以被前者包含。因此从解释初衷而论，“偷越国（边）境过程中”应当是“偷越国（边）境之前”所不能包含的情形。即“偷越国（边）境过程中”是指被组织者虽已经越过国（边）境，但尚未完成偷越行为，依然在偷越过程中。该过程在时间上具有持续性，即持续不间断的；在空间上具有区域性，即虽以界划线，但还设置了一个整体管理区域，是偷越国境不可绕道的部分。本案中，农某兴组织他人偷越国境，从越南境内组织人员，到被组织者越境，再到界碑附近上车，最后在车开到边境巡逻道路段时被查获。由于被组织者的偷越行为在时间上具有接续性，在空间上具有连接性，即被组织者依然在边境管理区域内，属于“偷越国（边）境过程中”，因而应当认定组织者组织他人偷越国境罪未遂。[①]

笔者认为，以上述理由认定被告人农某兴为犯罪未遂，未免有些勉强，因而值得商榷。具体理由是：

第一，将被组织者没有突破边境管理区域的行为认定未遂，如此实际上将拟制的国境作了无限放宽。从刑法意义上讲，国境具有双重含义：一是指地理上的实际国境。即一国与他国之间疆域的实际交界线；二是指法律上的虚拟国境，主要通过国家在对外开放口岸和指定口岸对出入境人员设置的边防检查予以体现。[②]一般情况下，拟制国境实际已经超越国境，但国家将口岸检查的地域放在离实际国界一定距离的地方，因此拟制国境不会离实际国境太远（即就在口岸附近一定区域）。但从中越边境来看，我国设置的边防检查站有的离中越实际国界有几十公里的距离，如果将边境管理区作为划定本罪既遂与未遂的标准线，那么显然有的犯罪要在越境后几十公里后才能达到既遂，这显然是难以理解的。

---

① 参见中华人民共和国最高人民法院刑事审判第一、二、三、四、五庭主办：《中国刑事审判指导案例（05卷）》，法律出版社2017年版，第259—260页。

② 参见李晓明主编：《中国刑法罪刑适用》，法律出版社2005年版，第592页。

第二，将边境管理区作为划定本罪既遂与未遂的标准线，与犯罪未遂的刑法规定和通行理论不符。根据我国刑法规定，已经着手实行犯罪，由于犯罪分子意志以外的原因而未得逞的，是犯罪未遂。而根据刑法通行理论，所谓犯罪的“着手”是指行为已经对保护的法益的侵害达到了紧迫的危险或者面临实际存在的威胁。那么，在被组织者已经越过国境甚至深入到十几公里甚至几十公里范围内的情况下，其实际上已经对本罪所保护的法益造成侵害，而对此才认定行为的着手的开始，这未免过于与实际脱节。况且，边境管理区目前是一个政治或者治安意义上的概念，并未上升为刑法层面。

第三，与立法的原意与宗旨不符。国境是一个国家主权的标志，也是一个国家安全的敏感区域。正是如此，国家才制定《出境入境管理法》，规定必须要履行申请手续，经有关部门签发出入境证件，然后才能在规定时间、地点入境或出境，并在边境一定区域内设立边境检查站，对出入境进行严格的管控。否则，国境线便形同虚设。几乎所有的国家均在其刑法立法中将危害国境的行为作为犯罪处理，我国刑法就妨害国境管理的犯罪也专设了一节予以规定，其目的就是维护国家对国境管理的正常秩序，保护国家安全。如果把越境后至边境管理区再至目的地的阶段认定为组织偷越的“过程中”，那么其无疑与维护国家国境管理的正常秩序这一法益存在重大冲突。实际上，被组织人一旦越过国境线后到达我国境内的任何一地点，均已妨害了国家对国境的正常管理秩序，并形成了对我国国家安全的威胁，此应为既遂的标志。如果将边境管理区作为既遂与未遂的标准线，那么显然会将大片不安全的区域留给被组织偷渡的人，这显然是无法让人接受的，也是与立法初衷格格不入的。

第四，不符合《解释》的原意。《解释》的规定并不能当然得出“过程中”是已经越境后的持续或不间断的过程的结论，上述观点对“偷越国（边）境过程中”的理解无疑出现了偏差。实际上，《解释》之所以要对本罪的未遂问题作出特别的规定，主要基于如下事由的考虑，即“实践中经常出现犯罪集团在实施了为偷越国（边）境人员骗取出境证件、进行培训等行为后，在被组织人员尚未出境或者出境时即被公安人员查获的情形。一些地方司法机关对此类案件处理有不同认识。有一种意见认为，偷越国（边）境人员并未出境，‘组织’行为就无从谈起，故不构成组织他人偷越国（边）境罪。司法实践中在已掌握有关团伙或个人组织偷越国（边）境犯罪事实及相关证据的情况下，公安机关部署大量警力对犯罪嫌疑人实施监控，待偷越国（边）境人员通过边检时实施抓捕。上述意见往往使公安机关办案陷于被动，既浪费大量司法资源，也不利于及时、有效地查处犯罪。因此，有必要对此问题予以明确”。[①] 可见，《解释》规定本罪未遂的目的，主要是解决实践中对于那些作了大量组织他人偷越国境的准备时被查获或者被组织人正偷越国境时被查获，而是否依照刑法处置所出现的疑惑问题，亦即解决本罪的未遂是否需要处罚的问题。因此，根据《解释》的精神，本罪的未遂是指如下两种情形：一是组织者实施了诸如骗取出境证件、进行培训等为组织他人偷越国境而作的准备行为被查获的，此种情形显然属于《解释》规定的“偷越国（边）境之前”的范畴；二是组织者指挥被组织者向国（边）境推进的过程中直至国（边）境临界点被查获的，此种情形显然属于《解释》规定的“偷越国（边）境过程中”的范畴。所以上述两种情形完全是并列的关系，二者不仅不会相互包含，而且均各有其特定的内涵。最关键的是，两种未遂情形发生的地点实际均为出入境之前或者之时，并不能理解为出入境之后。另外值得注意的是，《解释》规定本罪的未遂问题，其背景是基于我国公安机关对于查处组织他人尚未偷越出境时而陷入的疑惑的问题，对于组织他人入境的情形则不应适用（因为不可能在国外出现我国公安机关查处的情形）。由此，编写上述指导性案例的作者将“偷越国（边）境过程中”理解为是入境之后的持续或不间断过程是错误的，是对《解释》初衷的误读。

第五，与其他某些以偷越国境为特征的犯罪的既未遂无法形成统一

---

① 陈国庆、韩耀元、吴峤滨：《〈关于办理妨害国（边）境管理刑事案件应用法律若干问题的解释〉理解与适用》，载《人民检察》2013 年第 3 期。

的认定标准。例如，根据2014年最高人民法院、最高人民检察院公布的《关于办理走私刑事案件适用法律若干问题的解释》第23条规定，实施走私犯罪，在海关监管现场被查获的，应当认定为犯罪既遂。所谓“在海关监管现场被查获”，肯定是指我国的海关在我国的监管现场查获走私物，其意思是指走私物越过国境进入了我国境内，并且是走私物一旦越过国境而被我国海关监管现场查获的，就即为走私罪的既遂。显然，最高司法机关并没有根据边境管理区这一特点来确定走私罪既遂与未遂的标准。同时，即使是对同为妨害国境管理罪的偷越国境罪既遂与未遂标准的划定，作出上述指导性案例的同一法院也并没有达到与本罪相同处理的标准。例如，范某等偷越国境案，靖西市人民法院一审经审理查明：2015年8月17日，被告人范某、阮某、卢某（均自报为越南籍人员）三人在越南商量一起到中国做工挣钱，后于18日6时，三人结伙从越南境内通过中越边境787号界碑旁边便道徒步进入中国境内。当日上午11时，三人搭乘班车前往靖西市区途经化峒边境检查站点时被中国公安查获。经查，此三人未持有任何合法有效的出入境证件。法院认为，被告人范某、阮某、卢某违反我国出入境管理法规，无出入境证件三人以上结伙偷越国境进入我国，情节严重，其行为已构成偷越国境罪，公诉机关指控的罪名成立。在共同犯罪中，三被告人共谋犯罪，均起主要作用，都是主犯，应按其所参与的全部犯罪处罚。三被告人到案后如实供述自己罪行，依法可以从轻处罚。三被告人最后均被判处有期徒刑六个月，并处罚金人民币1000元。[①] 从此案可以看出，被告人范某、阮某、卢某三人是搭乘班车前往靖西市区途经化峒边境检查站点时被中国公安查获的，显然此地点属于边境管理区的范围，但靖西县（现为靖西市）法院并没有认定三被告人是偷越国境犯罪未遂。

第六，导致不正常的司法现象。如果以行为人组织行为具有持续性

---

① 参见广西壮族自治区靖西县人民法院（2015）靖刑初字第253号刑事判决书。

或不间断性作为认定“偷越国（边）境过程中”的标准，那么本罪在实践中将必定出现大量的未遂形态，而本罪的既遂形态则会较少甚至有难以出现的可能。因为，就被组织者自越南偷越入境我国的情形而言，目前被组织的越南籍人员多数是到我国内地务工的，目的地大部分是广东等经济较发达地区，有的甚至深入我国的山东等北方地区。虽然按照编写上述指导性案例的作者的观点，被组织人在到目的地的过程中需通过边境管理区这一不可绕道的区域（从而在空间上具有连接性），但是并不是所有的组织者和被组织者均能在边境管理区域内被查获，相反，事实证明有很多的被组织者顺利地到达了务工目的地。如果被组织者在组织者的精心组织下冲破边境管理区，那么组织行为就仍然处在向目的地进发的持续过程中，此持续性也就仍然被认定为“偷越国（边）境过程中”，这显然会发展到只有在被组织者到达目的地才能既遂的可能。而此时暂且不论国家的国境管理正常秩序及安全已经遭到了实际的破坏和威胁，就本罪达致既遂的可能性也因行为人“没有到达目的地”的狡辩而存在疑问。

第七，上述指导案例显然没有发挥其应有的功能，说明该指导案例所阐明的观点没有得到司法机关的普遍赞同。陈兴良教授指出：“案例指导制度的首要功能是创制司法规则，因为只有司法规则才能为此后审理相同或者相似案件提供参照。”[①]但从目前的司法实践来看，上述指导案例并没有发挥它的创制司法规则的功能。亦即无论是发生在指导案例公布后的当时，还是之后一段时间甚至最近，司法机关并没有一律按照指导案例给出的裁判理由作为认定本罪既遂与未遂的参照依据。我们举出以下一组案例予以验证。

① 陈兴良：《刑法指导案例裁判要点功能研究》，载《环球法律评论》2018年第3期。

案例一：阮某某等组织他人偷越国境一案[①]

经审理查明，2012年春节前，曾偷渡入中国境内打工的被告人阮某某回到越南家中，同乡阮文×、阮巴×等人知道后，产生了让阮某某带他们偷渡到中国打工的想法并跟阮某某说明。阮某某答应后与阮文×等人约定了动身时间。2012年3月9日，阮文×、阮巴×等7人按约定到阮某某家中集中，并在阮某某家过夜。次日，阮某某带领阮文×等7人搭乘班车至越南河内后转车至越南芒街，并从芒街坐船偷渡入中国境内。同时，被告人黄某某已按事先安排驾驶车牌号为“桂PMD1××”的面包车在中国东兴市兴东路北仑河边等候接应阮某某等人。阮某某等8人偷渡入境后，便一起坐上黄某某接应的面包车。黄某某载阮某某等人开往防城区途经那梭镇一乡村小道时，被那梭公安检查站执勤官兵查获。

庭审中被告人阮某某及其指定辩护人对指控的犯罪事实和罪名均无异议，但辩护人提出阮某某系犯罪未遂。

法院最后认为，被告人阮某某、黄某某违反我国国（边）境管理秩序，组织他人偷越国（边）境，其行为已构成组织他人偷越国（边）境罪。公诉机关指控的罪名成立。同时，被告人阮某某所组织的越南籍人员已进入中国境内，并非在组织他人偷越国（边）境之前或者在偷越国（边）境过程中被查获，不符合该罪未遂的要件，应以组织他人偷越国（边）境罪既遂论处。因此，被告人阮某某的指定辩护人提出阮某某系犯罪未遂的意见不成立。

案例二：王某1组织他人偷越国境[②]

经云南省麻栗坡县人民法院审理查明，2016年2月，被告人王某1为组

① 参见广西壮族自治区防城港市中级人民法院（2013）防市刑二初字第11号刑事判决书，案例来源于防城港市中级人民法院阳光司法网：http://ygfcg.gxcourt.gov.cn/，2018年11月9日访问。

② 参见云南省麻栗坡县人民法院（2016）云2624刑初59号刑事判决书。

织人员到中国务工，在越南社会主义共和国境内拉拢、邀约了越南籍人员张某、王某甲、陆某、王某乙、王某丙、蒙某，王某邀约陆某甲、侬某共9人，于2016年2月28日晚，组织上述人员从中越345号界碑便道处偷越国境进入中国，乘坐其事先联系好的车辆准备前往中国广东务工，当车辆行驶到中华人民共和国云南省麻栗坡县杨万至八布路段时，被中华人民共和国云南省麻栗坡县边防大队查缉分队执勤官兵当场查获。经查，王某1及其组织入境的越南籍公民，均未办理出入境证件。法院最后认为，被告人王某1以赚取工钱为目的，违反出入境管理法规，在未办理任何相关出入境手续的情况下，在越南找人到中国务工，被告人王某1实施的行为均已构成组织他人偷越国（边）境罪，犯罪事实清楚，证据确凿、充分，公诉机关指控的罪名成立。

案例三：黄某某组织他人偷越国境案①

云南省红河哈尼族彝族自治州河口瑶族自治县人民检察院指控：2016年9月12日，被告人黄某某组织两名柬埔寨女子从越南非法渡口乘坐小船入境至中国河口，准备乘坐火车前往昆明，当日22时，在河口县火车站检票时被查获。公诉机关认为被告人黄某某违反出入国（边）境管理法规，非法组织他人偷越国（边）境，其行为触犯了《刑法》第318条之规定，犯罪事实清楚，证据确凿、充分，应当以组织他人偷越国（边）境罪追究被告人黄某某的刑事责任。针对指控，被告人黄某某的辩护人认为，被告人黄某某带人偷渡后在河口就被查获，系犯罪未遂。一审法院认为，被告人黄某某非法带2名外籍人员非法进入中国境内，就已经是犯罪的完成时态，故不构成未遂。

与上述指导性案例相比，从审理的时间上看，案例一的一审审理时间

① 参见云南省河口瑶族自治县人民法院（2017）云2532刑初22号刑事判决书。

为2013年，这与指导性案例的审理时间几乎相同，案例二和案例三的一审审理时间为2016年和2017年，其审理的时间在指导性案例之后三年至四年；从案情上看，上述三个案例均与指导性案例基本相同，即均为在越南境内组织准备到我国内地去务工的人员，被组织人员均无合法出入境证件偷渡进入我国境内，各被告人的组织行为同样具有持续性或不间断性，组织者和被组织者也同样是在边境管理区域被查获。可是，在案情基本相同的情况下，案例一至案例三最后均作出了与指导案例不一样的处理结果。其中，案例一的审理法院明确指出，“被告人阮某某所组织的越南籍人员已进入中国境内，并非在组织他人偷越国（边）境之前或者在偷越国（边）境过程中被查获”，因而应以组织他人偷越国境罪既遂论处。说明该法院与指导性案例的审理法院在对《解释》关于“在组织他人偷越国（边）境之前或者在偷越国（边）境过程中被查获”的理解上存在差异，可见两个法院在认定本罪的既遂与未遂问题的认识上并不一致。而案例二和案例三，如果按照指导案例创制的司法规则进行认定，该两案中的各被告人均应当为犯罪未遂。因为，从各被告人组织他人偷越国境的过程来看，时间上具有持续性或者不间断性，空间上也具有特定的区域性（即在边境管理区域内），因而可以认定行为人尚未完成偷越行为，属于“在偷越国（边）境过程中”的未遂情形。然而，审理这两个案件的一审法院并没有参照指导案例，而是径直确认各被告人犯罪既遂，案例三更是直接指出只要越过了国境就为既遂。显然，在指导性案例公布后司法机关并没有对其作出必要的回应，亦即指导案例并没有发挥其应有的指导功能。由此可以看出，该指导案例所形成的观点并没有真正创制出具有普适性的司法规则。

值得一提的是，同样是被最高人民法院收入为刑事指导案例的凌某勇组织他人偷越边境、韦某其等运送他人偷越边境案（《刑事审判参考》指导案例第1031号），就该案中的被告人陈某成、邓某桃运送他人偷越边境是否为未遂的问题，审理该案的二审法院通过对《解释》关于组织他人偷越国（边）罪未遂标准规定的参考，引申或推理出运送他人偷越国（边）境罪的既遂与未遂也应坚持以偷越人是否越过国（边）境为标准的观点。其认为：在司法解释未明确规定运送他人偷越边境罪既未遂认定标准的情况下，《解释》对组织他人偷越边境罪既未遂认定标准的规定具有参考意义。《解释》将在他人偷越边境前或者偷越边境过程中被查获的两种情形规定为组织他人偷越边境罪的未遂，可见，司法解释明确规定只有发生了将被组织的偷渡者实际运出入我国的危害后果才能构成组织他人偷越边境罪的既遂。而运送他人偷越边境犯罪是组织他人偷越边境犯罪的环节之一，从刑法规定的量刑幅度也可看出该罪的社会危害性低于组织他人偷越边境罪，根据举重以明轻的解释原理，故亦应以运送的偷渡人员是否越过边境线作为区分运送他人偷越边境罪既未遂的认定标准。[①] 显然，最高人民法院的两个刑事指导案例（即第 883 号和第 1031 号）就司法解释关于组织他人偷越国（边）境罪未遂规定的理解出现了司法观点的“打架”极具讽刺意味，这一自相矛盾现象的产生，足见本罪的未遂可以存在于越境之后的观点，是难以得到支持的。

综上所述，笔者认为，根据《解释》规定本罪未遂的背景分析，“偷越国境之前”和“偷越国境过程中”应当是两种并列的未遂情形，不仅其空间范围均定位在跨越国境前，而且只能适用于自我国组织他人偷越出境的情形（即自他国组织偷越人员入境的则不适用）。其中，“偷越国境之前”是专指以组织他人偷越国境为目的，实施招募、拉拢、引诱、介绍、培训偷越国境人员以及策划、安排偷越国境等的行为而被查获的阶段，“偷越国境过程中”则是指招募、拉拢、引诱、介绍、培训偷越国境人员以及策划、安排偷越国境等的行为准备就绪后，正式向国境出发直至在国境线我国的一侧被查获的阶段。另外，根据当然解释的方法，也应确定“偷越国境过程中”是指在越过国境之前。因为，《解释》限制了“偷越国境之前和偷越

① 参见何帆主编：《最高人民法院司法观点集成（刑事卷Ⅳ）》，中国法制出版社 2017 年版，第 1945—1946 页。

国境过程中”作为认定该罪未遂的两个空间范围，而有“偷越国境之前”，就必定有“偷越国境之后”，显然，《解释》是把实施本罪的组织行为划分为“偷越国境之前”“偷越国境过程中”和“偷越国境之后”三个阶段。而“偷越国境之后”的存在就必然要否定“偷越国境过程中”属于越过国境线之后（否则无作出“之前”“过程中”和“之后”划分的必要），所以，按照当然解释法，“偷越国境之前和偷越国境过程中”无疑均是被组织人越过国境前的阶段。

三、本罪既遂与未遂划分标准的本书观点

笔者认为，上述学术界和实务界有的将本罪认定为行为犯，既不符合刑法理论，也违背立法原意及宗旨和司法解释。如果一定要将本罪划定为何种犯罪形态，那么将其确立为结果犯也许更适宜。

第一，理论上通常认为，行为犯是指行为人一经实施刑法分则规定的某种犯罪的实行行为（法定的犯罪行为），即成立既遂的犯罪。而如上所述，由于本罪中的“组织”行为是一个通过领导、策划、指挥等手段，不断向国境推进并最终跨越国境的动态过程，所以行为人以偷越国境为目的而实施的诸如招募、拉拢、引诱、介绍、培训或者策划、安排偷越国境等准备的行为，还算不上是实施本罪的“着手”。理论上一般认为，着手实行犯罪具备了主观和客观两个基本特征：主观上，行为人实行具体犯罪的意志已经直接支配客观实行行为并通过后者开始充分表现出来；客观上，行为人已开始直接实行具体犯罪构成客观方面的行为，这种行为已使刑法所保护的具体权益初步受到危害或面临实际存在的威胁。[①] 总体而论，我国学者对于“着手”的认定，一般采取的是实质的客观说，亦即当行为侵害法益的危险

① 参见高铭暄、马克昌主编:《刑法学》，北京大学出版社、高等教育出版社2017年版，第154页。

达到紧迫程度时，才是着手。由此，那种认为本罪组织行为的完成“应以被组织的偷渡者接受偷渡的‘组织’为标准”的观点，是错误的。因为行为人实施诸如招募、拉拢、引诱、介绍、培训等的行为，即使被组织的偷渡者接受偷渡，也绝不会对本罪保护法益的侵害达到紧迫的危险程度。同时，刑法把某些法理上属于预备性质的行为作为实行行为纳入处罚的视野，是考虑到这些预备行为本身就具有严重的社会危害性，如果行为人进一步实施就会造成更大的危害，如组织、领导、参加恐怖组织罪，组织、领导、参加黑社会性质组织罪以及准备实施恐怖活动罪等。显然本罪并不具有与上述犯罪相同的危险或危害性质，所以刑法并没有将成立组织他人偷越国境的组织的行为规定为犯罪，这也证实了本罪并不能纳入行为犯的范围。

第二，从立法保护的法益来看，本罪是侵犯了国家对国境的管理秩序。而国境管理秩序的破坏，当然要以行为人（组织者）组织他人成功跨越国境为标志。同时，国境管理秩序的破坏是就实然的层面而论的（即遭到了实际的破坏），如将本罪论为行为犯则显然呈现出的是对国境管理秩序破坏的应然性。而如上所述，这种应然性目前又不为刑法所关注（即刑法并没有将成立组织他人偷越国境的组织的行为规定为犯罪）。所以，上述持越境说的观点更为合理，应将本罪划定为结果犯的范畴更适宜，亦即成功跨越国境就是本罪的法定结果的出现。[①]同时，由于《解释》已明确规定在偷越国境前或者在偷越国境过程中被查获的成立本罪的未遂，而在理论和实践上均对行为犯是否存在未遂持有不同的观点，由此，为消弭这一争议的需要，也应将本罪归于结果犯的范畴。

---

① 当然，理论上一般认为结果犯之“结果”，具有客观的、有形的、物质性的和可以具体测量确定的特征，因而“国境［或国（边）境］”似乎不具有上述特征而不应归于犯罪“结果”的范畴。但从本质上看，“国境［或国（边）境］”不仅是客观的，也是具体的，因而是易于掌握的标志形态。因为，“国境［或国（边）境］”虽然本身是抽象的、无形的，但界碑的出现便使其变得具体而有形，从而使行为的结果呈现出“可以具体测量确定”性。由此看来，将“国境［或国（边）境］”确定为本罪的法定结果并非没有道理。

第三，如上所述，《解释》规定在偷越国境前或者在偷越国境过程中被查获的成立本罪的未遂，并不是《解释》出台前因实践中关于本罪既遂与未遂的划分标准出现了争议而专门或者特意作出的安排，其目的实际是解决实践中经常出现的某些情形是否可以定罪的问题。即一些犯罪集团在实施了为偷越国境人员骗取出境证件、进行培训等行为后，在被组织人员尚未出境或者出境时即被公安人员查获时，由于有意见认为被组织的偷越人员没有出境而不能对组织者以本罪定罪处罚，所以为了解决这一给实践带来的困惑，《解释》才作出此种情形已构成本罪的明确规定。既然如此，本罪的成立与本罪的犯罪停止形态就不存在任何关系，亦即犯罪未遂也是罪的成立，但并不能说罪之成立就一定是既遂。同时，既然被组织人在尚未跨越国境前属于本罪的未遂，那么就能作出只有跨越国境后才属于本罪既遂的当然解释。另外，在《解释》出台前的讨论过程中，实际上在上述情形已经明确构成本罪的前提下，但就此种情形下究竟是既遂还是未遂的问题，出现过两种不同的意见。一种意见认为，应认定为既遂，理由是本罪是行为犯，只要完成了“组织”行为，不论被组织者是否成功越过国境，均已构成既遂。另一种意见则认为，应认定为未遂，理由是只有被组织者成功越过国境，才对国境管理秩序构成实际妨害，才能认定为犯罪既遂。组织他人后，他人尚未偷越国境的，应以未遂论处为宜，既符合通行的犯罪构成理论，也符合罪刑相适应原则。最后经研究，《解释》采纳了后一种意见。[①] 基于上述分析，持本罪为行为犯的观点也并没有得到《解释》的赞同。

第四，有观点认为，《解释》第 1 条第 3 款规定“以组织他人偷越国（边）境为目的，招募、拉拢、引诱、介绍、培训偷越国（边）境人员，策划、安排偷越国（边）境行为”的，就成立本罪（未遂），这实际上就是对本罪属

① 参见陈国庆、韩耀元、吴峤滨:《〈关于办理妨害国（边）境管理刑事案件应用法律若干问题的解释〉理解与适用》，载《人民检察》2013 年第 3 期。

于行为犯的认可。但笔者认为，如果将被组织人偷越国境前组织者的组织行为作为本罪属于行为犯的衡量标准，且《解释》也对此认可的话，那么《解释》本身无疑存在自相矛盾。因为，既然将本罪确立为行为犯，那么就应当得出只要行为人完成了诸如招募、拉拢、引诱、介绍、培训偷越国境人员的行为，无论偷越人员是否越过国境线，均成立既遂的结论。然而《解释》又将“在偷越国（边）境前或者偷越过程中被查获”的情形规定为本罪的未遂，且如上所述，“偷越国境前”和“偷越国境过程中”均属于没有实际越过国境的范围，那么这样的处理技术显然就导致既非此又非彼的最终矛盾结局。所以，从《解释》第 1 条第 3 款所规定的内容分析可得出本罪是行为犯的观点是不正确的。

在笔者看来，无论将本罪确立为行为犯抑或结果犯，都应当顾及本罪属于跨国犯罪这个本质特性。从这一角度上讲，本罪既遂与未遂的划分与本罪是行为犯还是结果犯实际上并没有必然的关联，只是本罪的既遂是否需要跨越国境的问题。显然，本罪所保护的法益无非为我国国境的正常管理秩序，其延伸意义上的法益无非为国家的主权和安全等国家利益。所以，刑法将组织他人偷越国境的行为作为犯罪处理，实际就是以刑罚这一最后手段守住这条“线”，从而维护国境的社会秩序，保护国家的主权和安全。而在刑法规制的妨害国境管理类罪中，之所以将本罪的法定刑规定为最重，是因为实施本罪的行为人具有明显的积极性及其开展组织行为中的大规模性，亦即组织者的主观恶性及社会危害性均大于其他妨害国境管理的犯罪。但与组织恐怖活动组织犯罪及组织黑社会性质组织犯罪的行为人相比，显然实施本罪的行为人的危险性要小，其犯罪的社会危害性也要小。因此，不论在理论上还是实践上，都不至于将诸如招募、拉拢、引诱、介绍、培训偷越国境人员等所谓的组织行为的完成确定为本罪的既遂，当然也至于将本罪的既遂设定在被组织人实际越过国境前。那么，按照目前刑法理论的通说，笔者认为，本罪的“着手”应当确定在被组织偷越的人员接近国境线的区域时，此时被查获的即为未遂。[①] 所以，上述持越境说（即以实际越境为本罪的既遂标准）的观点，无疑是可取的。

第五节　本罪的共同犯罪问题

一、成立本罪共犯的范围

关于本罪共犯的范围，首先，论及的是被组织者是否可以构成本罪的共犯的问题。实践中对此存在着肯定与否定两种不同的意见。在学界，有观点认为："被组织者一般不构成本罪的共犯，但可以构成偷越国（边）境罪。"[②] 笔者认为，从表象上看，除组织者采取强制性的组织方法外，被组织者似乎是为组织者提供了帮助的人。因为，如果没有被组织者的同意以及在具体偷越过程中的配合，组织者的组织行为就难以启动并不会最后取得成功，特别是那些主动请求组织者带领其偷越国境的更是如此。但从实质上分析，被组织者作为本罪的犯罪对象，其不可能成为为组织者提供犯罪帮助的人，否则就可能没有所谓的犯罪可言。再者，帮助犯是指故意帮助他人实行犯罪提供各种便利的人，因此帮助行为并非实行行为。而被组织者在具体偷越过程中的各种配合行为，有可能就是本罪的实行行为本身。所以，认为"被组织者一般不构成本罪的共犯"的观点是正确的。亦即如果被组织者从

① 由此看来，《解释》关于"以组织他人偷越国（边）境为目的，招募、拉拢、引诱、介绍、培训偷越国（边）境人员，策划、安排偷越国（边）境行为，在他人偷越国（边）境之前或者偷越国（边）境过程中被查获的，应当以组织他人偷越国（边）境罪（未遂）论处"的规定是值得商榷的。因为，招募、拉拢、引诱、介绍、培训偷越国（边）境人员以及策划、安排偷越国（边）境的行为，应当属于本罪的预备行为或预谋行为，并不能认定为本罪的实行行为。

② 周光权：《刑法各论》，中国人民大学出版社 2011 年版，第 352 页。

一开始到最后一直充任的是被组织者的角色，那么其肯定不能成为本罪的共犯。但是在偷越的过程中，被组织者明显转换了角色，与其他组织者共同实施了领导、策划、指挥的组织行为，那么此时将其认定为组织者的共犯并以本罪处罚，应当说不存在问题。

其次，本罪的帮助犯是否一律纳入本罪处罚，在实践中也是一个存在争议的问题。如上所述，本罪并不限于追究组织者（“蛇头”）的刑事责任。笔者认为，由于本罪属重罪的范畴，所以对于那些与组织者存在事前通谋或事中通谋，为组织者积极提供诸如望风探路、通风报信、规避检查、组织资金、租赁房屋、偷越路线、容留食宿以及为运送被组织者提供或安排交通工具等帮助行为，且情节严重的，一般应纳入本罪的共犯处罚，情节一般或者显著轻微的，可以对帮助人进行行政处罚。

二、本罪主从犯的认定

一般情况下，只要是共同犯罪，就需要依照共同犯罪参与人在共同犯罪中的作用大小考虑他们是否存在主犯、从犯的问题，这是处理共同犯罪案件所应具有的逻辑思维定式。如果共同参与犯罪的人在实施共同犯罪中，其作用的大小有明显区分或者当中存在帮助犯的，就应划分主犯和从犯并分别定责处罚；如果不存在帮助犯，且作用大小相当或者作用大小区分不明显的，则无须划分主犯、从犯（如果作用大小有一定区分的，在量刑时可考虑各自有所差别）。

（一）组织他人偷越国境犯罪集团主从犯的认定

根据我国《刑法》的规定，主犯有两种：一是犯罪集团的首要分子；二是除首要分子外的主犯，包括在犯罪集团中起主要作用的主犯和在一般共同犯罪中起主要作用的主犯。同时根据《刑法》第 97 条规定，首要分子是指在犯罪集团中起组织、策划、指挥作用的犯罪分子。据此，在组织他人偷越国境的犯罪集团中起组织、策划、指挥作用的犯罪分子，无疑为组织他人偷越国境犯罪集团的首要分子，亦为当属的主犯。但值得探讨的是，在实施本罪的过程中，对于凡是实施了领导、策划、指挥的组织者是否均以首要分子论处呢？笔者认为，犯罪集团的首要分子，应是指倡导并纠集、串联他人组建犯罪集团，以及为犯罪集团实施犯罪活动在宏观上出谋划策、作出决定、安排协调的一人或者少数几人（否则无所谓“首要”之言），因而对于在具体实施犯罪的过程中表现出领导、策划、指挥行为的行为人，应不予认定为首要分子，可以将其认定为犯罪集团中首要分子以外的主犯。就本罪而言，如果在首要分子指挥下实施了拉拢、引诱、介绍的行为，同时又亲自带领被组织人偷越国境，且在带领的过程中明显表现出领导、策划、指挥等组织行为的，对行为人可以或应当认定为集团犯罪中首要分子以外的其他主犯。当然，如果行为人仅仅是在首要分子指挥下实施了拉拢、引诱、介绍的行为，对其应认定为从犯。

（二）一般共同犯罪中主犯、从犯的认定

关于本罪在一般共同犯罪情形下的主犯、从犯认定问题，司法实践中出现了几种不同的处理方法。

一是将提起犯意的人认定为主犯，具体负责组织他人偷越国境的人被认定为从犯。例如，何某甲等组织他人偷越国境一案：[①]

经审理查明：2015年12月底，被告人何某甲（外籍人员）与中国籍男子农某乙（另案处理）联系得知中国境内有人招工人砍甘蔗的消息后，便召集被告人何某乙、潘某、房某甲、房某乙、梁某甲、赵某、农某甲、梁某乙、黄某甲、黄某乙、黄某丙、黄某丁、黄某戊13名外籍人员前往中国务工。2016年1月4日，被告人何某甲带领被告人潘某、房某甲等13名外

---

① 参见广西壮族自治区靖西市人民法院（2016）桂1081刑初104号刑事判决书。

籍人员，先后从越南高平省保乐县通过中越边境便道进入中国广西那坡县百南乡境内，在农某乙的联系和安排下，以上14名外籍人员搭乘班车从那坡县到达田东县××××朔屯务工，由中国籍男子凌某雇用以上14名外籍人员砍甘蔗。2016年1月5日，何某甲等14人被中国警方查获。经查，何某甲等14人均未持有合法有效的出入中国境内证件。法院认为，被告人何某甲违反我国有关出入国境管理规定，非法组织13名越南人偷越国境，人数众多，其行为已构成组织他人偷越国境罪。在与农某乙组织他人偷越国境的共同犯罪中，被告人何某甲起辅助作用，是从犯，对于从犯，依法应当从轻或减轻处罚。

二是将召集并组织他人偷越的人认定为主犯，负责接应并运送的人被认定为从犯。如黄某组织他人偷越国境案：①

经审理查明，2016年年初，被告人黄某与越南男子“阿某”（另案处理）商议，由“阿某”负责在越南组织越南籍务工者从越南芒街市乘船偷渡到中国××××市境内，由黄某负责到河边接应并安排车辆搭乘上述人员绕开边境检查并运至南宁、钦州，再换乘班车到广东××××等地打工。同年2月19日，“阿某”打电话给黄某称有一批越南人第二天要偷渡到中国，让黄某做好接应准备。次日下午，“阿某”安排阮某乙、阮某甲八、阮某甲庭、陈某甲、武某旺、范某云6人（均另案处理）乘船从北仑河偷渡入境后，黄某在东兴市东兴镇明虹路与河堤路交叉路口的河堤边接应阮某乙等六人，并找来摩托车分批将该六人接到东兴市东兴镇景秀路22巷60号。同日20时许，黄某安排陈某科（另案处理）驾驶的“桂P ×××××”号牌出租车乘载阮某乙等六人准备前往南宁时，在东兴市××巷附近被民警抓获。经查，阮某乙、阮某甲八、阮某甲庭、陈某甲、武某旺、范某云6人均无合法出

① 参见广西壮族自治区东兴市人民法院（2016）桂0681刑初98号刑事判决书。

入境证件。法院认为，被告人黄某违反国家出入境管理法规，组织他人偷越国边境，其行为已构成组织他人偷越国境罪。在共同犯罪中，被告人黄某起次要作用，是从犯，应当从轻、减轻处罚或者免除处罚。

三是将召集并组织他人偷越的人与接应并运送的人不区分主犯、从犯。例如，上述唐某某等组织他人偷越国境一案即是。该案中被告人唐某某电话联系被告人熊某某，让熊某某找几个越南籍工人到香蕉基地做工。被告人熊某某于是在越南境内拉拢、邀约了越南籍人员项某乙、马某、陶某甲、王某、熊某、杨某、陶某丙、陶某乙、项某甲共 9 人，从中越 323 号界碑处偷越国境进入中国，唐某某则驾驶自己的皮卡车到云南省麻栗坡县八布乡哪灯村委会胖甲村公路上接到熊某某等 10 名越南人。法院认为，被告人唐某某、熊某某所实施的行为均已构成组织他人偷越国境罪，在共同犯罪过程中，被告人唐某某、熊某某均起到相应的作用，不宜划分主犯、从犯。[①]

笔者认为，在一般的共同犯罪中，在存在教唆犯、实行犯和帮助犯的场合，主从犯的划分可以考虑从以下几个方面进行：一是起辅助作用的帮助犯，由于按规定其是肯定的从犯，所以对于纯粹的帮助犯无须参与与教唆犯或者实行犯划分主从犯的“比高低”之列，亦即直接将其确定为从犯即可。当然，如果行为人开始实施的是帮助行为，之后其又实施了犯罪构成客观要件的行为，那么其帮助行为被实行行为所吸收，此时应与其他实行犯或者教唆犯就共同犯罪中的作用大小问题进行比较。如上述何某甲等组织他人偷越国境案，何某甲开始实施的是召集外籍务工人员的帮助行为，本应为帮助犯。但后来其又亲自带领其召集的 13 名外籍务工人员非法出入境，显然是典型的实行行为，因而其原来的帮助行为被后来的实行行为吸收，应与另一行为人农某乙就二者在共同犯罪中的作用大小进行比较。二是由于教唆犯是引起他人犯罪的人，可以说，没有教唆犯就没有实行犯或者帮助

① 参见云南省麻栗坡县人民法院（2018）云 2624 刑初 4 号刑事判决书。

犯。所以，与实行犯相比，教唆犯在共同犯罪中的作用有时甚至通常要大于实行犯，特别是行为人既实施教唆行为又直接参与实施构成客观要件的行为的情况下，其作用要明显大于实行犯。为此，基于预防犯罪的目的考虑，根据案件实际可以将教唆犯认定为主犯，如果行为人既是教唆犯又是实行犯，则应当将其认定为主犯。基于这样的分析，上述何某甲组织他人偷越国境案，一审法院将其认定为该案的从犯是正确的。虽然被告人何某甲与农某乙联系后得知中国境内有人招工人砍甘蔗的消息，但如果没有得到农某乙的应允，何某甲是不会召集 13 名外籍人员偷越国境到中国境内务工的，那么农某乙首先处于教唆犯的地位。同时，农某乙还存在接应及运送被组织人的行为，所以农某乙实际上既是教唆犯又是实行犯，而被告人何某甲仅是实行犯。显然，农某乙的作用要大于何某甲，应将其认定为主犯。但上述唐某某等组织他人偷越国境案，一审法院对二被告人不作主从犯划分是值得商榷的。因为被告人唐某某不仅是教唆犯（即由他发起犯罪），而且又是实行犯（接应并运送），而熊某某虽然受唐某某之托实施了拉拢的行为，但此为帮助行为，且为其后来的组织行为（即带领被组织人偷越国境进入中国）所吸收。所以，总体来看，唐某某的作用要明显大于熊某某，该案应当作主从犯划分，即将唐某某认定为主犯，熊某某认定为从犯。三是无明显的教唆者，共同犯罪人均为实行犯（共同正犯）的情况下，一般可以将积极实施犯罪客观构成要件行为的人认定为主犯，因为其对犯罪活动起支配的作用或者对犯罪的成功具有决定性影响。如果共同犯罪人对犯罪均起到相应的作用，则不宜划分主从犯。例如，上述黄某组织他人偷越国境案，此案中被告人黄某与越南男子“阿某”不存在明显的教唆者，按照二人的分工，越南男子“阿某”负责在越南组织越南籍务工者从越南芒街市乘船偷渡到中国 ×××× 市境内，被告人黄某负责接应并运送被组织人，二者均为实行犯，且作用相当，因此此案应不划分主从犯为宜（一审法院认为被告人黄某在共同犯罪中起次要作用而将其认定为从犯，似有不妥）。

第六节　本罪与他罪的界分

一、本罪与运送他人偷越国境罪的界限

由于在组织他人偷越国境犯罪的过程中，其组织行为无疑也包括了运送行为，因而本罪与运送他人偷越国境罪究竟如何区分很值得研究。司法实践中对此的处理颇不一致，如上述所举林某某、黎某某组织他人偷越国（边）境、运送他人偷越国（边）境案便是例证。该案一审法院广东省广州市南沙区人民法院审理后认为，被告人黎某某明知被告人林某某组织他人偷渡而提供运输，共同构成组织他人偷越国（边）境罪。而二审法院广州市中级人民法院审理后则认为，上诉人黎某某受上诉人林某某的电话指使，负责联系船只运送偷渡人员，为运送偷渡人员的车辆引路，并未实施组织他人偷越国（边）境的行为，其行为应构成运送他人偷越国（边）境罪，遂撤销了一审法院对黎某某的定罪部分，改定黎某某犯运送他人偷越国（边）境罪。[①]除此例外，以下两则案例也见证了司法机关对此处理意见所存在的重大分歧：

案例一：黎某某等组织他人偷越国境案[②]

经审理查明：被告人黎某某是持有效护照合法进入中国境内的越南籍公民。2014年9月23日中午，被告人黎某某在一新疆男子（姓名、住址不详，在逃）的策划下，在广东省广州市组织我国新疆籍公民玉某等9人乘坐事先

① 参见广东省广州市中级人民法院（2009）穗中法刑一终字第13号刑事判决书。

② 参见广西壮族自治区北海市银海区人民法院（2015）银刑初字第88号刑事判决书。

联系好的被告人卢某驾驶的粤T-××××× 号面包车从广州市前往我国与越南接壤的广西壮族自治区东兴市，欲从该市偷越国境到相邻的越南。被告人卢某明知上述9人欲偷越国境到越南仍然在收取了9人共人民币3500元运费后，驾驶上述车辆从广州市将玉某等9人送往东兴市，当日18时许，当车行驶至合浦县山口镇桂海收费站时，被告人卢某及上述9人被抓获归案。被告人黎某某于2014年9月25日被抓获归案。一审法院最后认为，被告人黎某某、卢某为谋取非法利益，违反我国出入国境管理法规，与他人分工合作、互相配合，共同非法组织9名我国新疆籍公民偷越国境到越南，二被告人的行为侵犯了中华人民共和国的出入境管理秩序，均构成组织他人偷越国境罪，公诉机关指控的罪名成立。

案例二：黄某雄、黄某志等运送他人偷越国（边）境案[①]

广西壮族自治区宁明县人民检察院指控，2014年8月，麦某某某·奥某某（另案处理）经人指使，到凭祥市找人帮没有合法出境手续的人员偷越国境。麦某某某·奥某某联系上被告人黄某雄后，二人经多次协商达成口头协议，由黄某雄负责将出境人员送过越南，麦某某某·奥某某答应出境人员身高1.2米以上的，每人给付报酬8000元。随后，黄某雄介绍被告人黄某志给麦某某某·奥某某，称由黄某志负责具体偷渡事宜。黄某志以偷渡难度增加为由，将价钱提高为每名偷渡人员9000元，麦某某某·奥某某表示同意。过后，黄某雄、黄某志找到被告人周某明、农某凰协商，由黄某雄、黄某志负责将偷渡人员从南宁市带至龙州、宁明县城境内，周某明从龙州县水口镇运送出境，农某凰从宁明县桐棉镇恭敬村运送出境，获利平分。周某明、农某凰又分别找到被告人农某强、黄某甲（另案处理）帮忙运送他人出境。

2014年9月1日晚，被告人黄某志接到麦某某某·奥某某的电话后，

---

① 参见广西壮族自治区宁明县人民法院（2015）宁刑初字第154号刑事判决书。

即伙同被告人黄某建驾驶面包车到南宁市南湖宾馆将四名成年人及八名小孩接送到龙州县新汽车站红绿灯处，后与农某强联系，由农某强驾驶另一辆面包车在前面带路，经龙水二级公路到水口镇旧街码头。农某强打电话告知周某明时，周某明即安排渡船将12名偷渡人员运送过河至越南境内，后又伙同他人用摩托车搭载偷渡人员至附近赌场藏匿，当中被越南警方查获，后遣送回国。

2014年9月2日，被告人黄某志接到麦某某某·奥某某的电话后，又伙同被告人黄某建驾驶面包车到南宁市南湖宾馆接送四名成年人及八名小孩往宁明县城行驶。途中，黄某志经电话与农某凰联系，农某凰又打电话让黄某甲前来接应。面包车行驶至宁明县高速路口红绿灯处时，黄某志发现有缉查的公安民警即下车逃跑，黄某建则驾车到宁明县华侨农场高岭分场附近弃车逃跑。车上的12名偷渡人员被随后赶到的公安民警抓获。

公诉机关认为，被告人黄某雄、黄某志、周某明、农某凰的行为已触犯《刑法》第318条规定，应当以组织他人偷越国境罪追究其刑事责任；被告人黄某建、农某强的行为已触犯《刑法》第321条规定，应当以运送他人偷越国境罪追究其刑事责任。

广西壮族自治区宁明县人民法院经审理认为，被告人黄某雄、黄某志、农某凰、黄某建、周某明、农某强违反国境管理法规，非法运送他人偷越国境人数众多，其行为均已触犯《刑法》第321条规定，均构成运送他人偷越国境罪。公诉机关指控黄某建、农某强犯运送他人偷越国境罪成立，本院予以支持；指控黄某雄、黄某志、周某明、农某凰犯组织他人偷越国境罪有误，本院予以纠正。

上述两案例有一个共同的特点，即偷越人均为从我国偷越到越南，而且事先均未经被告人实施拉拢、引诱、介绍的组织行为，这与中越边境传统的组织他人偷越国境犯罪不同。其解决的难点在于，两案中的被告人在运送偷越人的过程中，均存在策划或类似于领导、指挥的组织行为（案例二在这方面的表现尤为明显），因而使得对两案中的被告人的定性问题上（即究竟是构成组织他人偷越国境罪抑或运送他人偷越国境罪）产生了迷惑或争议，从而导致认定上的意见分歧，并出现了不同的处理结论。案例一的司法观点显然认为被告人黎某某和卢某某存在共同的领导、策划、指挥的组织行为，从而认定两被告人构成组织他人偷越国境罪；而案例二的司法观点则认为，虽然各被告人在运送中也存在诸如领导、策划及指挥的组织行为，但是其本质或总体上还是属于运送，这从案例二中所阐述的司法观点就可以领略，即“区分组织他人偷越国境罪与运送他人偷越国境罪的关键在于判断行为是否具有组织性。组织他人偷越国境罪的‘组织性’主要表现为：聚集分散的偷渡人员，使偷渡活动具有系统性、整体性。明知他人组织他人偷越国境，而参与联系、安排汽车、船只等交通工具，提供运输服务，将非法出境人员送至离境口岸、指引路线帮助其非法出境等行为，均是为组织他人偷越国境提供帮助，且由于主观目的及行为缺乏组织性，不能认定为组织他人偷越国境罪的共同犯罪，而应认定为运送他人偷越国境罪”。①

在笔者看来，由于《解释》确定了“领导、策划、指挥”和“在首要分子指挥下，实施拉拢、引诱、介绍等行为”的两种组织行为方式，所以在没有第二种行为方式的情形下，就要分析行为人是否有第一种行为方式。一般情况下，在实施第一种行为方式的过程中都要发生运送偷越人的环节，有的是组织者自己进行运送，有的则是雇请通过他人运送，其中雇请他人运送的，双方一般会明显商定运送的报酬。此时认定被雇请人犯运送他人偷越国境罪，是不会存在问题的。例如，刘某某等组织他人偷越国境、李某某等运送他人偷越国境一案，该案一审法院广西东兴市人民法院认定：被告人刘某某、张某某为谋求非法利益，合谋组织他人偷越国边境。被告人刘某某负责在广西南宁市接应偷渡人员，并收取相应的偷渡费用。被告人张

① 参见广西壮族自治区宁明县人民法院（2015）宁刑初字第154号刑事判决书。

某某负责安排人员到南宁市运送偷渡人员，并组织偷渡人员经东某市偷渡至越南境内。二人达成共谋后，被告人张某某联系被告人黄某某1参与此事，黄某某1又联系被告人李某某1、李某某共同参与。2014年9月30日，李某某、唐某某接到接人的通知后，便各自驾驶一辆皇冠轿车到达南宁学院附近接到肉某·衣某等人后，并分别驾车返回东某市。当晚，李某某1行至防城港市防东高速路段时，发现有民警查车，随即通知黄某某1、唐某某等人，唐某某、李某某接到消息后，在高速公路上将所接的人放下车后逃窜，随后上述涉案人员先后被民警抓获归案。一审法院最后认为，被告人李某某、唐某某非法运送他人偷越国境，其行为已构成运送他人偷越国境罪。被告人李某某上诉提出其不构成运送他人偷越国境罪，应以组织他人偷越国境罪对其按从犯定罪处罚。二审法院认为被告人李某某及其辩护人提出不构成运送他人偷越国境罪的意见不成立，遂驳回其上诉，维持原判。[①]此案中一、二审法院之所以均认定被告人李某某构成运送他人偷越国境罪，是因为从认定的事实看出，被告人李某某与被告人刘某某、张某某明显属于雇佣的关系，这从防城港市中级人民法院（2016）桂06刑终41号刑事裁定书中载明的“被告人李某某的供述和辩解”这一证据便得到证实，即其证实“2014年9月27日下午，黄某某1与张某某向其提议到南宁接几名偷渡者到东某市，再由张某某安排偷渡出境，每接一人的报酬为500元。同月29日13时许，黄某某1让其与李某某1租车准备晚上到南宁接人。当晚其按照黄某某1指示到达南宁后，发现黄某某1、张某某、唐某某等人在南宁体育场等候。次日凌晨零时许，其接到电话要求到南宁学院接人。其便与唐某某分别驾车到约定地点接了一伙人。后其与唐某某驾车上高速返回东某。途经江某路段时，黄某某1告诉其李某某1没接电话，可能有警察查车，让其将人放下。于是其就将车上四名男子放下车”。

由上分析，案例一和案例二的处理结果均有值得商榷之处。从查证的

① 参见广西壮族自治区防城港市中级人民法院（2016）桂06刑终41号刑事裁定书。

事实看，应当说案例一中的被告人卢某某只是单纯地被黎某某雇用运送偷越人的，这从北海市银海区人民法院（2015）银刑初字第88号刑事判决书中载明的被告人黎某某和卢某某的“被告人供述”这一证据便可以得出这一结论。被告人黎某某的供述是：“其于2014年9月1日认识一名叫‘阿霞’的越南籍女子，‘阿霞’安排其联系好车辆送人到东兴市，再从东兴市偷渡到越南，事后会得到报酬，和其一起安排的还有一名络腮胡欧美男子。2014年9月23日，‘阿霞’叫其从广州带几个人去越南，也是和络腮胡欧美男子联系，联系到该男子后，男子说这次共有6个大人、2个小孩要偷渡去越南。后其联系另一名叫‘香’的越南女人在东兴接应带这些人到越南，并联系之前曾帮其运人的面包车司机帮忙从广州运人到东兴，后来这车人怎么被抓的其不知道”；被告人卢某某的供述是：“其于2014年4月通过朋友‘老表’认识一名越南男青年，之后该越南男青年介绍人给其从广州运载到东兴然后偷渡到越南，在东兴就会有越南男青年介绍的‘摩的佬’来接应这些偷渡的人。2014年9月23日，该越南男青年叫其开车到广州市荔湾区陈家祠公交车站然后接9名新疆人运到东兴，其驾驶粤T××××× 面包车到上述地点，在收取了3500元的运费后应越南男青年的要求送往东兴，在桂海收费站被抓获了。之前其搭过越南男青年介绍的人去东兴偷渡到越南，所以知道9月23日运送的人是要从东兴偷渡到越南的”。显然，被告人卢某某是被告人黎某某用3500元的运费雇请帮其运送偷越人的，同时从案情我们可以看出，被告人卢某某在运送过程中没有实施诸如领导、策划、指挥的行为，所以将卢某某与黎某某一同认定为组织他人偷越国境罪是有疑问的。而案例二中，一审法院的观点是认为“组织性”是“聚集分散的偷渡人员，使偷渡活动具有系统性、整体性”，从而认定各被告人不符合本罪的组织特征，但显然其是从语义学的角度来进行考察的，而没有从刑法语境或者法律的角度为被告人定性。该案一个比较明显的事实是，被告人黄某雄、黄某志、周某明、农某凰实施的就是领导、策划、指挥的行为，因而无疑属于《解释》的第一种组织行为方式。首先，麦某某某·奥某某联系上被告人黄某雄后，二人经多次协商达成口头协议，由黄某雄负责将出境人员送过越南国，麦某某某·奥某某答应出境人员身高1.2米以上的，每人给付报酬8000元。随后，黄某雄介绍被告人黄某志给麦某某某·奥某某，称由黄某志负责具体偷渡事宜。黄某志以偷渡难度增加为由，将价钱提高为每名偷渡人员9000元。而从本案所查明的路线及起始点来看，被告人先从南宁市南湖宾馆分两次将偷越人分别接送至龙州县新汽车站红绿灯处和宁明县，之后分别从龙州县水口镇和宁明县桐棉镇恭敬村运送出境。从南宁市至龙州县及宁明县的中越边境出境处，距离大致在200公里，而偷渡人员共计24名，假如均在身高1.2米以上的话，其报酬为216000元左右，这显然大大超出了运送的正常报酬。其次，被告人黄某雄、黄某志、周某明、农某凰表现出了明显的组织行为。因为，其不仅事先进行了严密的策划，且作出具体的分工。黄某雄、黄某志找到被告人周某明、农某凰协商，由黄某雄、黄某志负责将偷渡人员从南宁市带至龙州、宁明县城境内，周某明从龙州县水口镇运送出境，农某凰从宁明县桐棉镇恭敬村运送出境。同时，周某明、农某凰又分别找到被告人农某强、黄某甲帮忙运送他人出境，且对二人进行了适时的调度行为（电话安排）。因此，在整个的运送过程中，被告人黄某雄、黄某志、周某明、农某凰均存在领导、策划、指挥的行为。基于上述分析，公诉机关指控上述被告人犯组织他人偷越国境罪，其定性应当是准确的。

应当说，从上述所举案例所显示的事实来看，因各案中行为人的行为性质区分较为明显，因而对他们定性为本罪抑或运送他人偷越国境罪实际上并不存在困难。但在司法实践中，由于有的行为人的行为性质模糊，致使对其究竟认定为组织行为还是运送行为，其界限的划定十分微妙，因而需要通过细致的分析才能予以厘定。例如，在陆某组织他人偷越国境一案中，陆某的运送行为是否为组织行为的一环节并构成本罪便很值得商榷。该案的基本事实及法院的处理结果为：[①]

---

① 参见广西壮族自治区那坡县人民法院（2016）桂1026刑初37号刑事判决书。

经审理查明，2015年年底，被告人陆某在广东省佛山市南海大沥镇的一个工厂打工，工厂老板让其过年后带几个人到厂里做工就让其做领班。同厂的工友“阿里”得知后，便主动提出可以帮找做工的人。工厂放假时，“阿里”告知被告人陆某已联系好做工的人。2016年1月26日，“阿里”用一个越南电话号码打给被告人陆某商定2016年2月25日由被告人陆某到那坡县百省乡那布村那布屯接做工的人。2016年2月24日下午，被告人陆某到莫某家雇请莫某第二天开车接几个人一起去广东。2016年2月25日下午，被告人陆某与莫某驾驶莫某粤Y××××× 黑色面包车到那坡县百省乡那布村那布屯一公路旁接人，在得知这些人都是越南人后，被告人陆某仍带上车前往广东务工。2016年2月26日00时40分，莫某驾驶搭乘被告人陆某和15名越南籍人员的车辆途经广西靖那高速那坡服务区时被那坡县公安民警当场抓获。经核实，15名越南人均未办理任何合法、有效的出入境证件。

认定上述事实的证据如下：

（一）书证

1. 受案登记表。证实2016年2月26日凌晨00时40分许，那坡县公安边防民警在执勤检查时从一辆车牌号为粤Y××××× 黑色商务面包车上抓获15名越南籍人员和2名中国籍男子，后经初查，15名越南籍人员自述均无任何合法有效入境证件。那坡县公安边防大队决定对该案进行立案侦查。

2. 辨认笔录及照片。证实接应15名越南籍人员李某甲山、农某乙、阮某、许某、李某甲心、王某、潘某乙、马某乙、李某乙、包某山、赵某、梁某、马某甲、潘某甲、农某甲到中国务工的是被告人陆某。

3. 指认笔录及照片。证实15名越南籍人员入境地点是那坡县百省乡中越边境532号界碑附近便道。

4. 现场辨认笔录及照片。证实被告人陆某、司机莫某及15名越南籍人员被公安边防民警抓获的地点是广西靖那高速路那坡服务区内。

5. 辨认笔录及照片。证实被告人陆某接应15名越南籍人员上车的地点是那坡县百省乡那布村那布边民互市市场路边。

6.15名越南籍人员的自述表。证实他们都是2016年2月24日徒步到中越边境532号界碑附近便道进入中国；2016年2月26日00时40分许他们在乘车途经广西靖那高速路那坡服务区被中国公安查获。

7. 关于核查非法入境人员的函及复函。证实被公安机关抓获的15名可疑人员为越南籍公民。

8. 非法入境人员交接纪要。证实非法入境的越南人已移交越南边防警方。

9. 户籍证明。证实被告人陆某已达负刑事责任的年龄。

（二）证人证言

1. 证人莫某的证言。证实2016年2月24日下午15时，被告人陆某到其家中让其第二天开车送几个人到南宁，运费是每人200元。2016年2月25日下午其便跟被告人陆某开车到百省乡那布屯一公路边，被告人陆某下车不久就带回了十多个人，被告人陆某和那十多个人上车后其就开车到那坡县城，在县城吃完晚饭后，其就驾车上靖那高速公路，随后在那坡服务区就被公安民警抓获并带回来接受调查。

2. 证人农某甲的证言。证实“阿里”到其家中问其是否愿意前往中国打工，其表示愿意，并约好在中越边境532号界碑旁边见面，随后其将去中国做工的事告诉本屯潘某甲，潘某甲表示也要一起去。2016年2月24日晚，其与本屯潘某甲步行至中越边境532号界碑旁小路进入中国，在一条小路旁他们还看见本屯的潘某乙、马某乙、李某乙、赵某、梁某、马某甲，另外还有7人也一起在路边等。2016年2月25日下午，有一名中国男子过来说接他们去做工，他们就上了一辆面包车。2月26日凌晨，当他们乘坐的车行驶至高速公路的一个服务区时就被中国公安抓获。

3. 证人梁某的证言。证实“阿里”到其家中问其是否愿意前往中国打工，其表示愿意，并约好在中越边境532号界碑旁边见面。2016年2月24日晚，其与本屯马某甲步行至中越边境532号界碑旁小路进入中国，在一条小路旁他们看见本屯的潘某乙、马某乙、李某乙、农某甲、潘某甲、赵某，另外还有7人也一起在路旁边等。2016年2月25日下午，有一名中国男子过来说接他们去做工，他们就上了一辆面包车。2月26日凌晨，当他们乘坐的车行驶至高速公路的一个服务区时就被中国公安抓获。

4. 证人李某甲山的证言。证实“阿里”到其家中说要带其一起前往中国做工，2016年2月24日21时许，其与哥哥李某甲心步行至中越边境532号界碑旁小路进入中国，其和哥哥李某甲心在一条小路旁等待时看见陆陆续续有几个越南人也过来说是前往中国打工，第二天下午有两个中国男子开车来接他们，2月26日凌晨，当他们乘坐的车行驶至高速公路的一个服务区时就被中国公安抓获。

5. 证人潘某甲的证言。证实农某甲到其家中问其是否愿意前往中国打工，其表示愿意，2016年2月24日20时许，其与农某甲步行至中越边境532号界碑旁小路进入中国，在一条小路旁他们看见本屯潘某乙、马某乙、李某乙、赵某，不久本屯的梁某和马某甲也来了，大家都说是要去中国务工。第二天下午，有一名中国男子过来说接他们去做工，他们就上了一辆面包车。2月26日凌晨，当他们乘坐的车行驶至高速公路的一个服务区时就被中国公安抓获。

6. 证人潘甲某的证言。证实“阿里”到其家中问其是否愿意前往中国打工，其和妻子许某商量后都表示愿意去，2016年2月24日22时许，其与妻子许某步行至中越边境532号界碑旁小路进入中国，在一条小路旁他们看见陆续有越南那边的人过来一起等，第二天下午，有一名中国男子过来说接他们去做工，他们就上了一辆面包车。2月26日凌晨，当他们乘坐的车行驶至高速公路的一个服务区时就被中国公安抓获。

7. 证人李某甲心的证言。证实“阿里”到其家中问其是否愿意前往中国打工，其和弟弟李某甲山商量后都表示愿意去，2016年2月24日21时许，其与弟弟李某甲山步行至中越边境532号界碑旁小路进入中国，在一条小路旁他们看见陆续有越南那边的人过来一起等，第二天下午，有一名中国男子过来说接他们去做工，他们就上了一辆面包车。2月26日凌晨，当他们乘坐的车行驶至高速公路的一个服务区时就被中国公安抓获。

8. 证人赵某的证言。证实"阿里"到其家中问其是否愿意前往中国打工，其表示愿意，并将去中国做工的事告诉本屯的李某乙，李某乙表示也愿意去。2016 年 2 月 24 日 19 时许，其与李某乙步行至中越边境 532 号界碑旁小路进入中国，在一条小路旁他们看见本屯的潘某乙、马某乙、梁某、马某甲、农某甲、潘某甲也在那里等，后又来了 7 个人大家都说是要去中国做工，第二天下午，有一名中国男子过来说接他们去做工，他们就上了一辆面包车。2 月 26 日凌晨，当他们乘坐的车行驶至高速公路的一个服务区时就被中国公安抓获。

9. 证人农某乙的证言。证实其丈夫阮某跟其说"阿里"到他们家中问其丈夫是否愿意前往中国打工，其丈夫表示要去，后其决定也要一起去，2016 年 2 月 24 日下午，其与丈夫阮某步行至中越边境 532 号界碑旁小路进入中国，在一条小路旁等候时他们看见陆续又来了十几个人，大家都说要去中国务工，第二天下午，有一名中国男子过来说接他们去做工，他们就上了一辆面包车。2 月 26 日凌晨，当他们乘坐的车行驶至高速公路的一个服务区时就被中国公安抓获。

10. 证人阮某的证言。证实 2016 年 2 月 24 日"阿里"到其家中问其是否愿意前往中国打工，其表示愿意，随后便跟妻子农某乙商量，妻子表示也愿意去，2016 年 2 月 24 日下午，其与妻子农某乙步行至中越边境 532 号界碑旁小路进入中国，在一条小路旁等候时他们看见陆续又来了十几个人，大家都说要去中国务工，第二天下午，有一名中国男子过来说接他们去做工，他们就上了一辆面包车。2 月 26 日凌晨，当他们乘坐的车行驶至高速公路的一个服务区时就被中国公安抓获。

11. 证人马某甲的证言。证实梁某到其家中问其是否愿意前往中国打工，其表示愿意，2016 年 2 月 24 日 19 时许，其与梁某步行至中越边境 532 号界碑旁小路进入中国，在一条小路旁其还看见本屯的潘某乙、马某乙、李某乙、农某甲、潘某甲、赵某 6 人，另外还有 7 个人也在那里等，大家都说要去中国务工。第二天下午，有一名中国男子过来说接他们去做工，他们就上了一辆面包车。2 月 26 日凌晨，当他们乘坐的车行驶至高速公路的一个服务区时就被中国公安抓获。

12. 证人许某的证言。证实其丈夫跟其说“阿里”到其家中问其丈夫包某山是否愿意前往中国打工，后其与丈夫商量后都表示愿意，2016 年 2 月 24 日晚 22 时许，其与丈夫包某山步行至中越边境 532 号界碑旁小路进入中国，在一条小路旁其看见越南那边又陆续来十几个人，大家都说要去中国务工。第二天下午，有一名中国男子过来说接他们去做工，他们就上了一辆面包车。2 月 26 日凌晨，当他们乘坐的车行驶至高速公路的一个服务区时就被中国公安抓获。

13. 证人李某乙的证言。证实赵某到其家中问其是否愿意前往中国打工，其表示愿意去，2016 年 2 月 24 日 19 时许，其与赵某步行至中越边境 532 号界碑旁小路进入中国，在一条小路旁其看见本屯的潘某乙、马某乙、梁某、马某甲、农某甲、潘某甲，另外还看见有 7 个人也一起在那里等，大家都说要去中国务工。第二天下午，有一名中国男子过来说接他们去做工，他们就上了一辆面包车，2 月 26 日凌晨，当他们乘坐的车行驶至高速公路的一个服务区时就被中国公安抓获。

14. 证人马某乙的证言。证实“阿里”到其家中问其母亲潘某乙是否愿意前往中国打工，其与母亲都表示愿意去，2016 年 2 月 24 日 20 时许，其与母亲潘某乙步行至中越边境 532 号界碑旁小路进入中国，在一条小路旁其看见本屯的梁某、马某甲、农某甲、潘某甲，后来又来了几个越南人，大家都说要去中国务工。第二天下午，有一名中国男子过来说接他们去做工，他们就上了一辆面包车，2 月 26 日凌晨，当他们乘坐的车行驶至高速公路的一个服务区时就被中国公安抓获。

15. 证人潘某乙的证言。证实“阿里”到其家中问其是否愿意前往中国打工，其与儿子马某乙都表示愿意去，2016 年 2 月 24 日 20 时许，其与儿子马某乙步行至中越边境 532 号界碑旁小路进入中国，在一条小路旁其看见本屯的李某乙、赵某、梁某、马某甲、农某甲、潘某甲，后来又来了几个越南人，大家都说要去中国务工。第二天下午，有一名中国男子过来说接他们去做工，他们就上了一辆面包车，2 月 26 日凌晨，当他们乘坐的车行驶至高速公路的一个服务区时就被中国公安抓获。

16. 证人王某的证言。证实“阿里”到其家中问其是否愿意前往中国打工，其表示愿意去，2016 年 2 月 24 日 19 时许，其步行至中越边境 532 号界碑旁小路进入中国，在一条小路旁其看见陆续有几个越南人也过来，大家都说要去中国务工。第二天下午，有一名中国男子过来说接他们去做工，他们就上了一辆面包车，2 月 26 日凌晨，当他们乘坐的车行驶至高速公路的一个服务区时就被中国公安抓获。

（三）被告人的供述和辩解

被告人陆某的供述和辩解。证实 2015 年年底，其打工工厂老板让其年后带几个人到厂里做工就让其当领班，工友“阿里”得知后便表示愿意帮其找人。2016 年 1 月 26 日，“阿里”用一个越南号码打电话给其说已经找到做工的人了，让其 2016 年 2 月 25 日到百省乡那布屯接人，随后其联系同村的莫某开车送做工的人一起去广东。2016 年 2 月 25 日下午三点左右，其和莫某开车到百省那布屯一路边，看见一群人在路边坐着，其便用土话确认他们是“阿里”介绍去广东做工的人，其便让他们上车，由莫某开车到那坡县城后，他们就在车站对面的饭馆吃晚饭，后莫某便驾车上靖那高速公路，车行驶至那坡服务区时就被公安机关抓获。

法院最后审理认为，被告人陆某未经办理出入国境证件和手续，组织他人偷越国（边）境，其行为触犯了《刑法》第 318 条第 1 款的规定，构成组织他人偷越国（边）境罪。公诉机关指控陆某的犯罪事实清楚，证据确实充分，指控的罪名成立。同时法院还认为，被告人陆某是为了能当领班才答应工厂老板年后带人到厂里做工，同厂工友“阿里”得知后主动提出帮找做工的人，随后由“阿里”联系做工的人，联系做工的人数也是“阿里”自己决定，被告人陆某并没有参与联系、组织这些越南人于什么时间、什么地点、什么方式进入中国境内，只是按照“阿里”的要求于 2016 年 2

月25日到百省乡那布村那布屯接人，且搭乘越南籍人员车辆行驶至靖那高速那坡服务区就被公安机关查获，在本案共同犯罪中被告人陆某只是实施了运送行为，并且运送行为属于未遂，被告人陆某的犯罪行为在共同犯罪中只起从属、次要的作用，系从犯。被告人陆某无犯罪前科，犯本案系初犯、偶犯，因此，对于辩护人关于被告人陆某有酌定从轻及法定减轻处罚情节的辩护意见，予以采纳。

此案中陆某接应被组织人的行为究竟是单纯的运送行为还是属于组织行为中的运送行为，的确是很值得商榷的。因为，被告人陆某在本案中的行为看起来是在“阿里”安排或者指挥下进行的，因而其与“阿里”是否属于组织他人偷越国境的共同犯罪存在疑问。首先，被告人陆某与“阿里”是否存在共同的犯罪故意。应当说，从本案所提供的事实来看，二者的共同犯罪故意方面表现的并不明显。因为，仅依据“同厂的工友‘阿里’得知后，便主动提出可以帮找做工的人”这一事实，很难看出他们之间存在过合谋。其次，被告人陆某与“阿里”是否存在共同的犯罪行为也并不明显。严格来说，公诉机关指控陆某构成本罪的犯罪事实及证据并未达到确实充分的程度。虽然陆某事后知道“阿里”找到的是越南籍人员，但从本案查明的事实来看，整个过程并没有发现被告人陆某与“阿里”一起存在领导、策划、指挥的组织行为，其只是按照“阿里”的要求到商定地点安排接运偷越人而已。从本案所提供的证人证言来看，偷渡人均证实是由“阿里”到他们家中问询是否愿意前往中国打工，法院也同时认可了“联系做工的人数也是‘阿里’自己决定，被告人陆某并没有参与联系、组织这些越南人于什么时间、什么地点、什么方式进入中国境内，只是按照‘阿里’的要求于2016年2月25日到百省乡那布村那布屯接人”的事实。据此，被告人陆某的接运行为似乎并不能成为“阿里”组织行为的一部分。最后，如果一定认定陆某存在组织行为，那么“阿里”实施的就应为拉拢、引诱、介绍的行为，但根据《解释》，拉拢、引诱、介绍的行为必须是在首要分子指挥下实施的，才能作为本罪的组织行为。根据《刑法》第 97 条规定，首要分子是指在犯罪集团中起组织、策划、指挥作用的犯罪分子。而本案只追究陆某一人的刑事责任，而没有追究工厂老板及“阿里”的刑事责任（也没有作另案处理），显然本案不存在组织他人偷越国境的犯罪集团。也就是说，陆某因不是首要分子也不能依本罪对其追究刑事责任。综上，如果说本案中实施了《解释》所确立的两种组织行为方式的，还不如认定“阿里”实施了组织他人偷越国境的行为而更有说服力。同时，由于陆某只是帮助“阿里”运送偷越国境者，不属于组织行为，因此以运送他人偷越国境罪追究陆某的刑事责任似乎更为恰当。然而，仔细分析之下，司法机关将陆某的行为定性为组织行为（即其运送行为是组织行为的一部分），从而作出以本罪追究其刑事责任的结论应当说是正确的。因为，从本质上看，虽然陆某对于“阿里”主动提出可以帮找做工的人的建议没有作出明确的答复（本案对此没有反映），但是从其后来的表现看出，陆某并没有对“阿里”的行为表示反对，而是对“阿里”的行动予以了积极的配合与支持，这实际上是对“阿里”所提出的帮找做工人的建议的默许，因此，陆某与“阿里”无疑存在着共同犯罪的故意。同时，当“阿里”用一个越南电话号码打给被告人陆某，商定由被告人陆某到那坡县百省乡那布村那布屯接做工的人时，陆某即雇请莫某驾驶面包车到约定的地点接人，在约定地点得知接应的人都是越南人后，被告人陆某仍带上车前往广东务工。这说明，陆某对其所接应的人是从越南偷渡入境的这一事实在主观上是明知的，因而其接运行为也无疑是“阿里”组织行为中的有机组成部分，那么陆某与“阿里”自然就实施了共同的组织他人偷越国境的犯罪行为。由上分析可见，陆某的运送行为总体上并不能从组织行为中分离出来，所以司法机关对陆某的定性是与本案事实相符的。

刑法理论界对于本罪与运送他人偷越国境罪的区分，基本上采取的是以被运送者与被组织者是否具有同一性的认定标准。即“如果行为人既组织又运送，而且运送行为是组织他人偷越国（边）境行为的组成部分，被运送者与被组织者具有同一性，则只认定为组织他人偷越国（边）境罪；如果运送行为不是组织行为的组成部分，被运送者与被组织者不具有同一性，则应分别定罪，实行数罪并罚”。[①] 但笔者认为，“同一性”的认定标准尚存在无法贯彻到底的瑕疵。因为，在不存在同一性的场合，也会构成本罪一罪的情形。例如，甲与乙共同组织他人偷越国境犯罪，甲负责接运，而在与丙的共同组织他人偷越国境的犯罪中，其也负责接运，甲在两个共同犯罪中，接运的被组织者与被运送者不具有同一性，但显然其只能构成本罪一罪。

在笔者看来，基于对上述案例的综合分析，如何甄别组织中的运送与运送中的组织，关键是看行为人之间的关系。如果参与运送的行为人是受组织者的雇请，他们往往获取的是组织者的运费报酬，而不参与组织者所获利益的分享，那么这种情形下，运送者与组织者不能在本罪范围内成立共同犯罪，而是以本罪与运送他人偷越国境罪作分别评价。即使运送人在运送的过程中伴有诸如策划、指挥的行为，那也是运送人出于安全运送偷越人到达目的地的愿望，但绝不能将其划为本罪的组织行为。否则，本罪与运送他人偷越国境罪之间的界限将永远无法厘清。事实上，在本罪的共同犯罪中，认定何为组织行为中的运送行为（即运送行为是组织行为中的一部分）并不复杂，只要确定二人以上的组织者在共同犯罪中事先或事中存在分工合作的谋议，即谁负责运送、谁负责聚集偷渡人员进行了商定，那么负责运送的人的行为即可确定为组织行为中的运送行为，反之，该人的运送行为就不能被认定为组织行为。例如，黄某组织他人偷越国境案，该案中的各行为人的行为性质可谓泾渭分明：[②]

经审理查明，2016年年初，被告人黄某与越南男子“阿某”（另案处理）

① 张明楷:《刑法学（下）》，法律出版社2016年版，第1114页。类似观点另可参见谢望原、赫兴旺主编:《刑法分论》，中国人民大学出版社2011年版，第333页。

② 参见广西壮族自治区东兴市人民法院（2016）桂0681刑初98号刑事判决书。

商议，由“阿某”负责在越南组织越南籍务工者从越南芒街市乘船偷渡到中国××××市境内，由黄某负责到河边接应并安排车辆搭乘上述人员绕开边境检查并运至南宁、钦州，再换乘班车到广东××××等地打工。同年2月19日，“阿某”打电话给黄某称有一批越南人第二天要偷渡到中国，让黄某做好接应准备。次日下午，“阿某”安排阮某乙、阮某甲八、阮某甲庭、陈某甲、武某旺、范某云某六人（均另案处理）乘船从北仑河偷渡入境后，黄某在东兴市东兴镇明虹路与河堤路交叉路口的河堤边接应阮某乙等六人，并找来摩托车分批将该六人接到东兴市东兴镇景秀路22巷60号。同日20时许，黄某安排陈某科（另案处理）驾驶的“桂P ×××××”号牌出租车搭乘阮某乙等六人准备前往南宁时，在东兴市××巷附近被民警抓获。经查，阮某乙、阮某甲八、阮某甲庭、陈某甲、武某旺、范某云某六人均无合法的出入境证件。法院认为，被告人黄某违反国家出入境管理法规，组织他人偷越国边境，其行为已构成组织他人偷越国境罪。

此案中，显然被告人黄某的接应及运送行为是组织行为，因为其与越南男子“阿某”事先就组织越南籍人员偷越国境事宜进行了合谋，并进行了分工，即“阿某”负责在越南组织越南籍务工者从越南芒街市乘船偷渡到中国××××市境内，黄某则负责到河边接应并安排车辆搭乘越南籍务工者绕开边境检查并运至南宁、钦州，再换乘班车到广东××××等地打工。因此，被告人黄某的运送行为无疑是其与“阿某”共同组织他人偷越国境行为的组成部分。而被告人黄某找来的分批将偷越人接到东兴市东兴镇景秀路22巷60号的摩托车司机以及其安排的驾驶“桂P ×××××”号牌出租车搭乘偷越人员前往南宁的司机陈某科，则均为被告人黄某所雇请，显然属于单纯的运送的行为，如果构成犯罪，应以运送他人偷越国境罪追究摩托车司机和出租车司机的刑事责任。

另外值得注意的是，目前发生在中越边境的组织他人偷越国境犯罪中，由于目的地较远或者边境检查较严，因而参与运送的行为人往往由多人、多层次构成。以组织越南籍人员偷越进入我国境内为例，甲负责接运从中越边境某处偷渡到我国境内的越南籍人员至指定的某边境地点，乙负责运送至通过检查站后的某地点，丙负责运送至目的地。而负责调配的人员很明显存在领导、策划、指挥的行为，而且具体负责运送的人员在具体运送中也会存在一定的或者重大的策划、指挥环节（如策划如何绕过检查站等），那么这些行为是否可以认定为组织行为呢？实践中，有的人认为如果有多层次的人员参与运送的情况下，可以考虑将第一层次参与运送的行为人认定为组织者，因为在多层次参与运送的情况下，第一层次的人员一般会再雇请或者指使他人参与进运送队伍的情形，那么第一层次的人员就要进行进一步的分工和人员的调配工作，从而其获得领导、策划、指挥地位的可能性很大。笔者认为，在多层次参与运送的情形下，对行为人的定性也应当以运送者与组织者的关系为中心进行考察。如果双方是纯粹的雇佣关系，即使处于第一层次的运送人发动他人一起参与运送，且在过程中对参与人员进行了调配、指挥，但无论如何这改变不了其单纯实施运送行为的本质，亦即在运送过程中其表现出的领导、策划、指挥行为也只能是运送行为范围内的，而不能超出此范围作为本罪的组织行为予以认定。

二、本罪与骗取出境证件罪的关系

根据《刑法》第 319 条规定，骗取出境证件罪，是指行为人（包括自然人和单位）以劳务输出、经贸往来或者其他名义，弄虚作假，骗取出境护照、签证等出境证件，为组织他人偷越国（边）境使用的行为。根据《解释》第 2 条的规定，为组织他人偷越国（边）境，编造出境事由、身份信息或者相关的境外关系证明的，应当认定为“弄虚作假”。“出境证件”包括护照或者代替护照使用的国际旅行证件，中华人民共和国海员证，中华人民共和国出入境通行证，中华人民共和国旅行证，中国公民往来中国香港、中国澳门、中国台湾地区证件，边境地区出入境通行证，签证、签注，出国（境）证明、名单，以及其他出境时需要查验的资料。

本罪是法定的目的犯。亦即骗取出境证件的目的是组织他人偷越国（边）境使用，这是构成该罪的主观要件。正如有学者指出，“为组织他人偷越国（边）境使用”，应属于责任要素。如果将其解释为客观的构成要件要素，那么，骗取出境证件罪就没有存在的必要，也无法处理骗取出境证件罪与组织他人偷越国（边）罪的关系。[①]因此，如果骗取出境证件不是为组织他人偷越国（边）境使用，而是为别的使用，那么就不能构成该罪。例如，提供给偷越国境的人使用，可能与偷越国境的人一起构成偷越国境罪（根据《治安管理处罚法》的规定，此行为是协助他人偷越国境，对行为人也可能实施行政处罚）。因此，不能一旦发现行为人骗取出境证件就对其按该罪处理。[②]

在探讨本罪与骗取出境证件罪的关系问题上，主要是在对骗取出境证件的使用主体上展开。其无疑分为两种情形：一是骗取人作为自己组织他人偷越国（边）境时使用；二是骗取人提供给他人组织偷越国（边）境使用。对于上述两种情形应作怎样的处理，理论上学者们表达了自己的观点。有学者认为，对于前者，骗取出境证件的行为与组织他人偷越国（边）境行为之间存在手段行为与目的行为的牵连关系，符合刑法中牵连犯的特征，应当从一重罪处断而不是数罪并罚；对于后者，行为人为他人组织偷越国（边）境而骗取出境证件的行为，应该仅构成骗取出境证件罪，不能认定为组织他人偷越国（边）境罪的共犯。[③]但有学者对上述观点关于第二种情形的处理提出了质疑。其认为，在集团犯罪和一般共同犯罪中，如果因为分工的不同，有的只实施骗取出境证件行为而为组织他人偷越国（边）境做准备

---

① 参见张明楷：《刑法学（下）》，法律出版社2016年版，第1112页。

② 从目前的司法实践来看，的确存在将凡是骗取出境证件的行为即依照骗取出境证件罪定罪处罚的情形，而且这样的情况还为数不少。笔者认为这是违背罪刑法定原则的，应当予以及时纠偏。

③ 参见王明辉、杜娟：《偷越国（边）案件的法律适用问题探究》，载《黑龙江省政法管理干部学院学报》2007年第2期。

的，这种情况认为不是共同犯罪是没有道理的。因此，对于行为人为他人组织偷越国（边）境而骗取出境证件的行为，究竟是仅构成骗取出境证件罪，还是认定为组织他人偷越国（边）境罪的共犯，应当按具体问题具体分析才为合理。[①]

笔者认为，上述两种观点均存在瑕疵。第一种观点对于第一种情形不区分骗取的出境证件是否已经使用，便得出了骗取出境证件行为与组织他人偷越国（边）境行为形成牵连关系并一律以牵连犯处理的结论，这未免有些过于“冲动”。因为，如果行为人骗取出境证件后，一直没有使用于组织他人偷越国（边）境，那么此时谈论二者形成牵连关系，并按牵连犯对行为人实施处罚实在有些勉强；同样，如果行为人为他人组织偷越国（边）境而骗取出境证件后，也一直没有提供给他人使用，那么此时就很难确定行为人构成骗取出境证件罪。而第二种观点实际是将“为组织他人偷越国（边）境使用”置于共同犯罪中予以解释，显然这一解释的基础是不成立的，因为刑法设置骗取出境证件罪的目的，是用于调控那些专门骗取出境证件提供给组织他人偷越国（边）境的犯罪分子使用的行为人，而共同参与组织他人偷越国（边）境的行为人中负责骗取出境证件的，其本身就不在骗取出境证件罪的调控范围。所以，该观点提出的所谓质疑是不成立的，而且在该问题上也没有“应具体问题具体分析”的必要。

基于上述分析，行为人本人为组织他人偷越国（边）境而骗取出境证件，如果没有实际使用于组织他人偷越国（边）境的，那么行为人就构成骗取出境证件罪的既遂，另构成组织他人偷越国（边）境罪的预备。此时，作为组织他人偷越国（边）境罪的预备犯，因为没有必要作出评价，所以单以骗取出境证件罪对行为人追究刑事责任，无须按牵连犯处理。如果已经使用于组织他人偷越国（边）境的，那么行为人构成骗取出境证件罪与组织他人偷越国（边）境罪，应当按照牵连犯的原则论处；对于行为人骗取出

① 参见马克昌主编:《百罪通论（下卷）》，北京大学出版社 2014 年版，第 1017 页。

境证件提供给他人用于组织偷越国（边）境的，无论行为人提供与否或者他人使用与否，则行为人均单独构成骗取出境证件罪。因为，没有提供给他人或者他人没有使用，基于行为人的主观目的，行为人无疑构成骗取出境证件罪。已提供给了他人且已实际使用了，因刑法已将这种帮助的行为拟制成了独立的实行行为（即正犯），所以行为人也只单独构成骗取出境证件罪，而不能与他人构成组织他人偷越国（边）境罪的共犯（帮助犯）。

第二章 运送他人偷越国境罪

第一节　对本罪成立要求的把握

一、运送一人是否构成本罪

依照《刑法》第321条规定，本罪是指违反国境管理法规，运送他人偷越国境的行为。根据法条的规定，成立本罪并没有罪量的要求。同时，依照《解释》第4条规定，运送他人偷越国（边）境人数在10人以上的，应当认定为《刑法》第321条第1款第（1）项规定的“人数众多”，公安部于2000年3月31日发布并施行的《关于妨害国（边）境管理犯罪案件立案标准及有关问题的通知》（公通字〔2000〕30号）规定，“运送他人偷越国（边）境的，应当立案侦查”。据此，《解释》也没有为本罪设置罪量的要求，那么自然就会得出只要行为人实施了运送他人偷越国境的行为便可构成本罪的结论（即使运送一人）。但是，相较于组织他人偷越国境罪，本罪的社会危害性毕竟低于前者（从刑法对二者法定刑的设置可知），由此司法实践中对于本罪的起刑问题，即在运送人只运送一人偷渡的情况下究竟能否追究其刑事责任存在着不同的意见，因而有必要对此作一探讨。一种意见认为，在刑法及司法解释均没有对本罪作出罪量规定的情况下，实际意味着运送一人即为本罪的罪量要求，因此，行为人只要实施了运送他人偷越国境的行为，无论运送的人员数量多少，均成立本罪；另一种意见则认为，基于刑事政策的考量及《刑法》第13条“但书”的规定，对于只运送了一人偷越国境的情节比较轻微或者显著轻微的行为，不应以本罪论处，而是依据《治安管理处罚法》的规定对行为人进行行政处罚即可。

对于只运送一人偷越国境的行为，尽管从法外的角度考量有值得同情之处，但从严格遵循罪刑法定原则的角度，笔者赞同第一种观点，即认为只要实施了运送他人偷越国境的行为，无论运送的人数多少均以本罪论处。

首先，从立法沿革来看，其无疑表现出了立法者严厉惩治包括本罪在内的偷越国境犯罪的一贯立场。早在1951年2月21日中央人民政府公布的《惩治反革命条例》第11条就规定：“以反革命为目的偷越国境者，处五年以上徒刑、无期徒刑或死刑。”1979年刑法典在关于妨害国（边）境管理方面共设置了两个条款两个罪名，即偷越国（边）境罪（第176条）和组织、运送他人偷越国（边）境罪（第177条）。第177条的具体内容为：“以营利为目的，组织、运送他人偷越国（边）境的，处五年以下有期徒刑、拘役或者管制，可以并处罚金。”1994年3月5日全国人大常委会通过了《关于严惩组织、运送他人偷越国（边）境犯罪的补充规定》（以下简称《补充规定》），对1979年刑法典作出了补充和修改。《补充规定》开宗明义地指出，之所以对刑法作出补充规定，是“为了严惩组织、运送他人偷越（偷渡）国（边）境的犯罪分子，制止偷越国（边）境的违法犯罪活动，维护出入境管理秩序”。《补充规定》除了修改组织他人偷越国（边）境罪并增加了骗取出境证件罪、提供伪造、变造的出入境证件罪及出售出入境证件罪之外，关于本罪其作出了以下具体修改（第4条）：“运送他人偷越国（边）境的，处五年以下有期徒刑、拘役或者管制，并处罚金；有下列情形之一的，处五年以上十年以下有期徒刑，并处罚金：（一）多次实施运送行为或者运送人数众多的；（二）所使用的船只、车辆等交通工具不具备必要的安全条件，足以造成严重后果的；（三）违法所得数额巨大的；（四）有其他特别严重情节的。在运送他人偷越国（边）境中造成被运送人重伤、死亡，或者以暴力、威胁方法抗拒检查的，处七年以上有期徒刑，并处罚金。对被运送人有杀害、伤害、强奸、拐卖等犯罪行为，或者对检查人员有杀害、伤害等犯罪行为的，可以依照法律规定判处死刑……”据此，《补充规定》对本罪至少作出了如下五个方面的补充和修改：一是将本罪单列出来作为一条，即将组织他人偷越国（边）罪与运送他人偷越国（边）罪分别以不同的法条规定；二是删除了“以营利为目的”的内容；三是修改了刑罚，将基本刑“可以并处罚金”改为“并处罚金”；四是增加了两种情形的加重处罚事由，并分别设置了相应的刑罚；五是增加了数罪并罚的内容。从以上《补充规定》对本罪的修改和补充来看，无疑体现了立法者严厉惩治本罪的态度。值得特别一提的是，《补充规定》第4条第4款本有“运送他人偷越国（边）境，情节轻微不需要判处刑罚的，由公安机关处十五日以下拘留，并处五千元以上五万元以下罚款”的规定，但是1997年刑法典并没有对该内容予以吸收，这一立法直接表明了对运送他人偷越国（边）境的，应当一律规定为犯罪的态度。而且从全国人大常委会的《补充规定》的标题就可以看出，其立法的目的就是要严惩运送等妨害国（边）境管理方面的犯罪，其言下之意，就是对本罪不作罪量的规定。

其次，我国《刑法》分则规定的很多罪没有罪量的要求，司法解释一般遵循罪刑法定原则，一般也没有另外创设罪量要求，但基于刑事政策等因素的考量对某些罪也作了罪量上的创设。例如，《刑法》第359条第1款规定：“引诱、容留、介绍他人卖淫的，处五年以下有期徒刑、拘役或者管制，并处罚金；情节严重的，处五年以上有期徒刑，并处罚金。”显然，刑法并没有对引诱、容留、介绍卖淫罪的起刑作出规定，按理行为人只要实施了引诱、容留、介绍他人卖淫的行为的，不论“他人”的人数多少，均构成该罪。但2017年7月25日起施行的最高人民法院、最高人民检察院《关于办理组织、强迫、引诱、容留、介绍卖淫刑事案件适用法律若干问题的解释》第8条规定“容留、介绍二人以上卖淫的”及“非法获利一万元以上的”作为该罪起刑的标准，显然司法解释专门为容留、介绍他人卖淫的行为创设了罪量的要求。而从目前既有的司法解释［包括《解释》以及公安部《关于妨害国（边）境管理犯罪案件立案标准及有关问题的通知》等］均没有对本罪的起刑条件作出规定，这只能说明司法解释对本罪的罪量要求不需要进行确定。

最后，从当然解释的角度看，也可以得出运送一人偷越国境的构成本罪的结论。刑法理论中的当然解释，“又称勿论解释或自然解释，即刑法规定虽未明示某一事项，但依形式逻辑、规范目的以及事物属性的当然道理，将该事项解释为包括在该规定的适用范围之内”。[①]《解释》将运送十人以上确定为本罪加重情节中的“人数众多”，那么运送一人以上九人以下就自然属于本罪基本情节中的人数要求，即按照本罪的基本刑对行为人予以处罚。同时，根据2000年公安部《关于妨害国（边）境管理犯罪案件立案标准及有关问题的通知》规定，运送他人偷越国（边）境的，应当立案侦查。其也表明，运送一人偷越国境的即构成本罪。另外，根据《治安管理处罚法》第61条规定，协助运送他人偷越国（边）境的，处十日以上十五日以下拘留，并处一千元以上五千元以下罚款。从该条内容可以看出，行政法并没有对运送他人偷越国（边）境的行为实施行政处罚作出规定，而之所以如此，那是因为刑法已经对此作出了“顶格”的安排，亦即刑法没有给运送他人偷越国（边）境留有行政处罚的空间。这说明或只能认为，行为人一旦实施运送他人偷越国境的行为就构成本罪的结论。

二、对非法运送之“非法”的理解

成立本罪必须是非法运送。根据我国《出境入境管理法》第72条规定，协助他人非法出境入境的，处二千元以上一万元以下罚款；情节严重的，处十日以上十五日以下拘留，并处五千元以上二万元以下罚款，有违法所得的，没收违法所得。这里的“协助”显然包含了“运送”他人非法出境入

① 刘明祥主编:《刑法的基础理论》，中国人民大学出版社2015年版，第262页。

境之意。另外，根据《治安管理处罚法》第61条规定，协助运送他人偷越国境的，处十日以上十五日以下拘留，并处一千元以上五千元以下罚款。从上述规定可以看出，运送偷越人员出入境的行为是法律所禁止的。由此，本罪的非法运送，是指违反我国国境管理法规，将偷越人员运送出入国境的行为。

值得注意的是，行为人构成非法运送，其主观上一定要明知被运送人是要偷越国境的偷渡者，否则，运送人出于善意而实施运送的，因缺乏本罪的故意，而不能依本罪追究运送人的刑事责任。刑法中的“明知”是一个使用较为广泛的概念，总则和分则均对其作有规定。例如，《刑法》第14条第1款规定：“明知自己的行为会发生危害社会的结果，并且希望或者放任这种结果发生，因而构成犯罪的，是故意犯罪。”这里的“明知”是为解决故意犯罪罪过形式的目的角度而定义或确定的，是指犯罪故意的认识因素。又如，《刑法》第310条规定的窝藏、包庇罪，是指明知是犯罪的人，而为其提供隐藏处所、财物，帮助其逃匿或者作假证明包庇的行为。此处的“明知”是从行为人主观上对于其行为作用的对象而言的，其解决的是行为人是否构成犯罪、构成何种犯罪的问题。对于本罪的“明知”，显然是后一种意义上所要探讨或解决的情形。

对于“明知”的内容，理论上和实务上均认可其包括已经知道和应当知道两种情形。就本罪而言，前者是指运送人实施运送行为前或者在运送过程中知道其运送的是偷越国境的人。值得强调的是，这里的“已经知道”是指运送人事前或事中与组织他人偷越国境的组织者以及偷越国境的人进行了通谋为前提，否则不能确定其“已经知道”。所谓事前通谋，是指在实施偷越国境行为前（包括谋划偷越国境阶段和虽然正式实施偷越国境行为但尚未跨越国境前），组织者或者偷越人本人与运送人所达成的运送合意；所谓事中通谋，是指在运送的过程中，运送人知道被运送人欲偷越国境而临时与组织者或者偷越人本人达成的运送合意，或者偷越人已偷越国境后，组织者或者偷越人本人与运送人达成的运送合意。事中通谋只能适用于以下两种情形：一是将被运送人运送出境的情形，而不能包括运送入境的情形，因为偷越人尚未入境前的运送合意是属于事前通谋；二是偷越人已经入境后的情形，因为偷越人一旦入境，即意味着偷越国境的完成，此时运送人与组织者或者偷越人本人达成的运送合意，具有临时性，因而运送人明知被运送人是偷越国境的人而实施运送，显然是一种事中的合意行为。

根据中越边境运送他人偷越国境犯罪的实践，本罪的行为人在实施运送行为时其已经知道被运送者是偷渡者的有如下几种情形：一是运送人受他人雇请或者指使运送偷渡人时，有证据证明雇请人或者指使人已明确告知其运送的人是偷渡至越南境内的；二是运送人受他人雇请或者指使运送偷渡人时，有证据证明雇请人或者指使人已事先明确告知其在中越边境的我国一侧接入自越南偷渡至我国境内并运送至目的地的；三是运送人受他人雇请或者指使直接进入越南境内将偷渡者接入至我国境内，或者越南籍运送人受他人雇请或者指使直接进入我国境内将偷渡者接入至越南境内的；四是我国的边民将越南的亲戚、朋友运送出国境或者在国境线处附近接入至我国境内的；五是偷渡者直接找到运送人或者通过他人介绍认识运送人，明确请求帮助运送其出入境的。上述几种情形均可直接认定运送人属于非法运送，并依本罪论处。

“明知”中的“应当知道”涉及刑事推定的问题。“法学上的推定，通常被用来泛指从已知事实推断未知事实的技术。它建立在作为推定根据的基础事实与作为推定结论的待证事项之间的概率性或逻辑性的常态联系之上。”[①] 对于刑事推定，我国刑事实体法和司法解释均作出肯定性规定。例如，根据《刑法》第155条规定，在内海、领海、界河、界湖运输、收购、贩卖国家禁止进出口物品的，或者运输、收购、贩卖国家限制进出口货物、物品，数额较大，没有合法证明的，以走私罪论处。显然，刑法将不符合走私罪

---

① 刘之雄：《法律推定的故意伤害罪、故意杀人罪研究——以聚众斗殴致人重伤、死亡为焦点》，载《法学家》2018年第1期。

本质特征的上述情形视为走私，即为推定；又如，最高人民检察院、公安部《关于公安机关管辖的刑事案件立案追诉标准的规定（一）》第80条规定，具有下列情形之一的，可以认定为《刑法》第360条（传播性病罪）规定的“明知”：（一）有证据证明曾到医疗机构就医，被诊断为患有严重性病的；（二）根据本人的知识和经验，能够知道自己患有严重性病的；（三）通过其他方法能够证明是“明知”的。显然，上述第一种情形属于行为人已经知道，而第二种和第三种情形则属于推定的范畴。

在法理中，推定有立法推定、司法推定、客观推定和主观推定等多种分类。从功能上看，广义上的刑事推定可以分为有罪推定和无罪推定。显然，刑法“明知”中的“应当知道”属于有罪的主观推定。而“有罪的主观推定，是根据客观的事实，推定行为人犯罪的主观心理态度的过程、步骤和方法。准确而言，主观推定是以准确、客观的前提事实为判断基础，进行符合逻辑的推理，确定行为人具有犯罪构成所必要的主观心理态度”。[①]据此，根据中越边境运送他人偷越国境犯罪的实践，以下情形可以推定运送人实施运送行为时应当知道被运送的是偷渡者：一是作为我国边民的运送人，从被运送者的语言、肤色、着装等判断应当知道其是偷渡者的；二是雇请人虽然没有向运送人明确被运送人的身份或性质，但是要求其去中越边境地区运送不认识的人员到我国内地务工的；三是请求运送的人虽然没有向运送人明确送往的目的地，但是应被运送人的要求往中越边境地区方向行驶并接近边境线而没有及时要求停止的；四是请求运送的人要求往中越边境方向行驶，在接近检查站或者收费站时被运送人主动要求下车，待抄小路绕过检查站或者收费站后再到约定地点上车，被运送人逃避检查的主观意图明显的；五是请求运送的人要求将其运送到中越边境我国一侧的某个地点，有意识选择深夜或凌晨的时间运送，且向运送人支付超过正常运费的报酬的。

需要说明的是，本罪的“应当知道”只适用于中国籍运送人将被运送

① 齐文远、童德华、周详：《全球化视野下的中国刑法原理》，法律出版社2018年版，第192页。

人运送出境和越南籍运送人将被运送人运送入境这两种情形，而不包括跨境运送的情形，因为在跨境运送情形下，运送人实际上已经知道被运送人是偷越国境的人（此时无须推定）。

关于推定行为人明知的情形，我们试举裴某某等运送他人偷越国境一案[①]加以证验。

经审理查明，2017 年 8 月 24 日 9 时许，被告人裴某某接受越南女子“阿某 1”（另案处理）的请托，让其当晚帮接运三名非法入境人员准备前往越南。随后裴某某将联系方式交给被告人林某某，并让林某某驾车到南宁接运非法入境人员返回东兴市。次日凌晨 3 时许，公安机关在东某 2 高兴大道路段将林某某及其车上的三名非法入境人员抓获，之后在东某 2 罗浮大转盘附近将前来接人的裴某某抓获。在庭审中，被告人裴某某辩称不知所运送人员意图非法出境。法院认为：经查，被告人裴某某到案后多次供述“阿某 1”在案发前告知其所接应的三人均无合法出入境证件，且要偷渡到越南，被告人裴某某在庭审中对该供述予以否认，又无合理解释。同时结合本案案发时间、非法出入境人员的交接地点以及高额报酬等情况，可知被告人裴某某主观上明知所接应人员意图非法出境。

该案一审法院针对被告人裴某某“不知所运送人员意图非法出境”的辩解，不仅通过被告人的供述直接证实其已经知道所运送的人员是偷渡至越南的，而且以“本案案发时间、非法出入境人员的交接地点以及高额报酬等情况”推定被告人应当知道其所运送人员属于偷渡者而予以补强。笔者认为，一审法院所作出的推定是完全正确的。因为，（2018）桂 0681 刑初 39 号刑事判决书载明，本案经庭审质证所确认的客观事实是：（1）被告人林某某于 2017 年 8 月 25 日凌晨从南宁市琅东收费站附近接到三名被运送人员，凌晨

① 参见广西壮族自治区东兴市人民法院（2018）桂 0681 刑初 39 号刑事判决书。

3时许被公安机关抓获；（2）2017年8月24日晚被告人裴某某打电话给被告人林某某，让其当晚到南宁拉三个人回东兴；（3）公安机关将被告人林某某及其车上的三名非法入境人员抓获的地点是在东兴市高兴大道路段，之后将前来接人的被告人裴某某抓获的地点是在东兴市罗浮大转盘附近；（4）越南女子“阿某1”付给被告人裴某某的报酬是900元/人，被告人裴某某让被告人林某某到南宁拉三个人回东兴给其的报酬为450元/人。显然，运送时间及案发时间均为凌晨，说明行为人有逃避检查的意图；被运送人员的交接地点是广西壮族自治区东兴市，而东兴市与越南仅一河之隔；广西南宁市至东兴市的大巴车票费为80元左右，而被告人运送所得的报酬为900元/人，其高出车费10倍多，已超出正常范围。无疑，根据上述确知的事实便自然可以作出被告人裴某某应当知道其所运送人员属于偷渡者的推定。

三、运送已经入境我国的越南籍人员能否构成本罪

应当说，对于运送他人偷越出境而“他人”还没有实际出境的情形，此时将行为人明知“他人”偷越出境而实施运送的行为认定为本罪并不存在争议。但是对于运送已经入境我国的偷越人员，由于“他人”偷越既遂，此时的运送人能否构成本罪，则值得探讨。

以越南籍人员已入境我国的为例，此种情况又分为两种情形：一种是自行入境我国，包括持边民证自行合法进入我国以及持边民证自行非法（即没有经过查验）进入我国和没有任何出入境证件自行非法进入我国。对于自行入境我国的越南籍人员，无论是合法的还是非法的进入，其目的有多种，有的是探亲访友，有的是开展民族文化交流活动，有的是做边贸生意，有的是寻找工作，等等。另一种是非自行的入境我国，亦即受他人组织或者受偷越国境的人拉拢、引诱而非法入境我国的，这种情形入境我国的越南籍人员的目的一般为非法务工。实践中，我国内地的一些企业或个体户老板以及边境地区或附近的农民为获取廉价劳动力，往往亲自或雇请他人

来到中越边境地区招聘越南籍人员到其单位（或家里）务工。为此，用工者需要亲自或雇请他人将招聘的越南籍人员组织、运送到我国内地或边境地区（或边境地区外附近）的某个目的地。而对于运送已经入境的越南籍人员的行为人，是否构成本罪，实践中出现了两种不同的观点。持肯定观点的认为，被运送的人无论是合法还是非法进入我国的，只要运送人将其运送到我国其他地点务工的，均应当以本罪追究运送人的刑事责任；持否定的观点则认为，构成本罪的要求是被运送人偷越国境，亦即被运送人的目的是偷越国境，运送人的行为则是满足被运送人达到偷越国境的目的，而既然被运送人已经完成了入境（包括合法入境和非法入境）行为，那么运送人将入境的越南籍人员运送到我国某地务工的行为，就不符合本罪的构成要件，因此对运送人不应以本罪论处。

李某1等运送他人偷越国境一案，就见证了实务界对于运送已经入境的越南籍人员到内地务工的行为人是否构成本罪所存在的意见分歧。该案的公诉机关指控、辩护观点及判决结果依次为：[①]

公诉机关指控：被告人李某1系凭祥到福建莆田专线大巴车的乘务员。2016年10月14日，被告人权某某和一名三轮车司机分别打电话给被告人李某1称有客人要乘李某1的大巴车前往福建打工，约定在宁明县高速路口附近上车。当日9时，李某1让大巴车司机将车开往约定地点，途经宁明县高速出口处，有3名散客上车，均系越南籍人员。当大巴开到东明钢结构有限公司附近时，李某1遇到权某某面包车（车上搭载3名越籍人员）及一辆三轮车（车上搭载6名越南籍人员）。李某1让9名越南籍人员把行李放入大巴车，并与权某某商定好以100元的价格让其驾驶面包车把12名越南籍人员从小路运送到宁明县服务区，李某1再到那里接应，以避开公安机关的检查，权某某同意后，正准备启动面包车时，被公安边防民警抓获。

---

① 参见广西壮族自治区宁明县人民法院（2017）桂1422刑初101号刑事判决书。

公诉机关认为，被告人李某1、权某某违反国（边）境管理法规，其行为均已触犯《刑法》第347条第2款之规定，应当以运送他人偷越国（边）境罪追究其刑事责任。

李某1的辩护人认为李某1的行为不构成运送他人偷越国境罪。理由是：（1）李某1没有运送他人偷越国境罪的主观故意。李某1的车辆是合法运营车辆，李某1不知道越南人是否有合法证件，也没有权利查询他们的证件；（2）李某1没有运送他人偷越国境的客观要件。李某1运送的人员均是在中国境内上车。

法院最后认为，被告人李某1、权某某违反国境管理的规定，非法运送他人偷越国境，其行为均已触犯《刑法》第321条规定，构成运送他人偷越国境罪，公诉机关指控的罪名成立。

根据《解释》的规定，所谓“偷越国（边）境”，是指符合下列情形之一的行为：（一）没有出入境证件出入国（边）境或者逃避接受边防检查的；（二）使用伪造、变造、无效的出入境证件出入国（边）境的；（三）使用他人出入境证件出入国（边）境的；（四）使用以虚假的出入境事由、隐瞒真实身份、冒用他人身份证件等方式骗取的出入境证件出入国（边）境的；（五）采用其他方式非法出入国（边）境的。笔者认为，已经入境我国边境一侧的越南籍人员，无论其是自行入境还是被组织或者引诱入境，无论是合法入境还是非法入境，只要最后对其应以偷越国境论的，那么对于明知是偷越国境的越南籍人员而实施运送到我国某地务工的行为人，均应以本罪追究刑事责任。

第一，对于运送自行非法入境我国的越南籍人员至我国内地务工的，应当一律以本罪论处。因为，虽然被运送人属于自行非法入境到我国边境一侧，运送人并没有将非法入境的越南人从境外运送到中国，但就非法入境我国的情形来说，其前提是偷越国境。所以，运送人明知那些非法入境的人员进入中国边境后，仍应请求答应将他们运送深入至中国内地务工，对于非法入境的人来说，这是其偷越国境的进一步延续，而对于运送人来说，其运送的行为实际就是运送他人偷越国境的行为。也就是说，运送的方向尽管已无实际的“国境”，但基于被运送人偷越国境的前提，运送人的运送行为无疑危害了国家对国境管理的正常秩序，从而符合本罪的构成特征。持否定的观点认为，构成本罪的要求是被运送人偷越国境，亦即被运送人的目的是偷越国境，而运送人的行为则是满足被运送人达到偷越国境的目的。笔者认为，这种观点实际上并不正确。因为，从本罪的罪名来看，似乎仅可以被理解为“运送人将欲偷越国境的人运送去偷越国境”，而且还似乎仅理解为是“自中国运送偷越人去偷越出境”，但是，从立法沿革来看，1979 年刑法典第 177 条规定的组织、运送他人偷越国（边）境罪，是根据 1962 年 11 月全国政法工作会议上一些代表提出的关于严格国境管理、加强边防工作的意见增订的，该条中所说的“运送”他人偷越国（边）境，是指用车、船等交通工具，将偷越分子载送出入国（边）境线。[①] 可见，本罪在立法之初，就赋予了“运送”包括运送他人偷越“出境”和“入境”两种情形，因而本罪的客观方面并不能只作“运送人将欲偷越国境的人运送去偷越国境”或者“自中国运送偷越人去偷越出境”的理解，而是理解为“运送偷越国境的人”。同时，如后所述，本罪的“运送”不仅包括将偷越的人送出或者接入国境，而且还包括行为人在偷越人出入境到边境一侧后的“接运”（即接应并运送）。既然将“接运”的行为认定为本罪的“运送”范围，那么就没有理由将运送已自行非法入境我国的越南籍人员至我国内地务工的行为排除在本罪“运送”的范围之外。因为，二者并不具有本质上的差异。由此，对于出现在中越边境地区大量的运送已非法入境越南籍人员到我国内地务工的行为，将其纳入本罪的调控范围实际并不需要作扩大解释，而是当然地以本罪论处即可。所以，上述所举李某 1、权某某运

---

① 参见高铭暄：《中华人民共和国刑法的孕育诞生和发展完善》，北京大学出版社 2012 年版，第 149—150 页。

送他人偷越国境一案，法院最后作出“被告人李某1、权某某违反国境管理的规定，非法运送他人偷越国境，其行为均已触犯《刑法》第321条之规定，构成运送他人偷越国境罪，公诉机关指控的罪名成立”的判决，无疑是正确的。

另外，如果偷越国境的越南籍人与运送人事先达成运送的合意，偷越人自行偷越入境后再由运送人将其运送至我国内地某目的地务工的，此种情形的运送人当然构成本罪无疑。因为，偷越人之所以偷越国境并能偷越成功，是由于运送人事先答应将其运送至所到的目的地，正是如此，运送人的行为无疑给偷越人偷越国境提供了心理上的激励因素，此时偷越人与运送人在偷越国境罪的范围内成立共犯，只不过偷越人依偷越国境罪处理（如果情节严重），而运送人则以本罪论处而已。

第二，对于运送持边民证自行合法入境的越南籍人员，可以根据运送的目的地的不同分两种情形进行厘定。一种是运送持边民证自行合法入境的越南籍人员在我国边境地区务工。由于入境的越南籍人员是持边民证合法入境的，其没有偷越国境的前提，而且又是在边境地区务工，所以对此应否以本罪追究运送人的刑事责任，实践中产生了争议，存在肯定和否定两种不同的观点。笔者认为，如果越南籍人员一开始就是以务工的目的而入境（合法），且运送人明知并实施运送的，此种情形下对其以本罪处理并无不妥。因为，以广西为例，根据《广西壮族自治区中越边境地区人员入境出境暂行规定》（以下简称《规定》）第7条和第8条的规定，允许越方边境地区人员①持本国主管机关签发的中越边境地区出入境通行证，从双方规定的出入境口岸、通道（含便道）入境到广西边境地区②探亲访友，求医治

① 根据《广西壮族自治区中越边境地区人员入境出境暂行规定》第5条的规定，边境地区人员系指中越两国各自边界一侧的乡（镇）范围的居民、边境地区边贸人员及应邀参加传统民族节日联谊活动的双方边境地区的人员。

② 根据《广西壮族自治区中越边境地区人员入境出境暂行规定》第4条的规定，边境地区系指中越两国各自边界一侧的县（市）行政区划范围。

病，从事正当的商品交易，参加传统的民族节日联谊活动。另外，该规定第 10 条规定，越方边境地区人员入境到广西边境地区当天不能出境的，按规定办理住宿登记后可以住宿。从上述规定可以看出，持边民证的越南籍人员入境我国后的活动事项只能是探亲访友、求医治病、从事正当的商品交易以及参加传统的民族节日联谊活动，其上述活动的地域范围为我国边境地区，停留的时间是一天。显然，虽然持边民证的越南籍人员其务工的地点是在边境地区，但是其务工的行为已首先突破了活动的事项范围，并且也会突破时间的限制（既然是有意入境务工，那么一般不会一天内返回），所以其实际上是以边民证这一合法的身份作掩护入境，而行非法务工之实。[①] 由此，其行为与偷越国境并无本质上的差异。虽然对于越南籍人员的非法务工、非法居留的行为，可以只作行政处罚的处理，但是对于运送人仍然以本罪论处。当然，如果越南籍人员对运送人采取了欺骗的手段，而使运送人事前并不知道越南籍人员的真实目的，或者在探亲访友时，被运送的越南籍人员顺便务工的，那么对运送人不应追究刑事责任。

另一种是运送持边民证自行合法入境的越南籍人员到我国边境地区外的内地务工。此种情形应一律对运送人以本罪论处。因为，上述广西的《规定》第 8 条规定，越方边境地区人员入境广西边境地区以外地区的，须向广西边境县（市）公安局提出申请，获准并领取《中华人民共和国外国人出入境证》；前往目的地属不对外国人开放的地区的，须同时申领旅游证件；前往广西以外的地区的，须持有效护照和签证。同时第 10 条和第 11 条规定，越方边境地区人员入境广西边境地区后需要停留一个月以上的，必须在入境后三日内到当地县（市）公安局申请办理《广西壮族自治区边境地区外国人临时居留证》；持有临时居留证的人只能在该县（市）范围内居住。可见，对于越南边民突破我国边境地区的地域深入至内地的行为，已与偷越国境相提并论。而此种情形下，运送人对于被运送人偷越国境的行为性质

① 需要说明的是，这里的非法务工是指除中越跨境劳务合作范围外的情形。

是明知的（而且是已经知道），所以对其一律依本罪处罚是完全正确的。

第三，对于运送在他人组织或者引诱下已非法入境我国边境一侧的越南籍人员，此种情形无论受雇请实施运送的人与组织人或者引诱人事前是否存在通谋，均应依本罪论处。因为在没有存在通谋的情况下，只要运送人明知被运送人属非法入境，而仍然实施将被运送人运送至内地务工的行为，其与上述运送自行非法入境我国的越南籍人员至我国内地务工的情形并无二异，应一律以本罪论处。而在存在通谋的情况下，亦即偷渡者是在他人组织或者引诱下偷渡入境到我国边境一侧后，再由事先雇请好的人员接运，此时虽然偷渡人已经入境，但由于接运人与组织人或者引诱人存在共谋，因此接运人当然构成本罪。例如，凤某等运送他人偷越国境案便是此种情形的例证，该案经审理查明：[①]

被告人凤某与被告人毛某某、王某某、陈某某1合作将偷渡入境的越南籍人员从广西东兴市运送到广东务工，从中谋取利益。凤某安排人员开船运送越南籍偷渡人员到达中国东兴市北仑河边，并在其的安排下，由毛某某负责组织摩托车司机在河边接运偷渡人员到东兴市区内交给王某某，王某某再安排车辆将人运送到港口区交给陈某某1，陈某某1接到人后运送至广东茂名。

2017年2月28日，被告人凤某分别电话通知被告人毛某某、王某某、陈某某1有二十几名越南籍人员要运送。陈某某1、黄某6随即开车到港口区做好接人的准备工作。当日19时，凤某电话告知毛某某有二十几个越南人要过境，让毛某某确定时间、地点等。毛某某遂到东兴市东兴镇冲卜路边贸互市区十二队码头查看情况，后电话告知凤某可以在当晚21时许让偷渡人员在该处上岸，凤某随即电话告知越南一方运送人员过境的时间和登岸地点。同时，王某某召集了摩托车司机唐某、黄某5、李某、许某等人做

---

① 参见广西壮族自治区东兴市人民法院（2017）桂0681刑初197号刑事判决书。

好接人的准备工作。当日21时，被告人阮某某在“阿某1”（另案处理）的安排下撑船将23名越南籍偷渡人员运送至界河一侧的东兴市东兴镇冲卜路边贸互市区十二队码头，后用梯子让偷渡人员铁某某交给毛某某。毛某某遂组织摩托车司机将偷渡人员运至东兴镇冲卜路196号对面交给王某某。在王某某的安排下，唐某、黄某5、李某、许某等人驾车搭乘该23名偷渡人员从东兴市出发绕过横江检查站后运送至港口区交给陈某某1、黄某6，陈某某1、黄某6接到23名偷渡人员后驾车开往广东茂名，途经港口高速路口时被民警查获。

从本案查明的事实看出，虽然被告人毛某某、陈某某1、王某某运送的23名越南籍人员已经从越南偷渡入境我国，似乎缺乏本罪要求运送他人偷越国境的要件，但是由于三被告人事先与凤某进行了通谋，达成了接力运送偷越人员的一致意见，他们无疑与凤某一起成立本罪的共犯。因此，法院认为，被告人凤某、阮某某、毛某某、陈某某1、王某某违反出入国境管理法规，非法运送他人偷越国境，人数众多，其行为均已构成运送他人偷越国境罪，这一判定是十分正确的。

值得注意的是，对于接运人与组织者或者引诱人存在通谋的情形，只有运送人是纯粹受雇请（即组织人或者引诱人向运送人支付运费或报酬）实施运送时，运送人才构成本罪。但如果有证据证实运送人与组织人或者引诱人并不是单纯的雇佣关系，而是共同合作的关系（即组织人或者引诱人并不向运送人支付单列的运费或报酬），那么运送人与组织人或者引诱人实际成立共同犯罪，对运送人应以组织他人偷越国境罪的共犯论处，同时运送人与引诱人在偷越国境罪的范围内成立共犯，对运送人以本罪论处，对引诱人以偷越国境罪处置。

第二节 对“运送”的理解及其认定

一、“运送”方式的争论

从形式的层面把握，“运送”的范围包括将偷越的人送出或者接入国境。以中越为例，“送出”是指行为人将偷越人从我国送出境到越南或者将偷越人从越南送出境到我国；“接入”是指行为人将偷越人直接从越南境内接入到我国或者将偷越人直接从我国境内接入越南。从实质的层面分析，根据司法实践，“运送”还包括行为人在偷越人入境到我国边境一侧后的“接运”（即接应并运送）以及在偷越人入境到越南边境一侧后的“接运”，此种“运送”的情形，在中越边境实施运送他人偷越国境的犯罪活动中，属于常见的方法之一。对于上述“运送”范围的认定，刑法理论界和司法实务界一般不持异议。

但对于使用何种方法实施“运送”的问题，理论界则有不同的看法，其分歧的焦点是，本罪的“运送”行为应仅指使用交通工具运送，抑或还应包括徒步带领、护送在内。例如，有学者认为：“运送他人偷越国（边）境，是指使用车、船、航空器等交通工具或者徒步带领等方法，将他人非法送出或者接入国（边）境的行为”。[①] 而有的学者则认为，本罪的“运送”不应包括徒步带领、护送这一方法，“徒步带领的行为难以归入运送，对这种行为可认定为偷越国（边）境罪的共犯”，[②] 因此，“应当将运送他人偷越国

---

① 周光权：《刑法各论》，中国人民大学出版社 2011 年版，第 354 页。

② 张明楷：《刑法学》，法律出版社 2011 年版，第 980 页。

（边）境行为理解为利用一定的交通工具非法接送他人出入境”。[①]

实务界采取的是“运送”的方法既包括使用交通工具也包括徒步的观点。例如，凌某勇组织他人偷越边境、韦某其等运送他人偷越边境一案，审理该案的法院即认为：“运送他人偷越边境罪，是指使用车、船等交通工具或者徒步带领，将他人非法送出或者接入边境的行为。”[②]

二、本书的观点

从语义上看，“运”有“搬运”“运输”之意，而“运输”有“用交通工具把旅客或物资从一个地方输送到另一个地方”之意。[③]因此，本罪的“运送”是指利用交通运输工具将他人接送出入国（边）境，应当说是最符合“运送”的语义的。同时，我国《刑法》第321条第1款第（2）项将“所使用的船只、车辆等交通工具不具备必要的安全条件，足以造成严重后果的”作为法定刑升格的情形之一，也似乎确定本罪的“运送”行为仅指使用交通工具运送这一种方式而最符合刑法的规定。但是，笔者认为，将本罪的“运送”行为仅限于利用交通工具这一种方式，而将徒步护送方式绝对排除在“运送”行为之外，因与实践不符，所以并不合理。

首先，虽然现实中多数情形下表现为行为人通过交通工具实施运送，但并不能由此当然得出只用交通工具实施运送行为的结论。因为，在以交通工具运送的过程中，并不能排除徒步护送的阶段或环节，甚至徒步护送是必要的环节。例如，为了躲避检查，在运送车辆接近检查站时，运送人先雇人或者亲自带领被运送人员抄检查站附近的小路绕过检查站，之后再在适当位置接上被运送人员继续向边境运送。又如，在接近中越

---

① 谢望原、赫兴旺主编：《刑法总论》，中国人民大学出版社2011年版，第333页。

② 何帆主编：《最高人民法院司法观点集成（刑事卷Ⅳ）》，中国法制出版社2017年版，第1944页。

③ 参见《新华词典》，商务印书馆2013年版，第1251—1252页。

边境线时，因没有直接通往出境的道路或者因选择偏僻的出境地段致使运送车辆无法通行，而不得不停车采取徒步护送。应当说上述徒步护送是整个运送过程的组成部分，而且在中越边境地区还是行为人实施本罪经常采用的方法，因此必须将其涵括在运送的范围内才为妥当。同时，如果本罪的运送绝对排除徒步护送这一方式，那本罪就有可能出现较多未遂的情形。因为，如上所述，徒步护送是中越边境地区行为人实施本罪经常采用的方法，而将运送人徒步护送被运送人的一段不作为运送予以认定，就实际意味着在某种情况下运送人没有真正将被运送人运送至预定的目的地，这样的情形也就因运送人没有完成整个运送行为而只能将其作为未遂处理，而这显然是不正常的，也是难以接受的。其次，《刑法》第 321 条第 1 款第（2）项将"所使用的船只、车辆等交通工具不具备必要的安全条件，足以造成严重后果的"作为法定刑升格的情形之一，这只是在行为人使用交通工具进行运送的前提下而做出的特别规定，而不能当然由此得出本罪的运送方式只为交通工具进行运送的结论。亦即当行为人使用交通工具运送时，其使用的船只、车辆等交通工具如果不具备必要的安全条件，就会有可能造成被运送人员伤亡的危险（结果），所以《刑法》特别将这种行为作为重点惩治的对象并且作为法定刑升格的条件。再次，上述学者将所有情形下的徒步带领、护送行为与偷越国境的人作为共犯处理并不正确，也不合理。因为，在运送的方式中既存在使用交通工具，也存在徒步的情况下，行为人实质只实施了一个行为（亦即徒步护送是整个运送行为的组成部分），如果将一个行为拆开分为两个行为（即运送行为和偷越的帮助行为）并以二罪分别评价，或者只以偷越国境罪的共犯一罪进行评价，是违背一行为一罪的刑法理论的，因而均是不正确的。再者，两种处理的结果因均违背罪责刑相适应的原则，因而也并不可取。即前者将会让行为人领受不该有的刑罚量（因为行为人要同时领受运送他人偷越国境罪和偷越国境罪的刑罚），而后者则会逃脱应该有的刑罚量（因为偷越国境罪的刑罚要比运送他人偷越国境罪的刑罚要轻）。最后，对于本罪的“运送”完全可以参照司法机关为运输毒品罪之“运输”所作的定义而作出扩大解释。根据2012年5月16日最高人民检察院、公安部发布施行的《关于公安机关管辖的刑事案件立案追诉标准的规定（三）》第1条第5款的规定，“运输”是指明知是毒品而采用携带、寄递、托运、利用他人或者使用交通工具等方法非法运送毒品的行为。显然，该规定并没有受“运输”语义的限制，而是对其作了扩大解释，即“携带”及“利用他人”也可以作为“运输”毒品的方法。

综上所述，当徒步护送只是整个运送过程中的一个环节或者一段时，其应当属于本罪运送的范畴。当然，如果行为人明知他人偷越国境，在没有使用任何交通工具实施运送的情况下，而是从一开始就采取徒步护送的方式将偷越人护送出境［应当说这种情形一般发生在离国（边）境很近的地方，离国（边）境较远或者很远而从一开始就采取徒步护送的方式一般不会发生］，那么此种情形下，就不能将徒步护送划为本罪的“运送”范围，应将护送人与偷越人以偷越国境罪的共犯处理。①

第三节　本罪加重情节的理解及其认定

《刑法》第321条第1款和第2款，分别为本罪设置了二层加重处罚的情形。由于《解释》只对第一层加重情节中的何为“人数众多”及“违法所得数额巨大”作出了明确的规定，而对于该层加重情节中的其他问题则

① 不过，是否一律将徒步护送人按偷越国境罪的共犯处理还值得商榷。因为偷越国境罪本身属轻罪的范畴，除“涉恐”型偷越国境犯罪外，对于徒步护送一般的偷越国境行为，如果该帮助行为情节较轻或者显著轻微危害不大的（如路途不远或者仅在国境附近），应予行政处罚为宜。

没有作出解释，因而有必要对之加以研究。这些问题是：（1）加重情形一“多次实施运送行为”中的“多次”究竟指多少次；（2）加重情形二“所使用的船只、车辆等交通工具不具备必要的安全条件，足以造成严重后果的”中的“不具备必要的安全条件”究竟如何界定，以及“严重后果”的范围如何划定。同时，虽然《解释》对“人数众多”作出了明确规定，但是司法实践中就某些特殊情形下是否将被运送人一起计入的问题存在争议，所以也需要进行厘清与厘定。另外，《刑法》第321条第2款规定的“造成被运送人重伤、死亡”这一加重情节的内涵应作怎样的界定，也应与上述问题一并进行研究。

一、本罪“多次”的理解及其认定

如前所述，司法解释一般均确定为行为人实施三次以上（含三次）的，即为多次，因而将本罪的加重情节“多次实施运送行为”中的“多次”确定为三次以上，应当不存在问题。不过行为人实施三次以上的运送行为，其时间限制的问题则有待研究。亦即确定为二年内实施三次以上的运送行为为宜，还是确定为在一年内实施三次以上的运送行为为妥。这里的问题，实际上要考虑是否与组织他人偷越国境罪中的“多次”所确定的时间限制保持一致。由于将行为的次数限定在一年内还是二年内，一般依据的是某种犯罪行为的社会危害性大小并融入了一定刑事政策的考量而作出的，所以，鉴于立法一直将本罪与组织他人偷越国境犯罪作为严处的对象，对本罪法定刑的设置也安排在较高的水准（本罪应属于重罪的范畴），同时《治安管理处罚法》第61条将协助组织和协助运送的行为作为并列实施行政处罚的情形而规定［即协助组织或者运送他人偷越国（边）境的，处十日以上十五日以下拘留，并处一千元以上五千元以下罚款］，那么将本罪的加重情节“多次实施运送行为”确定为在二年内实施运送他人偷越国境行为三次以上，即与组织他人偷越国境罪中的“多次”所确定的时间限制保持一致，是妥当的。

值得注意的是，本罪三次以上的运送是指均应没有受到包括行政处罚在内的任何处理的行为。因为，如果第一次运送行为已经刑罚处理，那么该次行为由于已单独作出评价，当然就不能计算在后面的行为次数当中。而且，对后面的行为处理时，行为人完全有可能获得累犯的地位而需依照累犯必须予以从重的原则处理，为此根据罪责刑相适应的原则，再以本罪的加重情节对行为人进行处理就成为没有必要；如果其中一次或两次已经行政处罚，那么根据“一事不二理”的原则，已经行政处罚的也不能计算在三次之内，否则有违禁止重复评价之嫌。

值得研究的是，行为人实施运送三次以上的行为中，其中有的是未遂，此种情形是否应将其计算在三次以内。依照我国《刑法》的规定，对于犯罪未遂的行为人，可以比照既遂犯从轻或者减轻处罚。由此，运送三次以上当中有属于未遂的情形，也应当将其计算在三次以内才符合规定。但是如前所述，诸多的司法解释显然表明，司法机关对于未遂犯的处罚并不是持必须或一律处罚的立场，而是考虑需要追究行为人刑事责任的，才予立案追诉。所以，鉴于《解释》并没有明确规定一律处罚本罪的未遂犯，所以笔者认为，对于运送未遂的以不计入在“多次”以内为宜。

二、本罪“人数众多”的认定

根据《解释》第 4 条规定，“人数众多”是指运送他人偷越国境人数在 10 人以上的情形。由于运送 10 人以上就要实施加重处罚（即处五年以上十年以下有期徒刑），所以司法实践中，对于某些特殊情形下被运送人是否应将其计入被运送的人数中，往往会成为争议的焦点。

一是被运送人中的小孩是否应计入运送的人数。

例如，林某某、胡某、农某某运送他人偷越国境一案，该案审理查明，被告人林某某、胡某、农某某运送了 10 名新疆籍人员偷渡至越南，这 10

名偷渡人中包括5名成年人及5名小孩。在一审中，被告人林某某的辩护人提出了5名小孩属于限制行为能力的人，不应计入偷渡人数的辩护观点。一审宣判后，被告人林某某和农某某均提起上诉，其上诉理由中仍然坚持一审时关于5名小孩不应计入偷渡人数的观点。关于该案的一审认定、一审结果、上诉理由及二审结果依次为：①

原判认定，2014年11月14日10时，被告人林某某在广州市广园路客运站附近等客时，热某某某他里甫与一名新疆籍男子找到其，让其开车运送一些想偷渡到越南的新疆籍人员（5名成年人及5名小孩）到广西凭祥市，允诺给予人民币12000元运费，并约好次日凌晨4时许在广州市鹅掌坦牌坊等候。15日凌晨4时，林某某收取了5000元后就驾车搭载热某某某他里甫及10名偷渡的新疆籍人员从广州市上高速公路，途经广东省、广西玉林市、贵港市等前往广西南宁市三塘镇。途中热某某某他里甫多次联系胡某。当天20时，林某某驾驶的车辆到达广西南宁市三塘镇后，由胡某联系的被告人农某某、农某驾驶的两辆面包车已在三塘镇等候，热某某某他里甫、胡某与农某某碰面经商量后，由农某某驾驶的面包车在前面探路，胡某、热某某某他里甫乘坐农某驾驶的面包车在中间，林某某驾车拉人在最后，一旦有情况便告知驾车在最后的林某某。三辆车按商定排序前往凭祥市。到达崇左市后，驶下高速经二级路去往龙州县，然后从龙州县经二级路到凭祥市夏石镇，再到凭祥市上石镇。16日凌晨2时，到达凭祥市上石镇后往中越边境油隘村方向行驶，在交叉路口处，胡某见到事先联系好的越南籍男子驾驶一辆摩托车已在路边等候，就让林某某驾车跟着该越南籍男子走。之后该越南籍男子就带这10名新疆籍人员走了。新疆籍人员走之前把约定的7000元给了林某某。林某某、热某某某他里甫在返回广州市途经崇左市高速出入口时，被公安民警查获。随后，胡某、农某某陆续被公安民警查获。

① 参见广西壮族自治区崇左市中级人民法院（2016）桂14刑终70号刑事判决书。

原判认为，被告人林某某、胡某、农某某违反国家出入国境管理法规，非法运送他人偷越国境，其三人的行为均已触犯《刑法》第321条第1款规定，构成运送他人偷越国境罪，公诉机关指控被告人林某某、胡某、农某某犯运送他人偷越国境罪罪名成立。

上诉人林某某和农某某均上诉称，其运送的新疆籍10人中有5人是小孩，属限制行为能力人，不应计入偷越境人数，不构成情节严重。

二审法院经审理认为，两上诉人的上诉请求均不成立，最后作出维持一审对各被告人的定罪及量刑的判决。

笔者认为，该案中的5名小孩是否应计入被运送的人数中并以此作为加重情节对三被告人进行处理，的确是一个值得商榷的问题。应当说，主张将5名小孩不计入被运送的人数中似乎更有说服力。因为，首先，本罪的构成必须以被运送人存在或属于偷越国境为前提。亦即本罪单独存在的意义，就是因为行为人实施了运送他人偷越国境的行为。虽然法律规定，凡是需要出入境的人，不论成年人还是未成年人（包括幼童），均应办理出入境证件并持出入境证件接受检查，才能出入境，而且，本案所查明的事实表明，包括5名小孩在内的10名新疆籍人员均没有任何的出入境证件，从表象上看，他们出境至越南境内属于典型的偷越国境行为。但是从实质上分析，5名小孩不可能被认定为属于偷越国境的行为。因为，一定要认定5名小孩属于偷越国境，就要首先确定该5名小孩具有偷越国境的故意，而这显然是难以做到的。同时从本案所给出的事实来看，本案中偷越国境的5名成年人在偷越国境前虽然得到了他人的协助（甚至是一种组织行为），但无疑他们是属于结伙偷越国境的行为，因而应构成偷越国境罪，而将5名未满16周岁的小孩与其他5名成年人认定为共同实施了偷越国境的犯罪行为，这更是一个离谱的结论。另外，根据法理（或者有关法律法规规定），虽然无民事行为能力人（不满八周岁）或者限制民事行为能力人的有关行为的实施由其法定代理人代理或者经其法定代理人同意、追认，但是不至于诸如偷越国境的违法犯罪行为也可以由法定代理人代理实施。基于上述分析，在立法及司法解释没有作出明确规定的情况下，对于该案的此种情形，应该作出有利于被告人的处理为宜。也就是说，虽然被告人林某某明知该5名小孩没有合法的出境手续仍予以运送，但因5名小孩不具有偷越国境的故意，不属于偷越国境的人，因而不应将他们计入被告人运送的人数之内。

二是被运送的人中包括实施运送的共同犯罪人或者组织者是否应计入运送的人数。

在中越边境实施的组织他人偷越国境共同犯罪中，就被组织者的发动工作，有的是组织者利用关系亲自到越南进行，有的则是安排或者指使越南的亲戚、朋友实施拉拢、引诱、介绍的组织行为。当偷越人员组织妥当后，组织者往往会与被组织者一同偷越国境，这样国内的组织者所雇请的运送人就会连同组织者在内的所有偷越人接运至预定的目的地。而在实施运送他人偷越国境的共同犯罪中，有的参与运送的犯罪者也会亲自护送被运送的偷越者而一同偷越国境，且与被运送人一起登上在国内接应的运送人的车辆前往预定目的地。可见，上诉两种情形下会出现被运送的人中包括了组织他人偷越国境犯罪的组织者和共同实施运送他人偷越国境犯罪的参与者。那么，对于这“两种人”是否应计入运送的人数中，实践中产生了争议。一种意见认为，该“两种人”属于偷越国境的范围，且运送人对其实施了运送的行为，当然应计入运送的人数；另一种意见则认为，该“两种人”虽然与他人一同偷越国境，但是二者的性质不同，不应将他们计入运送的人数中。笔者赞成后一种意见。因为，无论是组织者，还是运送者，基于能够顺利完成组织或者运送他人偷越国境的目标的考虑，他们混同被组织者和被运送者一起偷越国境，这实际上是在偷越国境的过程中实施组织行为或者运送行为，其本身就是其组织行为或者运送行为的组成部分，或者说，其偷越国境的行为本质上就是一种组织行为或者运送行为。当然，如果与偷越人一起偷越国境的人，不属于组织者或者与组织者不构成共同犯罪，或者与运送人不构成共同犯罪，那么此种情形下可以将其计入运送的人数内。

三、“交通工具不具备必要的安全条件”及“足以造成严重后果”的理解及其认定

应当说，运送的“交通工具不具备必要的安全条件”是产生“足以造成严重后果”的前提，而“足以造成严重后果”是对行为人加重处罚的实质要件，同时，由于造成严重后果之前有“足以”作为限定词，而且这一限定词具有高度的抽象性、模糊性和主观性，因此，准确厘定“交通工具不具备必要的安全条件”的内涵，对于确定本罪该方面加重情节的成立就显得十分关键。

首先，从文义解释的角度来看，所谓“交通工具不具备必要的安全条件”，应是指交通工具本身缺乏必要的安全条件，而不是交通工具以外的其他各种因素所导致的不安全状况。以行为人通过车辆运送为例，诸如机动车载人超过核定的人数、货运机动车载客、超速行驶以及酒后驾驶机动车等，均不能划为本罪“安全条件”的范围，而诸如机动车已达到报废标准、没有设置安全带、没有按规定进行安全技术检验以及具有影响安全驾驶的喷涂、粘贴标识、车身广告或者在驾驶室的前后窗范围内悬挂、放置妨碍驾驶人视线的物品等情形，则属于本罪所要求的“安全条件”的范围。2000 年公安部《关于妨害国（边）境管理犯罪案件立案标准及有关问题的通知》的规定也印证了这一点，即其规定：使用简陋、破旧、报废、通气状况很差的船只或者车辆等不具备必要安全条件的交通工具运送他人偷越国（边）境，足以造成严重后果的，应当立为重大案件。显然，“简陋、破旧、报废、通气状况很差”的状况，指的就是交通工具本身不具备安全条件。其次，由于该加重情节中有“必要的”限制要求，所以并不能对行为人所使用的交通工具凡是出现有安全问题的即认定为该加重情节的成立。交通工具的安全条件由诸多安全要素组成，但只有那些“必要的”才能作为该加重情节中的安全条件。例如，由国家质检总局和国家标准化管理委员会联合发布的《机动车运行安全技术条件》，其是我国机动车安全技术管理的最基本的技术性

规范性文件，它不仅是公安机关交通管理部门新车注册登记和在用车定期检验、事故车检验等安全技术检验的主要技术依据，同时也是我国机动车新车定型强制性检验、新车出厂检验及进口机动车检验的重要技术依据之一。虽然该标准的全部技术内容均表现为强制性的要求，但并不能将该标准中所有的要求认定为本罪加重情节的安全条件。那么，究竟如何厘定“必要的”安全条件的范围呢？笔者认为，应当紧密结合“足以造成严重后果”这一实质要件进行确定。亦即在交通工具所应具有的众多安全条件中，厘定出那些能足以造成严重后果的作为“必要的”安全条件。总体上，这些“必要的”安全条件包括两个层次的内容：一是能保障交通工具上的乘员不因跌落或者密闭而导致重伤、死亡；二是能保障交通工具不因发生重大交通事故而导致乘员或者其他人员重伤、死亡以及财产遭受重大损失的危险。因此，除了上述公安部的规定中将交通工具“简陋、破旧、报废、通气状况很差”四种情形列为“必要的”安全条件范围之外，诸如机动车刹车系统及方向系统失灵、没有设置三点式安全带、没有按规定进行安全技术检验、没有设置逃生设备等，均可以划定为不具有“必要的”安全条件的范围。当然，对于没有粘贴反光标识、悬挂与车辆品牌不符合的厂标以及具有影响安全驾驶的喷涂、粘贴标识、车身广告或者在驾驶室的前后窗范围内悬挂、放置妨碍驾驶人视线的物品等情形，虽然属于机动车运行安全技术条件的范围，但由于不具有足以造成严重后果的危险，可以认定不属于“必要的”安全条件的范围。

至于对“严重后果”范围的界定问题，有学者认为，这里的“足以造成严重后果”，是指具有造成船只沉没、车辆倾覆事故的危险。[①] 笔者认为，这里的严重后果的范围不应仅指运送船只或车辆本身发生沉没、倾覆事故的危险，还应包括导致运送船只或车辆之外的其他船只或者车辆等其他财产损失的危险，同时其不应仅指运送船只或车辆上的被运送人因沉没、倾

① 参见陈兴良：《规范刑法学（下册）》，中国人民大学出版社2013年版，第971页。

覆而招致伤亡的危险，还应包括被运送人员之外的因发生交通事故而导致的其他人员伤亡的危险。亦即由于运送的交通工具不具备必要的安全条件，其完全有发生交通事故的可能，那么其与其他船只或车辆发生碰撞所造成的人员伤亡、财产损失以及造成其他行人伤亡的危险，均应包括在内。另外，“足以造成严重后果”不应仅指运送船只或车辆发生沉没、倾覆事故的危险，还应包括被运送人在运送的船只或车辆内造成重伤或死亡的危险（如跌落或者因通气状况不良而造成伤亡）。这里值得探讨的是，如果运送的人员只有一人，那么能否认定为“足以造成严重后果”的范围。笔者认为，此种情形下可以参照2000年最高人民法院《关于审理交通肇事刑事案件具体应用法律若干问题的解释》关于重大事故所确定的起刑标准执行，即将造成1人死亡的情形确定为本罪加重情节的“严重后果”。那么，在行为人只运送一人且使用运送的交通工具不具备必要的安全条件下，将其认定为“足以造成严重后果”的加重情节。

四、“造成被运送人重伤、死亡”的理解及其认定

根据《刑法》第321条第2款规定，在运送他人偷越国境中造成被运送人重伤、死亡的，处七年以上有期徒刑，并处罚金。应当说这是刑法在本罪中对行为人设置的第二重加重情节。在司法实践中，此加重情节需要把握如下两个问题：

一是行为人（运送人）主观罪过的确定。由于《刑法》第321条第3款规定，对被运送人有杀害、伤害、强奸、拐卖等犯罪行为的，依照数罪并罚的规定处罚，所以，此处的在运送他人偷越国境中造成被运送人重伤、死亡，并不能纳入故意犯罪的范围，而是指行为人在运送他人偷越国境中，应当预见被运送人可能发生重伤、死亡的危害结果，因为疏忽大意而没有预见，或者虽然已经预见但轻信能够避免，即行为人的罪过是出于过失。只不过刑法将此种情形规定为本罪的加重情节，因而无须再将其以过失致人死亡罪

或者过失重伤罪分别作出评价。但值得探讨的是，对被运送人有杀害、伤害、强奸、拐卖等犯罪行为的情形，行为人的主观罪过肯定表现的是直接故意，那么在运送他人偷越国境中造成被运送人重伤、死亡的情形是否允许间接故意的存在？例如，被运送人从交通工具上跌落，运送人有义务实施救助，而且有能力救助时，由于运送人没有及时对被运送的跌落人实施救助而导致其重伤或者死亡，显然，运送人对被运送人重伤或者死亡的结果表现的是间接故意。如前所述，在组织他人偷越国境过程中造成被组织人重伤或者死亡的，由于刑法将该加重情节的法定刑设置为七年以上有期徒刑或者无期徒刑，其基本可以满足间接故意杀人或故意伤害情形下对行为人的惩治要求，因而对于组织者不实施救助从交通工具上跌落的被组织人而导致重伤或死亡的间接故意情形，可以包括在该加重情节中处理。不过，因刑法为本罪的此种加重情节安排的法定刑只是七年以上有期徒刑，所以在运送人成立间接的故意杀人罪或者故意伤害罪的情况下，尚无法满足对运送人惩治的要求。由此，在运送他人偷越国境中，运送人对于出现危情的被运送人没有及时实施救助而导致其伤亡的，应不属于“造成被运送人重伤、死亡”的加重情节情形，应当以故意杀人罪或故意伤害罪与本罪实施数罪并罚。

二是“在运送他人偷越国境中”的厘定。应当说，正确厘定何为“在运送他人偷越国境中”，是认定本罪该加重情节的关键。笔者认为，从文义解释的角度分析，所谓“在运送他人偷越国境中”，应是指被运送的偷越人自登上运送的交通工具后到达目的地前的这一过程，在这一过程中造成被运送人重伤、死亡的（包括途中发生交通事故、被运送人跌落交通工具等而造成的重伤、死亡），即对运送人加重处罚。在运送中中途休息时因意外原因导致被运送人重伤、死亡的，也应属于在运送他人偷越国境中造成被运送人重伤、死亡的范围。当然，如果被运送人在交通工具运行中跳车逃跑或者中途休息时自行逃跑而造成其重伤、死亡的，应与运送人不存在因果关系，不能对行为人以该加重情节实施处罚。值得研究的是，在被运送人登上交通工具前其所造成的重伤、死亡是否由运送人承担责任。比如，被运送人在甲地，运送人与组织人或者偷越人本人商定到乙地实施运送，被运送人在从甲地前往乙地的途中遭受重伤、死亡。对于此种情形，实践中有观点认为，毕竟运送人与组织者或偷越人本人有商定在先，而且被运送人已开始向约定的地点移动，这实际意味着运送人要对被运送人从甲地前往乙地过程中的安全负责，所以在该过程中造成被运送人重伤、死亡的应属于“在运送他人偷越国境中”的范围。笔者认为，该种观点是难以赞同的。因为，运送是本罪的实行行为，只有存在实际的运送行为才能依照本罪定罪处罚，而此前的商议以及被运送人的移动均不能作为本罪实行行为的开始，其至多是一种预备行为，甚至连本罪的成立都根本谈不上，就更无法论及对行为人加重处罚了。因此，此种情形下的“过程中”与实际运送的“过程中”完全是两种不同性质的概念，因而不能对此作出无限或任意的解释，否则有漫无边际的扩大处罚范围之嫌。另外，运送人将被运送人运送到目的地后，被运送人死亡的，假如经鉴定是由于长时间缺氧导致的，应当认定与运送具有因果关系，由运送人负责。

第四节　本罪的共同犯罪问题

一、协助运送行为的定性

对于为运送人提供协助的行为，是否以本罪的共犯论处，实践中存在两种不同的观点。持肯定意见者认为，协助运送的行为成立本罪的帮助犯，应当依照刑法总则的规定，对帮助犯以从犯论处；持否定意见者则认为，目前刑法对本罪的规定只处罚实行犯，因此协助运送的行为只能依《治安管理处罚法》的规定进行行政处罚，而不宜对其追究刑事责任。

根据我国《刑法》第27条第1款的规定："在共同犯罪中起次要或者辅助作用的，是从犯。"通说认为，"起辅助作用的"这一从犯类型，实际指的就是帮助犯。[①] 所谓帮助犯，是指故意帮助他人实行犯罪。所谓帮助实行犯罪，是指在他人实行犯罪前或实行过程中给予帮助，使他人易于实行犯罪或易于完成犯罪行为。同时，帮助行为只能是犯罪构成客观要件以外的行为，如果所实施的是犯罪构成客观要件的行为，则是实行行为，而不是帮助行为。[②] 我国刑法分则对于帮助犯的处罚，大致采取了两种立法模式。一种模式是直接将帮助行为正犯化，即将帮助行为不再按共犯处理，而是单独以实行犯处理。这一立法模式的价值取向，旨在不让帮助者获得从犯的地位，一般基于的是帮助者的帮助行为存在极大的社会危害性，因而需要对其作为正犯处罚。除妨害国境管理类罪中设置的骗取出境证件罪、提供伪造、变造的出入境证件罪及出售出入境证件罪外，刑法分则还规定了诸如资助危害国家安全犯罪活动罪，资敌罪，帮助恐怖活动罪，提供侵入、非法控制计算机信息系统程序、工具罪，帮助信息网络犯罪活动罪，传授犯罪方法罪，资助他人非法聚集罪，帮助毁灭、伪造证据罪，协助组织卖淫罪，帮助犯罪分子逃避处罚罪等。另一种模式是注意性规定，按照刑法总则关于共同犯罪的规定处罚。我国虽然在多数情形下没有进一步提示帮助犯的处罚，但也有特别性的注意性规定。例如，《刑法》第156条规定："与走私罪犯通谋，为其提供贷款、资金、账号、发票、证明，或者为其提供运输、保管、邮寄或者其他方便的，以走私罪的共犯论处。"

帮助行为既可以是指提供犯罪工具、犯罪场所等物质性的帮助行为，也可以是指提供建议、强化犯意等精神上的帮助行为；帮助行为可以实施在实行行为之前（预备的帮助犯），也可以与实行行为同时实施（伴随的帮助

---

① 分别参见马克昌主编:《犯罪通论》，武汉大学出版社2006年版，第571页；高铭暄、马克昌主编:《刑法学》，北京大学出版社、高等教育出版社2017年版，第175页。

② 参见马克昌主编:《犯罪通论》，武汉大学出版社2006年版，第549—550页。

犯)。[①] 根据中越边境运送他人偷越国境的犯罪实践，为运送人提供协助的行为主要有以下几种情形：一是直接出借交通工具给运送人，或者为运送人介绍或联系运送车辆；二是为运送偷渡人的车辆带路；三是为运送人望风或探路；四是为运送人提供食宿；五是为运送人出谋划策（如边民利用熟悉地形、巡逻时间以及中越双方合作紧密度等便利，为运送人提供出入境的地点、时间等）。

对于协助运送的行为人能否依本罪的共犯论处，实际就是能否将协助运送的行为人确定为运送实行行为的帮助犯，从而与运送人以共同犯罪论处。对于帮助犯的处罚依据问题，陈兴良教授认为："帮助行为与被帮助人的实行行为之间具有协同关系，帮助犯通过本人的帮助行为，使他人的犯罪易于完成，是为犯罪的加功者，因此，在帮助故意的范围内，应对被帮助人实行的犯罪承担刑事责任。"[②] 应当说，帮助犯提供的帮助行为，不仅使正犯的实行行为更加容易完成，而且在存在帮助行为的前提下更能促使正犯对犯罪实行行为的发动，从而促进了对法益的侵害。据此，对于为正犯提供帮助的行为人，按理应依照刑法总则关于共同犯罪的规定追究其刑事责任（以从犯处罚）。但是，对运送他人偷越国境的犯罪人提供帮助的，是否一律对帮助人按共犯处理呢？这涉及帮助犯处罚的范围问题，具言之，是涉及中立行为与帮助行为的关系问题。对于通过在外形上看是中立的（不具有犯罪意义）行为而从客观上促进正犯行为实施的人，是否成立帮助犯，在德、日刑法学中成为争论最为激烈的问题之一，形成了全面肯定说和试图对可罚性作一定限制的限制说的两种对立观点。其中因对处罚范围进行限制的方法不一致之故，限制说又存在着主观说、社会相当性说、职业的相当性说、利益衡量说、共犯的构造论、客观归属论等各种各样的见解，[③]

---

① 参见张明楷：《外国刑法纲要》，清华大学出版社 2007 年版，第 328 页。

② 陈兴良：《本体刑法学》，中国人民大学出版社 2011 年版，第 443 页。

③ 参见陈家林：《外国刑法通论》，中国人民公安大学出版社 2009 年版，第 609—620 页。

可谓众说纷纭，其理论的复杂度令人惊叹不已。我国学者在探讨中立行为是否一律成立帮助犯的问题上，也是仁者见仁、智者见智，总体上是持限制的观点。例如，陈兴良教授认为："我国目前对帮助犯的处罚范围还是比较宽泛的。只有引入中立的帮助行为的法教义学原理，才能对中立的帮助行为处罚范围加以合理限制。"[①] 又如，张明楷教授认为，对于一种外表无害的"中立"行为（日常生活行为），客观上帮助了正犯时，其是否成立帮助犯，应当通过综合考虑正犯行为的紧迫性、帮助者对法益保护义务、行为对法益侵害所起的作用大小以及行为人对正犯行为的确实性的认识等要素，得出妥当结论。[②]还有学者在探讨中立的帮助行为司法犯罪化的标准时认为，中立的帮助行为具有日常性，在社会生活中较为多见，若全面将其纳入帮助犯的领域，将造成社会的紊乱。因此，基于适度的犯罪化考虑，有必要在司法领域只将一部分具有严重社会危害性及应受惩罚性的中立的帮助行为划入犯罪。[③]

在笔者看来，司法实践中是否将中立的帮助行为纳入犯罪（确立为帮助犯），可以从以下两个方面把握：一是立法和司法解释的角度。如果立法上或司法上（司法解释）将某种帮助行为直接确定为帮助犯的，[④] 那么依据罪刑法定的原则，此种情形只将提供帮助的行为人直接以正犯所犯之罪的从犯处罚即可。另外，如果立法已经将某种帮助行为正犯化，那么该情形下就当然不需要考虑行为人的帮助行为是否构成帮助犯的问题，亦即直接

---

① 陈兴良:《教义刑法学》，中国人民大学出版社2010年版，第672页。

② 参见张明楷:《刑法学（上）》，法律出版社2016年版，第424—425页。

③ 参见郭玮:《中立的帮助行为司法犯罪化的标准探讨》，载《西部法学评论》2018年第1期。

④ 立法上规定为帮助犯的如《刑法》第156条，其规定："与走私罪犯通谋，为其提供贷款、资金、账号、发票、证明，或者为其提供运输、保管、邮寄或者其他方便的，以走私罪的共犯论处。"司法解释规定为帮助犯的如2005年最高人民法院、最高人民检察院《关于办理赌博刑事案件具体应用法律若干问题的解释》第4条规定：明知他人实施赌博犯罪活动，而为其提供资金、计算机网络、通讯、费用结算等直接帮助的，以赌博罪的共犯论处。

按照正犯处理。[①] 二是行政法与刑法衔接的角度。如果行政法对某种违法的帮助行为在行政处罚（如行政拘留）的规定上没有作情节轻重区分处理（比如，情节较轻的，处五日以下拘留；情节较重的，处五日以上十日以下拘留），或者没有作“尚不够刑事处罚”的表述，而是“一步到位”地作出较严厉的处罚，那么该行为是否需要纳入刑事处罚，应当要作出慎重的考虑。

按照储槐植教授的观点，我国《刑法》第13条的“但书”具有出罪的功能，即对于刑法没有规定定量因素的犯罪，虽然行为已经符合该罪的构成要件，但如果其情节轻微、危害不大，没有处罚必要性时，应不认定为犯罪。[②] 就本罪而言，无论是立法还是司法解释均没有对协助运送的行为作为帮助犯论处作出明确的规定，同时刑法也没有将帮助运送的行为正犯化，所以，对本罪的帮助行为是否纳入刑事处罚，需要顾及行政法的规定。根据《治安管理处罚法》第61条规定，协助运送他人偷越国（边）境的，处十日以上十五日以下拘留，并处一千元以上五千元以下罚款。从该规定可以看出，对协助运送他人偷越国（边）境的行为所实施的行政处罚是非常严厉的，其自由罚（即拘留）可谓“一步到位”（即十日以上十五日以下）。所以协助运送的行为人是否一律纳入本罪的帮助犯处理，应当要慎重。当然，从刑法给本罪配置的法定刑来看，其虽然轻于组织他人偷越国境罪，但总体上本罪的法定刑又是偏高的，这说明立法者是将此类犯罪作为严厉惩治的对象，因而本罪应属于重罪的范畴。有鉴于此，如果对于协助运送人的行为一律不予刑事处罚，其显然是与立法目的相悖的。基于上述分析以及中越边境地区的实际，笔者主张，可以总体上限制本罪帮助犯的成立范围，对于边民提供交通工具给运送人运送的是越南进入我国的务工人员或者为其提供其他方便的，对帮助人进行行政处罚；对于明知运送的偷越人员是实

---

① 我国《刑法》有许多帮助行为正犯化的立法。例如，资助危害国家安全犯罪活动罪，帮助恐怖活动罪，非法提供信用卡信息罪，提供侵入、非法控制计算机信息系统程序、工具罪，帮助信息网络犯罪活动罪，资助他人聚集罪，协助组织卖淫罪等。

② 参见储槐植:《刑事一体化论要》，北京大学出版社2007年版，第101页。

施其他犯罪而提供交通运输工具或者其他方便的，则以本罪的帮助犯论处。

二、多人多层次参与运送的共犯认定

实践中，本罪的共同犯罪往往表现出多人多层次参与的特征。一方面，基于运送的目的地较远或者运送的人员较多，为了安全起见或者能成功完成运送行为，参与运送的行为人一般就运送事宜会事先商定出分段实施运送（即各自负责运送一段）的分工合作方案；另一方面，出于行为人对中越边境的诸多情况不熟悉或者缺乏交通工具等事由，在正式实施运送的行为之前，行为人往往需依次唆使他人参与实施运送（如甲教唆乙，乙又教唆丙，依次类推）。上述两种情形不仅会导致多人参与运送的共同犯罪，而且就教唆犯这一类型还会表现出明显的层次性（或连锁性）。例如，陈某某 1 等运送他人偷越国境一案就是典型的例证。该案经审理查明：①

被告人陈某某 1 因偷渡到中国广东省汕头市打工而认识了在中国广西东某 2 市开出租车的被告人覃某某。2017 年 2 月初，陈某某 1 在广东省打工的越南老乡请求陈某某 1 帮忙安排将 23 名偷渡入境的越南人从广西东某 2 市运送到广东省潮州市和汕头市。同一时间，陈某某 1 接到越南人“阿某 1”的电话，说在越南有 30 名越南人也要偷渡到广东省潮州市、汕头市打工。随后，陈某某 1 联系了汕头市车站一名卖车票的老板，让其安排车辆到广西防城港市接运该批越南人。同月 6 日晚，陈某某 1 电话联系覃某某，要求其帮忙将偷渡人员从东某 2 市运送到防城港市港口区搭乘大巴车，费用为人民币 150 元 / 人。覃某某同意后联系了被告人罗某某、王某某等人准备运送，覃某某还将被告人莫某某的联系方式交给陈某某 1。后陈某某 1 与莫某某电话商定用摩托车将偷渡人员从码头运送到东某 2 市城区，费用为人民币 70 元 / 人。

① 参见广西壮族自治区东兴市人民法院（2017）桂 0681 刑初 198 号刑事判决书。

同月7日零时许，莫某某接到被告人陈某某2的电话，得知偷渡人员准备入境，莫某某让对方在东某2市码头上岸，并随即安排了骆某等4名摩托车司机先后将被告人陈某某2、陈某某3等人用铁皮船运送上岸的54名偷渡人员运到东某2市城西市场附近的一条小巷交给覃某某、罗某某、王某某等人，再由覃某某、罗某某、王某某等人将人运到防城港市港口区白鹭公园旁登上大巴车。其中，陈某某2、陈某某3使用铁皮船运了9人；覃某某用出租车分两次运了12人，罗某某用小汽车分两次运了11人，王某某用小汽车运了5人。在此期间，为了避开东某2市横江边境检查站边防检查，覃某某、罗某某、王某某等人通过走便道绕开检查站或者将偷渡人员交给摩托车司机搭载绕过检查站再接力运送。同日6时，覃某某接到莫某某的电话称还有偷渡人员要运送，覃某某随即打电话给被告人阮某某。阮某某开车到东某2市城西市场附近接了6名偷渡人员后走便道绕开东某2市横江边境检查站运往防城港市港口区，途经港口区跨海大桥时被边防民警抓获。同日7时，在港口区白鹭公园附近装载了54名偷渡人员的大巴车在开车上到钦防高速公路港口收费站时被边防民警查获。经查，上述60名偷渡人员均无合法有效的出入境证件。

本案的被告人共计8人，自陈某某1接受其越南老乡及另一越南人“阿某1”将偷渡入境的越南人从广西东兴市运送到广东省潮州市和汕头市的请托后，在筹划及实际运送的过程中，共同犯罪人形成了一个由教唆行为和实行行为相互交织而组成的复杂体系。按照审理查明的事实及叙述的顺序，本案各被告人及其他参与人所处的层次和身份依次为：（1）被告人陈某某1是教唆犯，处于第一层次；（2）被告人陈某某1联系的汕头市车站的“卖车票的老板”属于教唆者，处于第二层次，其安排的大巴车司机是实行者，处于第三层次；（3）被告人陈某某1电话联系被告人覃某某后，被告人覃某某又联系了被告人罗某某、王某某等人准备运送，被告人覃某某为第二层次的教唆犯，同时其亲自参与了运送，又为实行犯。罗某某与王某某为实行犯，处于第三层次；（4）被告人陈某某1与被告人莫某某电话商定用摩托车将偷渡人员从码头运送到东兴市城区，被告人莫某某得知偷渡人员准备入境，随即安排了骆某等4名摩托车司机接运，被告人莫某某属于第二层次的教唆犯，骆某等4名摩托车司机为实行者，处于第三层次；（5）被告人陈某某2、陈某某3及阮某某为实行犯。

对于多人多层次参与运送的情形，实践中需要解决的问题是：一是参与运送的行为人互不认识并出现缺乏意思联络的情况下，是否可以认定为共同犯罪？二是在出现多人多层级教唆的情况下，是否所有实施了教唆行为的人均应成为本罪的共犯并依本罪处罚？三是所有的实行犯是否均作为共犯纳入犯罪处理？

（一）缺乏意思联络情形下共同犯罪的认定

对于这个问题，实践中存在的争议是：一种观点认为，在一般的共同犯罪组织结构中，处于最末端的行为人因与处于最前端的行为人缺乏意思联络，因而不存在共同的犯罪故意，因此应不按照共同犯罪论处，而是作分别处理；另一种观点则认为，在共同犯罪中，基于分工的不同，不能要求所有参与共同犯罪的人均有意思联络，只要实施了共同的犯罪行为，就应当认定为共同犯罪。

在笔者看来，意思联络是指共同参与犯罪的人相互间就共同实施犯罪事宜进行的沟通。虽然处于最末端的行为人因与处于最前端的行为人基于多人多层级参与的缘故而缺乏直接的通谋或者联络，但理论上一般认为，共同犯罪的故意不以所有参与人员集体存在意思联络为必要，只要实行犯与其他共同犯罪人之间存在着意思联络就足够，至于组织犯、教唆犯、帮助犯之间即使没有意思联络，也不影响共同犯罪的成立。[①]同时有学者认为，

---

① 此方面的观点可参见高铭暄、马克昌主编：《刑法学》，北京大学出版社、高等教育出版社2017年版，第166页；马克昌主编：《犯罪通论》，武汉大学出版社2006年版，第510—511页；等等。

行为人间的意思联络，通过某人顺次传达的，甚至是“单线联系的”间接的意思联络，也属于共同意思的表达方式。[①] 就本罪多人多层次参与实施运送的情形而言，在一般的共同犯罪形式下，共同犯罪人的种类无非为教唆犯、实行犯和帮助犯三种。从目前的司法实践看，本罪的共同犯罪组织结构中处于最末端的行为人，一般或者肯定为实行犯（当然还可能同时包括帮助犯，但绝不会是教唆犯）。而作为具体实施运送行为的实行犯至少可以从以下两个方面确定其与其他行为人具有共同的犯罪故意：一是处于最前端的行为人（一般为教唆犯）通过中间层级的教唆犯的“传声”，实际上使得二者之间建立起了共同实施运送他人偷越国境犯罪的串联机制。亦即最末端的实行犯与最前端的教唆犯之间，通过中间层级的行为人的串联（传达），从而使教唆犯的犯罪意图能够贯彻到最末端的实行犯处，当然实行犯以此开始实施具体的运送行为就无疑表现出了与最前端的教唆犯之间具有了意思联络。例如，甲请求乙运送偷渡人，乙引诱丙具体实施运送，甲告知乙偷渡人具体偷渡的人数、时间、地点，乙将此又传达给丙，最后丙依此安排车辆准确完成了运送行为。可见，甲与丙之间通过乙的中间行为具有了意思联络；二是从共同故意的内容上看，处于最末端的行为人肯定具有共同犯罪的认识因素和意志因素。首先其肯定能认识到，其所具体实施的运送行为是在与他人（至少是与其直接联系的人）共同进行，而不是一个人在单独实施运送犯罪行为。同时，其受他人的教唆而决意参与运送，且希望完成运送偷渡人的行为，这无疑是其意志因素的表现。

基于上述分析，笔者赞同第二种观点，即认为在多人多层次实施运送他人偷越国境的犯罪中，出于各自分工的不同，不要求所有的参与人员均保持直接的意思联络，只要部分人间具有意思联络且实施了共同的运送行为，即构成本罪的共同犯罪。

---

① 参见陈兴良主编:《刑法总论精释（下）》，人民法院出版社 2016 年版，第 494 页。

（二）多人多层级教唆行为的定性及其处罚

关于在出现多人多层级教唆行为情形下是否所有实施了教唆行为的人均应成为本罪的共犯并依本罪处罚的问题，对最先（第一）的教唆者和最后的教唆者一律定罪处罚，这一点理论界和实务界均持肯定意见。存在争议的主要是对中间教唆者的定性及处罚问题：一种观点认为，作为中间层次的教唆者，其只是起着中转的作用，如果其实施教唆时没有采取强行性的教唆方式，那么其情节属于显著轻微，不应认定其为本罪的共犯而依本罪处罚；另一种观点则认为，处于中间层次的教唆者无论其采取何种教唆方式，由于其实施的教唆行为致使本罪的运送行为得以实施并完成，无疑具有相当的社会危害性，因而均应按本罪论处。

对于中间层次教唆者的定性及处罚问题，牵涉到了“共犯的共犯”的相关理论。共犯的共犯是以分工为标准对共同犯罪人进行分类的犯罪形态。所谓共犯的共犯，又称间接共犯，它是与直接共犯相对而言的。直接共犯是指教唆或帮助实行犯的共犯，而间接共犯是指教唆或帮助教唆犯或从犯（帮助犯）的共犯。[①] 我国台湾学者韩忠谟先生将共犯之共犯总结为如下四种情形：（1）教唆教唆犯，或称为教唆犯之教唆犯，即教唆他人转使其他之人实施犯罪行为；（2）教唆从犯，或称为从犯之教唆犯，即教唆他人使之帮助犯罪；（3）帮助从犯，或称为从犯之从犯，即对于帮助他人犯罪者更予以帮助；（4）帮助教唆犯，或称为教唆犯之从犯，即帮助他人教唆犯罪。[②] 由于我国《刑法》主要以作用为标准来划分共同犯罪人的种类，所以对于基于分工而产生的共犯的共犯的犯罪形态，并没有对其作出规定。关于共犯的共犯的法律性质及其处罚，有的国家的刑法有明文规定。例如，日本刑法第 61 条第 2 款规定：“教唆教唆犯的，与前项同。”即与第 1 款“教唆他人实行犯罪

---

① 参见马克昌主编：《犯罪通论》，武汉大学出版社 2006 年版，第 597—598 页。

② 参见韩忠谟：《刑法原理》，北京大学出版社 2009 年版，第 287 页。

的，判处正犯的刑罚”的规定相同；第62条第2款规定：“教唆从犯的，判处从犯的刑罚。”即教唆他人帮助正犯实行犯罪的，按照从犯处罚。[①]在日本，由于对教唆教唆犯（理论上称间接教唆）的处罚已有立法规定，因而理论上一般不存在争议，但对于再间接教唆的处罚问题则有争议，[②]存在否定说和肯定说的对立。否定说认为，再间接教唆不可罚，其主要理由是连锁的教唆中的因果性非常微弱或非常间接；肯定说认为，再间接教唆以及更多层次的连锁教唆具有可罚性，其主要理由是，教唆是通过正犯的行为实现正犯结果，即使中间存在教唆的连锁，只要通过这些教唆者而实现的正犯结果具有客观归属可能性，就具备教唆犯的处罚根据。在德国，虽然德国刑法没有类似日本刑法第61条的规定，但其判例和通说均持肯定的态度，即一般认为，再间接教唆中每一个教唆者都通过自己的作用共同地教唆正犯实行犯罪，因而都应作为正犯的教唆犯而受处罚。[③]

笔者认为，由于教唆行为让本没有犯罪故意的人成为犯罪者，不对其纳入犯罪处罚是难以让人接受的，因而总体上对其危害性无论如何都不能不纳入刑法的范围考虑。同时，对于实施本罪的中间层次教唆者的定性及处罚问题，可以分情形作不同的处理。对于起上传下达作用的积极中间教唆者，因其对本罪的最终完成起着重要的桥梁作用，不仅对其应依本罪的共犯定罪处罚，甚至可以将其认定为主犯；对于只是教唆一次便成功的教唆者，且之后再没有与上层教唆者以及其教唆的人联系，同时其教唆的方式也不具有任何的强行性，此种情形下可以考虑作为从犯处理。

---

① 参见《日本刑法典》，张明楷译，法律出版社2006年版，第27页。

② 所谓再间接教唆，是指教唆间接教唆者的情况，日本刑法理论将再间接教唆以及更多层次的间接教唆称为连锁教唆、顺次教唆或者相次教唆。参见陈家林:《外国刑法通论》，中国人民公安大学出版社2009年版，第595页。

③ 参见陈家林:《外国刑法通论》，中国人民公安大学出版社2009年版，第595—596页。

（三）多人多层次实施运送情形下对实行犯的处理

应当说，对于实行犯一律定罪处罚（即使按从犯处理）是不存在问题的。但根据本罪的司法实践，在多人多层次参与运送的情况下，有的作为直接实施运送行为的人，与众多的教唆犯或者既是教唆犯又是实行犯的人相比，其在共同犯罪中所体现的作用显得有些或过于微弱，因而在实践中才产生了对所有的实行犯是否均作为共犯纳入犯罪处理的疑问。例如，有种观点就认为，对于那些受人安排或者指使仅从中越边境处接运偷渡人至不远的某地点交给教唆者的行为人，往往是一些边民利用摩托车等简易交通工具作为谋生的手段而实施的，因其运送的路程不远，不具有相当的社会危害性，应以情节显著轻微考虑出罪。该种观点所依据的事实是存在的，因为在中越边境地区实施运送他人偷越国境的犯罪中，对于运送越南籍人员偷越入境的情形，犯罪人基本上采取的就是先利用边民将偷渡人从边境处接运至离边境不远的某处，然后再由其他行为人接着实施运送。此种情形下的实行犯是否均应纳入本罪定罪处罚，的确是一个值得探讨并须厘定的问题。

在笔者看来，在共同犯罪中，由于实行犯是直接实施刑法分则规定的某一犯罪的客观要件的行为者，因而理论上一般将实行行为作为主行为对待，甚至在一定条件下（如非常积极地实施犯罪行为），实行犯在共同犯罪中的作用可以超过组织犯或者教唆犯，而成为主犯。因此，就本罪而言，即使是在多人多层次参与运送的情形下，也应当将所有参与实施本罪的行为人定罪处罚（即使是以"免除处罚"的情节处理），这也是罪刑法定原则的要求。当然，出于刑事政策以及相对罪刑法定原则的考量，上述观点也并非没有道理。由此，笔者主张在多人多层次实施运送的情形下，可以依照如下两种情况对实行犯作分别处理：一是对于那些受人安排或者指使仅从中越边境处利用摩托车等简易交通工具接运偷渡人至不远的某地点交给教唆者的边民，考虑到以此种作为谋杀手段的人在边境地区大量存在以及运送距离很近的事实，基于刑罚的经济性原则，对其不予以本罪定罪处罚，而对其进行行政处罚即可。但是，对于经行政处罚后又实施运送的，或者多次实施运送行为的，或者在运送中造成被运送人重伤、死亡的，或者以暴力、威胁方法抗拒检查的，或者在运送中与其他参与人积极配合绕过检查站躲避检查的，则应以本罪的共犯论处；二是对于不属于第一种情况的（包括从边境处接运以及属于边民的身份等）而实施运送行为的实行犯，由于其运送的地段不处于紧邻边境附近且不具有边民的身份，因而缺乏不可罚性的刑事政策可以利用，同时此时的实行犯一般利用的是面包车或者大客车实施运送，且运送距离较远，所以应一律对其依本罪定罪处罚。

三、本罪主犯与从犯的认定

就共同实施运送他人偷越国境犯罪的形式而言，目前的司法实践表明，一般的共同犯罪在中越边境地区占绝对多数，作为犯罪集团这种特殊的共同犯罪形式则少见（近年来甚至没有出现），因此，在区分本罪主犯与从犯的问题上，按照实践中本罪一般的共同犯罪形式并依刑法总则的相关规定展开探讨即可。

（一）多人参与运送情形下主从犯的划定

在多人参与运送且存在明确分工的情形下，主犯与从犯的划分可以从如下几个方面分别进行判定：

一是出现多个教唆犯的场合，将第一个发动他人实施运送犯罪的人认定为主犯。因为，教唆的本质就是唆使没有犯罪意图的人产生犯罪意图，本罪的发生不仅因其首先发起而引发，而且也正是其为第一个发动的人，所以为了成功完成运送偷渡人的行为，其往往需要或必须与其他参与人员就具体的运送偷渡人各种事宜分别进行谋议，包括运送人员的安排、调度以及拟定运送偷渡人的时间、地点，等等。由此，其无疑在共同犯罪中起主要作用。至于其他教唆犯的地位，应分情形分别处理。对于中间层次的教唆犯，如果其只是单纯地实施了教唆的行为，而没有参与具体的运送行为或者没有提供运送的帮助行为，一般可以不认定其为主犯，但如果采取强制性的教唆方法教唆他人参与运送的，则应认定其为主犯。对于最后一个教唆者，由于其直接引起了运送的实行行为，因此一般可以将其认定为主犯。另外，对于第二层次之后的教唆犯，如果是受上一层次教唆犯的胁迫而实施教唆行为的，一般应认定其为从犯（可以按照胁从犯处理）。

二是出现既是教唆犯又是实行犯的场合，应当将既教唆他人参与运送又亲自实施运送犯罪的人认定为主犯。因为，其在共同犯罪中所起的作用之大十分明显，因而可以直接认定其为主犯。值得注意的是，即使行为人的教唆行为处于第二层次或者第三层次之后，也应因其存在既教唆又实行的双重行为，而将其认定为主犯。例如，甲被他人教唆运送偷渡人，甲安排乙，乙又请求丙协助实施，于是乙与丙共同接运偷渡人后交给了甲。此种情况下，虽然乙的教唆行为处于第三层次（最后层次），但其同时积极参与了运送的实行行为，其不仅完成了预定的任务，而且为其他行为人最后能够成功将偷渡人运送至目的地提供了有力的支持。

三是对于在他人教唆下积极参与运送的实行犯，可以认定为主犯。有学者指出，在复杂的共同犯罪中，教唆犯的教唆行为，帮助犯的帮助行为，都只有通过实行犯的实行行为才能完成共同预期的犯罪。没有实行犯，就不可能有复杂的共同犯罪的存在，因而可以说实行犯是共同犯罪的核心。[①] 可见，实行犯在共同犯罪中所起的作用是比较明显的。当然，在他人的教唆下而实施犯罪行为的实行犯，其并不一定在共同犯罪中一律处于主犯的地位，只有那些积极参与实施犯罪行为的实行犯才可以或者应当被认定为主犯。就本罪而言，在他人（同一人）教唆下，对于多次实施运送行为，或者运送人数众多，或者出境将偷渡人运送入境的实行犯，均可以或者应当

---

① 参见马克昌主编：《犯罪通论》，武汉大学出版社 2006 年版，第 545—546 页。

将其认定为主犯。另外，对于只有实行犯与帮助犯的共同实施运送犯罪的场合，当然只能由实行犯承担主犯的责任。

四是对于不属于犯罪集团的场合，在行为人均为参与实施运送的实行犯（共同正犯）的情况下，将实施共同运送犯罪行为中起组织、策划、指挥作用的人认定为主犯。例如，上诉所举凤某等运送他人偷越国境一案，该案中的被告人凤某与被告人毛某某、王某某、陈某某1合作将偷渡入境的越南籍人员从广西东兴市运送到广东务工，从中谋取利益。凤某安排人员开船运送越南籍偷渡人员到达中国东兴市北仑河边，并在其的安排下，由毛某某负责组织摩托车司机在河边接运偷渡人员到东兴市区内交给王某某，王某某再安排车辆将人运送到港口区交给陈某某1，陈某某1接到人后将其运送至广东茂名。一审法院的最后判决结果为：被告人凤某、阮某某、毛某某、陈某某1、王某某违反出入国境管理法规，非法运送他人偷越国境，人数众多，其行为均已构成运送他人偷越国境罪。被告人凤某在共同犯罪中起主要作用，是主犯，应当按照其参与的全部犯罪处罚。被告人阮某某、毛某某、陈某某1、王某某在共同犯罪中起次要作用，是从犯。① 应当说本案中所列的各被告人，在“合作”之下均实施了运送他人偷越国境的犯罪行为，且也均表现出了应有的积极性，各自在共同犯罪中所起的作用大小似乎相当，因而可以作出不划分主从犯的处理。但是，总体上被告人凤某与其他几个“合作者”相比，其在共同犯罪中所起的作用无疑要大于其他被告人。因为凤某在与其他被告人的“合作”中，明显居于组织、策划、指挥者的地位。综合本案的事实，其具体表现为：一是凤某单方保持与越南“合作者”的联系，是否有需要运送的偷渡人员以及运送行为是否开始，其第一时间知晓并首先由其发动；二是凤某一旦得知有越南籍偷渡人员运送，即分别电话通知被告人毛某某、王某某、陈某某1做好接运准备，并安排人员开船运送越南籍偷渡人员到达中国东兴市北仑河边；三是正式接运偷渡人前，凤某先让

① 参见广西壮族自治区东兴市人民法院（2017）桂0681刑初197号刑事判决书。

被告人毛某某确定偷渡人入境的时间和地点，当毛某某电话告知其偷渡人员入境的时间和地点后，凤某随即电话告知越南一方运送人员过境的时间和登岸地点。基于上述分析，笔者认为，法院将本案被告人凤某认定为主犯，将被告人阮某某、毛某某、陈某某1、王某某认定为从犯，是完全正确的。

（二）共同犯罪人没有全部归案情形下主从犯的划定

实践中，共同参与实施运送犯罪的行为人中，有的往往没有到案，特别是作为共同犯罪中起重要作用的人缺席的情况下，对于到案的行为人如何认定主从犯的问题，实践中存在一定的困惑并产生较大的分歧意见，从而有必要作一深入的探讨。例如，上述所举裴某某等运送他人偷越国境案，被告人裴某某接受越南女子“阿某1”（另案处理）的请托，让其当晚帮接运三名非法入境人员准备前往越南。随后裴某某将联系方式交给被告人林某某，并让林某某驾车到南宁接运非法入境人员返回东兴市。公诉机关指控在共同犯罪中裴某某是主犯，林某某是从犯。在庭审中，被告人裴某某的辩护人则提出裴某某是从犯，最后法院认为在运送他人偷越国境共同犯罪中，被告人裴某某起主要作用，是主犯，应当按照其所参与的全部犯罪处罚；被告人林某某在共同犯罪中起次要作用，是从犯。①

本案实际上并不复杂，参与运送的人共为三人，即“阿某1”及被告人裴某某、林某某。从分工来看，“阿某1”及被告人裴某某均属于教唆犯，被告人林某某则为实行犯。在“阿某1”没有到案的情况下，本案究竟是否需要划分主从犯，如果需要划分，那又究竟谁是主犯，所以，虽然本案案情简单，但是在关于主从犯划分的问题上，却不容易分辨，而是需作细致的分析。根据《刑法》第29条规定，教唆他人犯罪的，应当按照他在共同犯罪中所起的作用处罚。所谓“按照他在共同犯罪中所起的作用处罚”，是指教唆犯在共同犯罪中具体所体现的作用大小不能一概而论，在教唆者实

---

① 参见广西壮族自治区东兴市人民法院（2018）桂0681刑初39号刑事判决书。

施了被教唆的罪而与教唆犯成立共同犯罪的情况下，其如果是起主要作用的，就应以主犯处罚；反之，如果其是起次要作用的，就作为从犯处罚。由于教唆犯被称为“造意犯”，是犯意的发起者，也是故意引起他人产生犯罪的决意或者故意唆使他人实行犯罪的人，所以理论上一般认为，教唆犯在共同犯罪中通常起主要作用，而审判实践对教唆犯一般都作为主犯处罚。[①]但是也有学者反对这种一概而论的做法。该学者认为，将教唆犯一概视为主犯或一概视为从犯的观点，有悖刑法规定。其进一步指出，司法实践一概将教唆犯作为主犯、对教唆犯的量刑重于正犯的做法，产生了诸多弊害（如必然导致诸多冤假错案），因而应当杜绝。[②]

笔者认为，反对者的观点是值得重视的。因为，虽然没有教唆犯的教唆就不会有实行犯的产生，但就仅此确立教唆犯在共同犯罪中的主犯地位未免有些失当。关于教唆犯在共同犯罪中的地位，应当综合考虑以下情形作出判断：一是教唆犯实施教唆行为时所使用的方式。如果使用诸如命令、威胁、强迫等带有强行性的方式教唆的，由于实行犯几乎处于被胁迫的地位，二者在共同犯罪中的作用反差十分明显，此时可以肯定教唆犯的主犯地位。如果教唆犯使用劝说、引诱、请求或者挑拨等方法教唆的，由于实行犯基本处于与教唆犯平等的地位，此时是否认定教唆犯为主犯就要十分慎重。二是教唆犯所处的层次。实践中，有的共同犯罪往往存在多个教唆犯，而且有层次之分。例如，甲教唆乙犯罪，乙答应后又教唆丙具体实施犯罪。在这种情况下，甲与乙均为教唆犯，亦即甲是发动乙犯罪的人，而乙是发动丙犯罪的人。此时甲与乙在共同犯罪中的地位，究竟是均为主犯还是只认定甲为主犯，应当最主要考虑的是乙所处的层次。由于乙是被甲教唆犯罪的，尽管其又教唆了丙实施具体的犯罪，但乙的性质应为从犯的教唆，所以在

---

① 参见高铭暄、马克昌主编：《刑法学》，北京大学出版社、高等教育出版社2017年版，第178页。

② 参见张明楷：《刑法学（上）》，法律出版社2016年版，第454页。

乙采用劝说、引诱、请求等温和方法实施教唆的情况下，对于乙的教唆行为可以评价为在共同犯罪中起次要作用（或者与丙处于相等作用）。三是实行犯被教唆时及被教唆后的表现。如果实行犯被教唆时立即答应，且之后按照教唆犯的要求积极配合而实施了具体犯罪的，可以肯定实行犯在整个共同犯罪中所起的作用并不低于教唆犯。同时，根据吸收犯关于主行为（实行行为）可以吸收从行为（教唆行为、帮助行为）的一般理论，在肯定实行犯所起的作用并不低于教唆犯的前提下，此时也可以将教唆犯评价为从犯（或者与实行犯地位相等）。

就本案而言，被告人裴某某是受“阿某 1”的教唆产生犯意的，虽然其又教唆被告人林某某实施了具体的运送他人偷越国境的犯罪行为，但其教唆行为处于第二层次，其教唆被告人林某某时并没有采取强行性的教唆方法，而且也没有具体参与运送的实行行为。同时，从（2018）桂0681 刑初 39 号刑事判决书所载明的本案经庭审质证所确认的客观事实来看，被告人林某某于 2017 年 8 月 25 日凌晨从南宁市琅东收费站附近接到 3 名被运送人员，在返回东兴市的途中其驾车还绕过横江检查站以躲避检查，林某某明显表现出了积极实施犯罪的行为。另外，越南女子“阿某 1”付给被告人裴某某的报酬是 900 元 / 人，被告人裴某某让被告人林某某到南宁拉三个人回东兴给其的报酬为 450 元 / 人。可见，两个人对所获的报酬是均分的。综上，被告人裴某某的辩护人提出被告人裴某某属于从犯的辩解并不是没有道理的。笔者认为，综合本案的案情，对于被告人裴某某和林某某在共同犯罪中的地位问题，相对比较科学的解决方案是：（1）与教唆者“阿某 1”相比，二者均可认定为从犯；（2）也可以作不划分主从犯的处理。

第五节　本罪既遂与未遂的划分标准

一、本罪既遂与未遂的既有观点

在本罪既遂与未遂的认定上，理论界一般认为以被运送人是否跨越国境作为既遂与未遂划分的标准。如有学者认为；“被运送者非法出境或者入境是本罪的既遂标志。”[①]而在实务界，对本罪既遂与未遂问题的争论较为激烈，出现了多种不同的意见。第一种观点认为，本罪是举动犯，因而行为人一旦着手实施运送行为的，则为既遂。例如，运送偷越人的车辆关闭车门并发动时，即为既遂。第二种观点认为，本罪系行为犯，行为人只要实施了运送行为，不论偷越人是否被运送成功出入境，均成立本罪的既遂。例如，行为人在运送偷越人的途中被查获的，即为既遂。第三种观点认为，本罪系结果犯，应以运送的偷渡人员是否越过国境线作为区分本罪既未遂的标准，亦即只有将偷越人实际运送出境或者入境才会产生危害后果，此时才为既遂。在实践中，持此种观点的占绝大多数。例如，前述黄某雄、黄某志等运送他人偷越国境一案，一审法院认为，本案中，2014 年 9 月 1 日晚运送的 12 名偷渡人员已经偷越过国境线至越南国内，该犯罪行为属既遂；2014 年 9 月 2 日运送的 12 名偷渡人员尚未越过国境线即在宁明县境内被查获，该犯罪行为属未遂；[②]第四种观点认为，本罪非行为犯，基本犯应以运送的偷渡人员是否越过国（边）境线作为既遂与未遂的标准，但加重犯情形下则无既遂与未遂之分。例如，前述所举林某某等组织他人偷越国（边）境、

① 张明楷:《刑法学（下）》，法律出版社 2016 年版，第 1114 页。

② 参见广西壮族自治区宁明县人民法院（2015）宁刑初字第 154 号刑事判决书。

运送他人偷越国（边）境一案，该案由广东省广州市南沙区人民法院作出了（2008）南法刑初字第177号的一审刑事判决，该判决认为：被告人程某某、向某某、黄某某3明知他人偷渡而提供汽车运输、指引路线，共同构成运送他人偷越国（边）境罪。一审宣判后，原审被告人程某某、向某某均提出上诉，并均认为其运送偷渡人员的行为尚未越过边境线即被公安机关截获，应为犯罪未遂。二审法院广州市中级人民法院认为，运送他人偷越国（边）境罪并非行为犯，就该罪基本构成“运送他人偷越国（边）境”而言，应以运送的偷渡人员是否越过国（边）境线作为既遂与未遂的标准，但由于该罪规定有加重情节，一旦具备加重构成规定的情节，如本案的“运送人数众多”，即构成加重构成犯，而加重构成犯只有成立与否没有既遂与未遂之分。因此，上诉人程某某、向某某和原审被告人黄某某3运送偷渡人员人数众多，其行为均已构成运送他人偷越国（边）境罪既遂。[①]

另外，对于偷越人已经入境我国后实施运送的情形，其既遂与未遂标准的划分，实践中也出现了多种不同的处理意见，总结起来大致有以下五种：第一种意见认为应以被运送人是否上车作为既未遂认定的标志，即上车之后被查获的为既遂，上车之前被查获的则为未遂；第二种意见认为，应以运送车辆的车门是否关闭为本罪既未遂的标志，即被运送人完全上车之后且车门关闭时被查获的为既遂，反之，车门尚未关闭时被查获的则为未遂；第三种意见认为，应当以运送的车辆是否启动作为认定本罪既未遂的标准，即运送车辆一旦启动（无论行使距离远或近），此时被查获的即为既遂，否则为未遂；第四种意见认为，应以运送车辆是否运出边境管理区来认定，亦即运送车辆一旦出边境管理区即为既遂，反之为未遂；第五种意见认为，应以将被运送人是否运送到达目的地来认定，即运送到达目的地的为既遂，在运送到达目的地之前的过程中被查获的为未遂。

① 参见广东省广州市中级人民法院（2009）穗中法刑一终字第13号刑事判决书。

二、本书的立场

笔者认为，关于本罪既遂与未遂的认定问题，应当首先对其犯罪形态作出确定，即本罪究竟是举动犯、行为犯，抑或结果犯。所谓举动犯，是指行为人只要着手实施刑法分则规定的某种具体犯罪的实行行为就构成犯罪既遂的情形。因此，在举动犯的情况下，只要查明行为人是否着手实施了某种犯罪的实行行为，即可认定其既遂。所谓行为犯，是指行为人实施刑法分则规定的某种具体犯罪行为在达到一定程度时为既遂的犯罪。综合学者们的观点，行为犯一般具有以下几个特征：（1）行为犯的既遂并不要求造成物质性的和有形的犯罪结果，而是以法定行为的完成为标志。所谓法定行为的完成，是指在着手实行犯罪的情况下，如果达到了法律要求的程度就是完成了犯罪行为，就应视为犯罪的完成即既遂的构成。[①]（2）行为犯与举动犯不同，举动犯的既遂以着手实行犯罪为标志，而行为犯只有当实行行为达到一定程度时，才能过渡到既遂状态。[②]（3）行为犯并非不能发生一定的危害结果，而是由于这种犯罪行为本身性质就十分严重，法律规定不以发生一定的犯罪结果的犯罪构成要件，一定的犯罪结果发生与否，只是量刑时考虑的情节。[③]可见，举动犯实际属于广义行为犯中的一种，二者的区别在于实行行为的程度不同。所谓结果犯，是指“不仅要实施具体犯罪构成客观要件的行为，而且必须发生法定的犯罪结果，才构成既遂的犯罪。即以法定的犯罪结果的发生与否，作为犯罪既遂与未遂区别标志的犯罪。”[④]亦即行为人实施的行为完成后，如果没有出现法定的结果，即为未遂。同时有必要论及的是，理论上有的认为举动犯和行为犯均不存在犯罪的未完成形

---

① 参见高铭暄主编：《刑法专论（上编）》，高等教育出版社2002年版，第293页。

② 参见马克昌主编：《犯罪通论》，武汉大学出版社2006年版，第499页。

③ 参见陈兴良：《刑法哲学（上）》，中国政法大学出版社2009年版，第269页。

④ 高铭暄、马克昌主编：《刑法学》，北京大学出版社、高等教育出版社2017年版，第149页。另参见陈兴良：《刑法哲学（上）》，中国政法大学出版社2009年版，第272页。

态。在笔者看来，如果肯定举动犯的存在，那么也就应肯定其存在未遂犯罪形态的可能。因为，虽然举动犯是一着手实施犯罪行为就既遂，但是无论如何也会存在一定的过程，只不过与行为犯相比，其需要的过程更短而已。至于行为犯是否存在未遂形态的问题，目前我国学者大多持肯定的观点。例如，马克昌等学者认为，行为犯不同于举动犯。举动犯的既遂以着手实行犯罪为标志，至于着手实行到何种程度，并不影响既遂罪的成立；而行为犯只有当实行行为达到一定程度时，才能过渡到既遂状态。同时，在行为犯中，尽管法律条文并没有将危害结果作为犯罪构成的必要条件，也没有将完成实行行为作为犯罪既遂的标志，但也绝不意味着，只要行为人一着手于犯罪的实行行为，就成为犯罪的既遂形态，而是有一个由量变到质变的过程；[①] 高铭暄等学者认为，行为犯的既遂虽然并不要求造成物质性的和有形的犯罪结果，而是以行为完成为标志，但是这些行为又不是一着手即告完成的，按照法律的要求，这种行为要有一个实行过程，要达到一定程度，才能视为行为的完成；[②] 陈兴良教授虽然将举动犯、程度犯（过程犯）和危险犯统归为行为犯，但认为，程度犯要求将行为实施到一定程度才构成犯罪既遂，因而存在犯罪的未完成形态。[③] 张明楷教授认为，行为犯存在犯罪未遂，只不过行为犯也需要联系法益的侵害来区分既遂与未遂。也就是说，即使刑法理论与司法实践可能难以归纳行为犯的侵害结果内容，但这并不能可以丝毫不顾及行为对法益的侵害与威胁，而是意味着必须通过行为的进程认定其对法益的侵害程度。因此，行为犯是行为与结果同时发生的犯罪。[④]

至于本罪究竟是举动犯、行为犯，还是结果犯的问题，笔者认为应从以下三个方面分析后予以确定：一是对本罪成立的要求。根据《刑法》第321条规定，本罪是指违反国家国境管理法规的规定，运送他人偷越国境

---

① 参见马克昌主编：《犯罪通论》，武汉大学出版社2006年版，第499—500页。

② 参见高铭暄主编：《刑法专论（上编）》，高等教育出版社2002年版，第293页。

③ 参见陈兴良：《本体刑法学》，中国人民大学出版社2011年版，第387页。

④ 参见张明楷：《刑法学（上）》，法律出版社2016年版，第349页。

的行为。从构成特征来看，本罪的客体（保护的法益）是国家对国境的正常管理秩序，客观方面表现为行为人实施了非法运送他人偷越国境的行为，主观方面是故意，且行为人必须明知被运送者是偷越国境的人员。由此，只要行为人明知被运送者是偷越国境的人员而决意实施运送且已实施了运送的行为的，即对国家国境管理秩序的破坏，而构成本罪。也就是说，本罪并不要求行为人一定要将被运送人实际运送出入境或者通过运送人实施的运送行为一定使得被运送人逾越了国境，才会对国家的国境管理秩序造成侵害。二是本罪与组织他人偷越国境罪的区别。虽然二者均是对国境的正常管理秩序的破坏，且均不以营利为目的为必要，但是实施后者犯罪的行为人一定具有组织偷越人成功偷越国境的最终目标，否则其一切的组织行为便无任何实际意义。而实施本罪的行为人并不具有将偷越人实际或成功运送出入境的目标，亦即除了运送人与被运送人事先达成合意直接将被运送人运送出入国境的之外，只要行为人实施了预定的运送行为即为完成，至于偷越人最后是否偷越国境成功，其不属于行为人所追求的最终目标。事实上也的确如此，司法实践中，就运送他人偷越出境的情形而言，运送人与被运送人确定的目的地一般即为处于中越边境我国一侧的某个地点。例如，冯某运送他人偷越国境一案就是例证之一。该案经审理查明，2014年12月24日，被告人冯某驾驶粤Y××××× 小轿车从广东省广州市将阿某某江·阿卜力米提等六名新疆维吾尔族人送往广西凭祥市，途中又将目的地改为宁明县爱店镇交易市场。次日11时，冯某驾车到宁明县爱店公路路段时，发现有边防武警设卡检查就调转车头往宁明县城行驶，后在宁明县汽车站附近被民警拦截，当场从车上查获涉嫌偷渡人员六名。法院认为，被告人冯某违反国家对出入国境管理法规，非法运送他人偷越国境，其行为已触犯《刑法》第321条规定，构成运送他人偷越国境罪。[①] 本案中运送人与被运送人所约定的送往目的地，无论是广西凭祥市，还是广西宁明县

① 参见广西壮族自治区宁明县人民法院（2015）宁刑初字第126号刑事判决书。

爱店镇交易市场，均为我国处于中越边境的城镇，并没有实际出境；三是对实施本罪行为“着手”的认定。由于犯罪的本质是侵犯法益，故没有侵犯法益的行为不可能构成犯罪。不仅如此，即使某种行为具有侵害法益的危险，但这种危险非常微小时，刑法也不可能处罚。因此，只有当行为产生了侵害法益的具体危险状态或者侵害法益的危险达到紧迫程度时，才是着手。[①] 就本罪而言，运送行为对国境正常管理秩序破坏造成的危险，只能是在运送行为开始后的过程中产生，而且对于运送出境的情形是已经运行了一定的距离并到达中越边境附近，对于偷越人已经入境而实施运送的情形则应是交通工具的正式启动。否则，本罪所保护的权益很难谈及面临实际存在的威胁。

据上，将本罪确定为结果犯，是存在疑问的。因为以被运送人是否已偷越国境为标准将本罪划定为结果犯，不仅与本罪的构成要求不符，也与实际脱节。另外，如以被运送人是否已偷越国境作为划定既遂与未遂的标准，那么，本罪在实践中将会产生大量的未遂情形，这无疑有轻纵犯罪之嫌。[②] 例如，上述冯某运送他人偷越国境一案，如果冯某及偷渡者是在已经到达约定的目的地（即广西宁明县爱店镇交易市场）后才被查获，而根据被运送人还没有实际偷越国境而对其仍然认定为犯罪未遂，这样的结论很难具有说服力。笔者主张，根据本罪实践中出现的不同情况，可以将本罪分别划属举动犯和行为犯的范畴，其既遂与未遂的具体认定，可以从运送出境和运送入境两个层面展开。

第一，运送出境。此种情形又分为两种情况。一种情况是从我国内地运送他人出境，这种情况一般需要较长的运送距离。对于运送人与被运送人事先就送达的地点存在商定的，可以将运送到达中越边境附近的双方约

---

① 参见张明楷:《刑法学（上）》，法律出版社 2016 年版，第 342 页。

② 事实上也的确如此。从司法实践看，对于行为人从我国运送他人入境越南的情形，司法机关基本将出境前被查获的情形认定为犯罪未遂，行为人从而获得了从轻或者减轻的处罚。

定的目的地（我国一侧）以及双方商定直接将被运送人运送出境的认定为既遂，因为这两种情况，行为人皆已完成了预定的运送行为，所以均为既遂。当然对于直接运送出境的，应在量刑时酌定从重处罚，以体现公平与公正。对于上述约定没有实现之前被查获的，以未遂处置。值得说明的是，对于双方商定的目的地位于越南境内的，则不适用于上述原则处理。亦即当运送出境后在尚未到达约定的目的地前被查获的，由于已经实际出境，所以此时不能因为被运送的人尚未到达目的地而认定为未遂。例如，陈某某运送他人偷越国境案，经审理查明，2017 年 7 月 16 日 16 时许，被告人陈某某在中国广西东兴市东兴镇北郊社区 14 队码头等客时看见刘某、谢某、黄某（均另案处理），经询问得知刘某、谢某、黄某欲前往越南芒街市“一公里”码头，便招呼刘某、谢某、黄某乘坐铁皮船，后其开船将刘某、谢某、黄某送至北仑河界河中间，再安排刘某三人转乘其丈夫裴某（另案处理）驾驶的铁皮船，由裴某将三人送至越南“一公里”码头。经查，刘某、谢某、黄某均无合法的出入境证件。[①] 本案中运送人与被运送人约定的送达目的地为越南境内的芒街市“一公里”码头，假如在没有到达前就被越南警方查获，显然运送行为已经出境而只能认定为既遂。另外，对于运送人与被运送人事先就送达的地点没有商定的，可以考虑以沿途中的第一个边境检查站作为划定既遂与未遂的界点。亦即只要直接突破检查站或者绕过检查站后被查获的，就为既遂；在此界点之前被查获的，即为未遂。此种情况之所以考虑将第一个边境检查站作为“界点”，主要是因为这个“界点”一般离中越边境线较近，如果运送行为已经突破这个“界点”，那么其对于本罪保护的法益的侵害应当说就具有了实际性或者现实性。

另一种情况是在中越边境线附近将偷越人运送出境，对此应以举动犯处置。亦即运送人一旦启动交通工具并开始有了实际的运行，不管运行距离多远都可认定其为既遂，而被运送人坐上交通工具或者交通工具启动时

① 参见广西壮族自治区东兴市人民法院（2017）桂 0681 刑初 200 号刑事判决书。

被查获的，则为未遂。此种情况之所以以举动犯处置，是因为行为人运送行为的开始点就在中越边境线附近，这种行为一着手实施，就意味着本罪所保护的法益已实际遭受侵害。例如，上述陈某某运送他人偷越国境一案，被告人陈某某是在中国广西东兴市东兴镇北郊社区14队码头将刘某、谢某、黄某三人运送到越南芒街市的“一公里”码头，虽然其开船将刘某、谢某、黄某送至北仑河界河中间，再安排刘某三人转乘其丈夫裴某驾驶的铁皮船，由裴某将三人送至越南“一公里”码头，但显然其运送行为已实际开始，已经侵害了我国国境的正常管理秩序，因而无疑是犯罪的既遂。

第二，运送入境。此种情形又包括从越南直接运送入境及从中越边境接运入境两种情况。对于第一种情况，由于在越南境内所实施的运送行为无法掌控，所以一般是运送人将偷越人运送至我国境内后才将其查获。例如，阮某某运送他人偷越国境案，经审理查明，2017年2月22日，被告人阮某某接到他人电话，让其运送几名越南籍人员过境，阮某某遂驾船到越南广宁省芒街市竹角码头接到偷渡人员莹某世、莹某撒菲、邓某1（三人均另案处理），后又驾船搭乘三人往中国方向驶去，当船停靠在中国东兴市东兴镇12队码头时，四人被民警当场抓获。经查，莹某世、莹某撒菲、邓某1均无合法的出入境证件。[①] 此案无疑将被告人阮某某认定为既遂，但如果通过中越双方的合作，阮某某的运送行为是在越南境内的某个点被查获的，那么也可以以本罪属行为犯为由将其认定为犯罪的既遂。

对于第二种情况，实践中一般表现为偷越人已经入境我国境内，运送人受他人雇请或者偷越人本身的请求而将其送往我国内地的某个目的地（一般为务工），此时应当将本罪的行为人以举动犯对待。因为行为人运送行为开始的地点就在中越边境我国一侧的附近，其一旦开始实施运送的行为就实际侵害了国家的国境正常管理秩序。至于此种情形下既遂与未遂的具体划定问题，由于实践中出现了上述众多的不同处理意见，所以在此有必要

① 参见广西壮族自治区东兴市人民法院（2017）桂0681刑初196号刑事判决书。

一一进行回应。

首先，上述第一种意见和第二种意见认为应以被运送人是否上车或者以运送车辆的车门是否关闭作为既遂、未遂认定的标志，笔者认为，被运送人上车之后或者车门已经关闭的，其只能是说明运送行为的准备就绪，而不能作为运送行为已实际开始的征表。而且，这种准备就绪的状况不能证明本罪所保护的法益实际遭受到了侵害，所以将这两种状况认定为既遂并不恰当。

其次，上述第四种意见认为，应以运送车辆是否运出边境管理区作为既遂与未遂的划分标准，笔者认为该种观点虽然具有一定的建设性，但是由于目前对于“边境管理区”这一概念并没有上升到刑法的层面予以规定（亦即不具有刑法意义），因此以运送车辆是否运出边境管理区作为既遂与未遂的划分标准，也并不适宜。更何况在边境管理区内实施本罪的行为，其无疑已经侵害了国家对国境的正常管理秩序，一定要将运出边境管理区后才认定为既遂，这未免过于勉强。

最后，上述第五种意见认为应以将被运送人是否运送到达目的地来作为既遂与未遂的划分标准，应当说，由于该种意见将本罪既遂的界点过于延后而受到了很多的质疑，但是实践中也有赞成此种意见的案例，如前述陆某组织他人偷越国境一案便是例证。虽然该案中的陆某被定性为犯组织他人偷越国境罪，但是其作为组织行为中的运送行为却因为未将被运送人送到目的地而被认定为未遂，从而以组织他人偷越国境共同犯罪的从犯处理。该案经审理查明的事实及法院的处理结果为：2015 年年底，被告人陆某在广东省佛山市南海大沥镇的一个工厂打工，工厂老板让其过年后带几个人到厂里做工就让其做领班。同厂的工友“阿里”得知后，便主动提出可以帮找做工的人。工厂放假时，“阿里”告知被告人陆某已联系好做工的人。2016 年 1 月 26 日，“阿里”用一个越南电话号码打给被告人陆某商定 2016 年 2 月 25 日由被告人陆某到那坡县百省乡那布村那布屯接做工的人。2016 年 2 月 24 日下午，被告人陆某到莫某家雇请莫某第二天开车接几个人一起去广东。2016 年 2 月 25 日下午，被告人陆某与莫某驾驶莫某粤 Y×××××

黑色面包车到那坡县百省乡那布村那布屯一公路旁接人，在得知这些人都是越南人后，被告人陆某仍带上车前往广东务工。2016 年 2 月 26 日，莫某驾驶搭乘被告人陆某和 15 名越南籍人员的车辆途经广西靖那高速那坡服务区时被那坡县公安民警当场抓获。法院最后虽然认为陆某构成组织他人偷越国境罪，但同时认为在本案共同犯罪中被告人陆某只是实施了运送行为，并且运送行为属于未遂，因此被告人陆某的犯罪行为在共同犯罪中只起从属、次要的作用，系从犯。① 笔者认为，以将被运送人是否运送到达目的地来作为既遂与未遂的划分标准，不仅不符合本罪的构成特征，而且有轻纵犯罪之嫌，因而不可取。

笔者赞同上述第三种意见，即应当以运送的车辆是否启动作为认定本罪既未遂的标准，即运送车辆一旦启动（无论行使距离远或近），此时被查获的即为既遂，而将在此之前的诸如被运送人已上车完毕、车门已经关闭以及运送车辆发动等行为均确定为未遂。因为，运送车辆一旦开始运行，就同时证明本罪所保护的法益实际遭受到了侵害。

第六节　本罪的罪数形态

一、本罪的想象竞合犯

在运送过程中，行为人违反交通运输管理法规，因而发生重大事故，致人重伤、死亡或者使公私财产遭受重大损失的，既成立交通肇事罪，又构成本罪，属于一行为触犯不同的数罪的情形。因二罪对应的法条不存在竞合，所以应属于想象竞合，对行为人应按想象竞合犯处理。因运送过程中

① 参见广西壮族自治区那坡县人民法院（2016）桂 1026 刑初 37 号刑事判决书。

造成被运送人重伤、死亡属于本罪的第二层次的加重处罚情节，处七年以上有期徒刑，所以在不存在“逃逸致人死亡”的情形下，本罪为重罪，应以本罪论处。此外，根据我国《刑法》第113条之一的规定，在道路上驾驶机动车，从事旅客运输，严重超过额定乘员载客，或者严重超过规定时速行使的，构成危险驾驶罪。那么，在运送过程中，行为人载送的偷越人数严重超过交通工具的额定乘员数，或者严重超过规定时速行使的，显然在构成本罪的同时又构成危险驾驶罪。因为该罪客观方面的“从事旅客运输”，应该理解为既包括从事合法的旅客运输也包括从事非法的旅客运输的行为；“旅客”应理解为既包括合法乘坐交通工具的人也包括非法乘坐交通工具的人。如果将“从事旅客运输”仅限定为从事合法的旅客运输以及将“旅客”仅限定为合法乘坐交通工具的人，那么非法的旅客运输行为便无从调控，而非法乘坐交通工具的人的合法权益也将无法得到保护。所以，运送人在实施运送他人偷越国境的过程中，符合上述情形的，应当构成危险驾驶罪，并且也是属于一行为触犯不同的数罪的行为，行为人应成立想象竞合犯而对其择一重罪处罚。由于危险驾驶罪唯一的主刑刑种是拘役，因此本罪无疑为重罪，应按本罪论处。

二、本罪数罪并罚的情形

根据《刑法》第321条第3款规定，对被运送人有杀害、伤害、强奸、拐卖等犯罪行为，或者对检查人员有杀害、伤害等犯罪行为的，依照数罪并罚的规定处罚。据此，凡是对被运送人和检查人员实施上述犯罪行为的，均应以故意杀人罪、故意伤害罪、强奸罪、拐卖妇女、儿童罪与本罪实施数罪并罚。同时，由于该款有“等犯罪行为”的兜底性规定，且在加重情节中没有规定诸如剥夺被运送人人身自由（运送人为了完成组织者交给的运送任务，不排除运送人在某种特殊情形下实施剥夺被运送人人身自由的行为的可能）等的情形，因此，除故意杀人罪、故意伤害罪、强奸罪、拐卖妇女、儿童罪外，行为人对被运送人和检查人员实施的非法拘禁罪、侮辱罪等犯罪行为的，也应与本罪实施数罪并罚。另外，根据第 321 条第 2 款规定，以暴力、威胁方法抗拒检查的属于本罪第二层次的加重情节之一，因此，对于以暴力、威胁方法抗拒检查的行为人，不再以妨害公务罪与本罪实施数罪并罚。但是，以暴力抗拒检查妨害公务的行为不包括造成检查人员轻伤以上的情形，否则即应以故意伤害罪与本罪并罚。

此外，如果运送人直接出境接运偷越人入境或者直接将偷越人运送出境外且情节严重的（如三次以上运送），其同时构成偷越国境罪。有学者认为，运送者自己有偷越国境的意思，将他人运送目的地后，自己也不再返回国境以内的，构成偷越国境罪，应与本罪并罚。[①] 笔者认为，该观点关于运送人成立偷越国境罪的标准是值得商榷的。因为，运送人将他人直接运送出国境或者出境接运偷越人的情形，其构成偷越国境罪，并不需要运送人不返回国境内为要件，只要运送人实施偷越国境的运送行为符合偷越国境罪的情节严重之一的，即可构成该罪。那么此种情形应如何处理，实践中存在两种不同的处理意见。一种意见认为，偷越国境是方法（手段）行为，运送是目的行为，二者形成了牵连关系，对行为人应按牵连犯处理；另一种意见则认为，行为人实施了运送与偷越国境两个行为，是数行为数罪，应实施数罪并罚。笔者赞成后一种意见。因为运送人直接出境接运偷越人入境或者直接将偷越人运送出境外的情形，在实践中并不常见或多见，而且此种情形一般是在运送人与组织者或者偷越人本人事先存在特别约定的情况下而出现（否则运送人一般不会多此一举）。由此可见，以偷越国境的方法实施运送的行为，不具有通常性、当然性或者紧密性，这与牵连犯的一般理论不符。亦即二者不成立牵连关系，因而对构成两罪的行为人不以牵连犯处置，而是实施数罪并罚。

① 参见周光权:《刑法各论》，中国人民大学出版社 2011 年版，第 354 页。

第三章

偷越国境罪

第一节 本罪“情节严重”的理解及其认定

根据《刑法》第 322 条规定，本罪是指违反国境管理法规，偷越国境，情节严重的行为。由此，偷越国境的行为，必须达到情节严重才构成本罪，对一般情节的偷越国境行为不以本罪论处。根据《解释》第 5 条规定，本罪的情节严重是指符合如下情形之一：（一）在境外实施损害国家利益行为的；（二）偷越国境三次以上或者三人以上结伙偷越国境的；（三）拉拢、引诱他人一起偷越国境的；（四）勾结境外组织、人员偷越国境的；（五）因偷越国境被行政处罚后一年内又偷越国境的；（六）其他情节严重的情形。那么上述六种情形在实践中应当如何具体把握和理解，成为重要的问题。

一、对“在境外实施损害国家利益行为”的理解

由于本罪的情节严重中有“偷越国境三次以上”的情形，那么偷越国境后“在境外实施损害国家利益行为”的行为次数当然为一次就满足该“情节严重”。此处的“境外”包括我国大陆与港、澳、台地区在行政区划上的交界之外以及我国与外国的国界之外。“在境外实施”的行为主体，只能是偷越国（边）境的我国大陆人员，不包括港、澳、台地区以及外国人（包括无国籍人）。所谓“国家利益”，是指包括港澳台在内的我国的国家利益，

不包括外国国家利益。

由于行为人偷越国境后实施损害的利益是我国“国家利益”，因此在此种“情节严重”情形下，厘定“国家利益”的范围就成为认定本罪的关键。由于利益包括国家利益、社会（公共）利益和个人利益，同时利益又包含政治的、经济的、军事的、文化的等多种利益，因此，在诸多的利益内容或成分中，尤其是国家利益和社会（公共）利益的边界不清晰的情况下，划定出哪些属于国家利益，应当说是一件较为棘手的事情。笔者暂且以我国刑法分则保护的法益为例，从中划分出本罪“国家利益”的大致范围。在国外，诸如意大利、德国、日本等国的刑法典大都采用按国家法益、社会法益、个人法益的顺序编排的立法例，[①] 所以其对“国家法益”的范围的确定已经非常明确。由于我国刑法分则的编排并没有依照国家法益、社会法益、个人法益的顺序进行，而是以犯罪的同类客体（法益）为分类标准，并大致或者原则上以犯罪的危害程度由重到轻的顺序进行编排的，所以，究竟哪些罪侵害的客体（法益）是国家法益，又究竟哪些罪侵害的客体（法益）是社会（公共）法益，需要在理论上进行甄别并予以确定。近年来，我国学者也不乏一改传统的刑法各论的编排体系，将刑法分则的十大同类犯罪分别按照个人法益、社会法益及国家法益进行编排，形成了全新的刑法各论体系。例如，周光权教授早在 2003 年就在其教科书《刑法各论讲义》中进行了这方面的尝试，而其另一精品教材《刑法各论》亦继续采用这一编排体系。在该书中，他将侵犯公民人身权利、民主权利罪和侵犯财产罪置于侵害个人法益的犯罪中，将危害公共安全罪、破坏社会主义市场经济秩序罪和妨害社会管理秩序罪置于侵害社会法益的犯罪中，将侵害国家作用的犯罪（贪污贿赂罪、渎职罪）和侵害国家存在的犯罪（危害国家安全罪、危害国防利益罪、军人违反职责罪）置于侵害国家法益的犯罪中。[②] 又如，李晓明教

---

① 参见周光权：《刑法各论》，中国人民大学出版社 2011 年版，第 5 页。

② 参见周光权：《刑法各论》，中国人民大学出版社 2011 年版，第 5—6 页。

授主编的《中国刑法罪刑适用》一书，也同样采用了侵犯个人法益的犯罪、侵犯社会法益的犯罪和侵犯国家法益的犯罪的编排体系，只不过与周光权教授不同的是，其将破坏社会主义市场经济秩序罪中的走私罪和危害税收征管罪以及妨害社会管理秩序罪中的妨害司法罪与妨害国（边）境管理罪，划归为侵犯国家法益的犯罪一类中。①

笔者认为，上述分类的标准均无疑表现出了其合理性，当然也都存在一定的瑕疵，应当说它们对“国家法益”范围的厘定还没有完全达到准确或完满的程度。比如，妨害文物管理罪中的故意损毁文物罪，故意损毁名胜古迹罪，倒卖文物罪，抢夺、窃取国有档案罪以及妨害公共卫生罪中的妨害国境卫生检疫罪等，其所侵犯的法益无疑是国家法益，上述标准显然没有将其涵括到“国家法益”之中。由上，在不具有其他情节严重情形的情况下，行为人只要偷越国境实施了（而且能够在境外实施）危害国家安全罪、危害国防利益罪、危害国家军事利益罪（军人违反职责罪）、贪污罪、渎职罪、走私罪、危害税收征管罪、妨害司法罪以及故意损毁文物罪、故意损毁名胜古迹罪、倒卖文物罪、抢夺窃取国有档案罪、妨害国境卫生检疫罪等所保护的法益的行为的，即可构成本罪。如果行为人偷越国境实施损害国家法益之外的法益的，即不成立本罪，如成立相关罪的则以相应的犯罪处理。例如，行为人一次偷越国境赌博的，显然不构成偷越国境罪，如构成赌博罪的只成立赌博罪一罪，因为赌博行为侵害的是社会法益。当然，从文义解释来看，“在境外实施损害国家利益行为”应当理解为行为人偷越国境后已经着手实施或者已经完成了损害国家利益的行为，此时往往或应当会构成相关的犯罪。而除了为参加恐怖活动组织、接受恐怖活动培训或者实施恐怖活动偷越国境的之外，本罪的法定刑最高为一年有期徒刑，因此，只有在偷越国境损害国家利益的行为不构成相关犯罪的情况下，才成立本罪，并仅以本罪处罚。

① 参见李晓明主编：《中国刑法罪刑适用》，法律出版社2005年版，第34—43页。

值得探讨的是，对于偷越国境实施旨在损害国家形象的行为，是否属于"国家利益"的范畴，对此的认定实践中存在不同的意见。例如，许某义偷越国境一案，该案由广西壮族自治区德保县人民法院作出一审判决，认定被告人许某义构成偷越国境罪。被告人许某义不服一审判决，向广西壮族自治区百色市中级人民法院提起上诉，其上诉的理由是其不构成偷越国境罪。该案一审和二审的基本情况为：①

原判认定：2000年，被告人许某义之子许某才坠楼身亡，经自治区、市、县三级公安机关调查认定，许某才系非他杀死亡。许某义对调查结论不服，并多次在国内上访，但未得到自己满意的结果。2016年3月中旬，被告人许某义在未办理任何出入境证件的情况下，从靖西市龙邦镇护龙村排干屯39号国境线2号界碑偷越国（边）境到越南，意图到中国驻越南大使馆上访，制造国际影响。3月19日，许某义步行至越南河内市一家车站，书写上访材料，欲公开寻求国外媒体采访曝光。后来许某义于3月21日到中国驻越南河内大使馆寻求人身安全保护，并称要向中国政府提交上访材料。4月12日中国驻越南河内大使馆将许某义遣送回国。原审法院认为，被告人许某义因对公安机关有关许某才死亡的调查结果不服进而上访，但其应遵守我国法律，通过合法途径表达自己的诉求。现被告人许某义采用偷越国（边）境的方式，到越南上访，欲制造国际影响，已构成违法犯罪。许某义违反国（边）境管理法规，偷越国（边）境，情节严重，其行为构成偷越国（边）境罪。判处有期徒刑十一个月，并处罚金人民币1000元。

许某义提起上诉，称其行为不构成偷越国（边）境罪，请求二审法院依法改判。二审法院认为，上诉人许某义未办理出入境手续，偷越国境，情节严重，违反我国边境管理制度，其行为构成偷越国（边）境罪。且一审法院认定事实清楚，定罪及适用法律正确，量刑适当，审判程序合法。遂

① 参见广西壮族自治区百色市中级人民法院（2016）桂10刑终317号刑事裁定书。

作出了驳回上诉，维持原判的裁定。

应当说，仅从此案法律文书所陈述的内容我们很难看出一、二审法院认定许某义构成本罪的真正依据，因为其只是认为被告人属于“情节严重”，但并没有注明属于《解释》中已明确规定的哪种情形的情节严重，而且也没有表明是否为其他情节严重的情形。由此，被告人许某义提起上诉称其不构成本罪并不是没有任何道理。因为，从此案所查明并确认的事实来看，被告人只是一次偷越国境，不存在三人以上结伙偷越国境的情形，不存在拉拢、引诱他人一起偷越国境的和勾结境外组织、人员偷越国境的行为，同时也不属于因偷越国境被行政处罚后一年内又偷越国境的情形。不过，仔细辨析之下，此案的判决结果要认定被告人构成本罪，其根据只能是被告人“在境外实施损害国家利益的”这一情节严重的情形。那么，在没有表明被告人的行为符合“其他情节严重的情形”的情况下，就只能肯定法院作出的认定是根据“在境外实施损害国家利益的”情形。实际上，被告人偷越国境到越南所实施的旨在“制造国际影响”的系列行为，无疑是对我国国家利益的损害。

值得注意的是，《刑法修正案（九）》对本罪作出了修改补充，即增加了“为参加恐怖活动组织、接受恐怖活动培训或者实施恐怖活动，偷越国（边）境的，处一年以上三年以下有期徒刑，并处罚金”的内容。而这一增加的内容不要求有“情节严重”的限制，因为以“涉恐”为目的的偷越国境的行为，其本身就是情节严重的直接体现。但是这一内容是否与“在境外实施损害国家利益行为”的严重情节情形存在重合之处，是需要厘清与厘定的问题。在实践中，有的人就认为，根据《反恐怖主义法》第3条第1款的规定，本法所称恐怖主义，是指通过暴力、破坏、恐吓等手段，制造社会恐慌、危害公共安全、侵犯人身财产，或者胁迫国家机关、国际组织，以实现其政治、意识形态等目的的主张和行为。其中“胁迫国家机关、国际组织，以实现其政治、意识形态等目的的主张和行为”实际属于国家利益的范畴，因而为参加恐怖活动组织、接受恐怖活动培训或者实施恐怖活动，而偷越国（边）境的行为，其实质就是在境外实施损害国家利益的行为，因此刑法如此规定是与一般偷越国（边）境犯罪关于在境外实施损害国家利益这一情节严重的情形相互矛盾的，从而导致刑罚适用上的困难。笔者认为，按照上述学者关于国家法益与社会法益的分类标准，恐怖活动犯罪侵害的法益属于社会法益的范畴，因此二者并不矛盾，二者的内容也并不存在重合的问题。同时，即使有部分内容存在重合或者矛盾，但所谓“在境外实施损害国家利益行为”，是指行为人在境外已经完成了损害国家利益的行为，是就实然的层面而言的，而所谓“为参加恐怖活动组织、接受恐怖活动培训或者实施恐怖活动，偷越国（边）境的”，是指行为人偷越国境的目的是参加恐怖活动组织、接受恐怖活动培训或者实施恐怖活动，显然是应然的层面，亦即行为人尚未实施恐怖活动。由此，《刑法修正案（九）》对本罪作出的上述修改补充部分内容并不与“在境外实施损害国家利益”的内容相冲突。

二、“偷越国境三次以上”的理解及其认定

应当说，对于“偷越国境三次以上”的内涵并不难理解。《解释》将“偷越国境三次以上”与“三人以上结伙偷越国境”作为并列的情形在同一“严重情节”中规定，因后者在人数上要求为三人以上而没有次数的要求（偷越一次即可），所以，所谓“偷越国境三次以上”，就是指行为人一人或者二人偷越国境三次以上（包括本数三次）的情形，亦即只要行为人一人偷越国境三次以上，即构成本罪。而且，二人偷越国境的情形，该二人肯定属于结伙，但其也要偷越国境三次以上，才能构成本罪。同时，偷越国境三次应当是均未经处理（包括未经行政处理和刑事处理），如果其中某次已经处理，那么该次即不应再计算在三次之内。

值得探讨的是，偷越国境来回（即出境后又入境或者入境后又出境）

究竟是按一次计算还是计算为二次，由于《解释》并没有对此作出规定，因此实践中此种情形该如何认定，成为疑难问题。一种观点认为，偷越人出境又入境的，因其行为具有同一性，所以应计算为一次，而不能分开计算。例如，潘某甲偷越国境一案，该案的公诉机关宾阳县人民检察院指控称：被告人潘某甲于2006年11月、2012年8月冒用其已故堂叔潘某名的身份证和户口簿在公安出入境管理部门办理了两本护照（护照号码为G167××588、G597××391），并持上述护照于2006年11月21日至2010年10月1日出境越南8次，2012年5月7日至2012年10月30日出境越南12次，合计出境20次。一审法院最后认为，被告人潘某甲违反国境管理法规，偷越国境，情节严重，其行为已触犯《刑法》第322条规定，构成了偷越国境罪。① 该案中，司法机关在认定被告人潘某甲偷越国境的次数时，仅以"出境"的次数作为计算的依据，显然其是将来回按一次计算的。而另一种观点认为，只要出境与入境均属于偷越国境的行为，当然来与回就要各计算一次，亦即应当计算为偷越国境两次。此观点在陈某某偷越边境一案中就有明确的体现。该案经审理查明，2012年3月，被告人陈某某冒用其胞妹陈某梅的身份证、户口簿办理了《往来港澳通行证》。2012年8月10日、11月14日，被告人陈某某持该证往返中国香港四次。审理法院最后认为，被告人陈某某违反出入边境管理法规，偷越边境达四次，情节严重，其行为已构成偷越边境罪。② 显然，被告人陈某某分别于2012年8月10日和11月14日两次往返中国香港，司法机关对其偷越边境的次数（四次）是以来回作为二次认定的。

笔者认为，将偷越国境的来与回概括计算为一次比较妥当。因为，首先，偷越人偷越入境后又偷越出境的，从表面上看是两次（即入境一次，出境一次），但是从本质上分析，其返回行为应是入境行为的当然性或必然性结

---

① 参见广西壮族自治区宾阳县人民法院（2015）宾刑初字第163号刑事判决书。

② 参见广西壮族自治区南宁市横县人民法院（2013）横刑初字第274号刑事判决书。

果，因而是整个偷越国境行为的组成部分，亦即应属于一次偷越行为的范围。另外，从政策的角度把握，对于行为人偷越入境后又偷越出境的也按一次认定为宜。因为，其返回行为毕竟对入境国来说多了一份安全与安定的保障。假如将返回行为也认定为一次，这或许会造成偷越人不愿返回的忧虑，因而将偷越的来回认定为一次，可以说是鼓励偷越者返回其国内的一种举措。其次，本罪属于轻罪的范畴，应从严把握本罪的起刑标准。从立法沿革上看，1979 年刑法典规定（第 176 条）本罪的最高法定刑为一年有期徒刑，虽然 1994 年 3 月 5 日全国人大常委会通过的《关于严惩组织、运送他人偷越国（边）境犯罪的补充规定》将本罪的最高法定刑改为二年有期徒刑，但是 1997 刑法典仍然将本罪的最高法定刑确定为一年有期徒刑（除为参加恐怖活动组织、接受恐怖活动培训或者实施恐怖活动而偷越国境的外）。另外，1979 年刑法典在设置本罪时，特别在修改稿上增加了“情节严重”作为划分罪与非罪的界限，同时把法定刑从修改稿的“处二年以下有期徒刑或者拘役”降低并改为“处一年以下有期徒刑、拘役或者管制”，其主要是考虑到，偷越国（边）境的情况比较复杂，应具体情况具体分析：从动机、目的来说，有的是为了进行走私而偷越国（边）境，有的是因犯罪为逃避法律制裁而偷越国（边）境的，也有的是沿边居民（包括归国华侨）为了探亲、访友、赶集、过境耕种或者出国谋生，因贪图省事而偷越国（边）境的，等等。从手段上来说，有的是一般性的偷越，有的是伪造证件偷越，也有的是对边境执勤人员使用暴力强行偷越，等等。处理这类问题时，还要考虑与我国接壤的国家的性质和边境的实际情况，不能一概而论。所以，为了控制和缩小打击面，1979 年刑法典便作出了上述规定。[①] 所以，将来回仅计算为一次是符合本罪的立法目的的。再次，在中越边境地区，出于地理及人文环境的缘故，加之边境线历史上形成有众多的便道或通道，偷越国境

① 参见高铭暄：《中华人民共和国刑法的孕育诞生和发展完善》，北京大学出版社 2012 年版，第 149—150 页。

非常便利，只需要偷越者一天就可能来回偷越国境很多次，这样，行为人就很容易入罪，这也不符合本罪从严控制打击面的立法目的。最后，在研究起草《解释》的过程中，有人曾认为偷越国（边）境行为包括偷越出境和偷越入境的行为，因而对偷越出境后再偷越入境的，偷越次数应计算为二次，并建议在《解释》中明确偷越国（边）境行为次数认定标准。但经研究认为，该问题比较复杂，偷越国（边）境的人员可能有边民、我国公民、外国人（包括无国籍人），应当区分情况予以处理，做到合情合理合法，不宜一概而论，所以《解释》中没有作统一明确规定。[①]可见，之所以《解释》不作出统一明确的规定，就是因为考虑到边民很容易满足偷越三次的要求，从而使本罪的起刑门槛过低而扩大打击面，不符合本罪的立法原意。

另一个值得探讨的是，偷越国境的三次中有一次或者二次甚至均为未遂的，能否认定为情节严重而成立本罪？这也是实践中争议较为激烈的问题。一种观点认为，“三次”是本罪情节严重的体现，既然《解释》并没有明确三次均为既遂的情况下才构成本罪，那么只要行为人偷越国境三次，即使存在未遂的情形，但因满足了三次的行为数量也即可构成本罪，而不需要考虑三次行为中是否有未遂的情形；另一种观点则认为，相较于其他妨害国境管理犯罪，本罪属于轻罪的范围，在成立情节严重的把握上应当从严控制，以免不当地扩大本罪的处罚范围，从而背离本罪的立法原意。因此，三次中如果有一次为未遂，即不能认定为“三次”而作为情节严重依本罪论处。

如前所述，虽然我国《刑法》总则规定了原则上处罚未遂犯，但司法实践中并没有一律遵循，而是作为“选择”性的例外适用。而在《解释》中只规定了处罚组织他人偷越国境罪的未遂犯，对其他妨害国境管理的犯罪没有作出明确的规定，这是否可以得出本罪的未遂犯可以考虑不予处罚

① 参见陈国庆、韩耀元、吴峤滨：《〈关于办理妨害国（边）境管理刑事案件应用法律若干问题的解释〉理解与适用》，载《人民检察》2013 年第 3 期。

的结论呢？司法实践中出现过对“结伙”型偷越国境未遂进行处罚的案例，如李某某等偷越国境案即为例证。该案经审理查明，被告人李某某、斯某某某、丁某某某三人欲偷渡去法国务工，于2016年8月23日前后，在一名男子（姓名不详）的安排下先后到四川省成都市会合，于8月27日凌晨从成都市乘坐飞机到达南宁市，当日中午三人又乘坐火车到达凭祥市，欲从凭祥市偷渡到境外。到达凭祥市后，该三人乘坐车牌号为桂F××××× 的出租车前往浦寨，途经浦寨边境检查站中卡执勤点时，被执勤武警当场抓获。经查，上述三人均未办理合法的出入境手续。一审法院最后认为，被告人李某某、斯某某某、丁某某某违反我国边境管理法规，结伙企图偷越国境，在实施偷越过程中被抓获，情节严重，其三人的行为已触犯了《刑法》第322条规定，构成偷越国境罪。公诉机关指控三被告人犯偷越国境罪罪名成立。三被告人在偷越国境过程中，因意志以外的原因未能得逞，属于未遂，对于未遂犯，可以比照既遂犯从轻处罚。[①]

“相对于作为犯罪完成形态的既遂犯，作为犯罪未完成形态的未遂犯显然是刑罚扩张事由，刑法教义学因而必须为这种刑罚扩张事由寻找正当化根据。”[②]关于未遂犯的处罚根据，刑法理论上存在着客观的未遂论与主观的未遂论。客观的未遂论的基本观点是，未遂犯的处罚根据在于发生了法益侵害的客观危险性。由于犯罪的本质是对法益的侵害与威胁（危险），犯罪是因为侵害或者威胁法益才受处罚，所以未遂犯是因为行为具有侵害法益的危险性而受处罚；主观的未遂论的基本观点是，未遂犯的处罚根据在于显示出犯罪人的性格危险性的、与法相敌对的犯罪意思。如果某种行为已将这种犯罪意思表现在外部，则未遂犯的意思与既遂犯的意思没有差异，既然如此，未遂犯就应与既遂犯受到同等处罚。[③]我国《刑法》第23条第2款规定：“对

① 参见广西壮族自治区凭祥市人民法院（2017）桂1481刑初37号刑事判决书。

② 梁根林：《刑法总论问题论要》，北京大学出版社2018年版，第418页。

③ 参见张明楷：《刑法的基本立场》，中国法制出版社2002年版，第198—199页。

于未遂犯，可以比照既遂犯从轻或者减轻处罚。”这似乎体现出了较为明显的主观未遂论的倾向。但是，司法实践无疑体现出的是客观未遂论的态度，这从有关的司法解释即可看出。例如，根据2011年4月8日最高人民法院、最高人民检察院《关于办理诈骗刑事案件具体应用法律若干问题的解释》第5条第1款规定，诈骗未遂，以数额巨大的财物为诈骗目标的，或者具有其他严重情节的，应当定罪处罚。根据该条第2款规定，利用发送短信、拨打电话、互联网等电信技术手段对不特定多数人实施诈骗，诈骗数额难以查证，但具有下列情形之一的，应当认定为《刑法》第266条规定的“其他严重情节”，以诈骗罪（未遂）定罪处罚：一是发送诈骗信息5000条以上的；二是拨打诈骗电话500人次以上的；三是诈骗手段恶劣、危害严重的。可见，该解释并非将所有的诈骗未遂纳入刑罚的处罚范围，而是只将那些情节严重的诈骗未遂进行定罪处罚，这无疑是客观未遂论的表现。

在笔者看来，对于一般的偷越国境犯罪（即除“涉恐”型偷越国境犯罪外），本罪的“三次”中有的是未遂的，不应将其计算在三次中。理由是：首先，我国刑法分则是以既遂的模式设计的。虽然有学者以刑法分则中规定有过失犯罪和间接故意犯罪为由，从而主张规定具体犯罪的分则条文，不是针对犯罪既遂，而是犯罪成立（因为过失犯罪和间接故意不存在未遂犯罪形态）。但是也有学者认为，过失犯罪和间接故意犯罪中虽然不存在未完成形态，其只有犯罪成立一种状态，但为了理论研究的需要，完全可以将过失犯罪和间接故意犯罪中的犯罪成立视为犯罪既遂。而且，以刑法分则中过失犯罪和间接故意犯罪中只有犯罪成立来扩张到整个刑法分则中，认为刑法分则中的直接故意犯罪也是以犯罪成立为模式，这显然不合适。[①]笔者认为，基于理论研究的需要，“将过失犯罪和间接故意犯罪中的犯罪成立视为犯罪既遂”的观点是有道理的。因为，不管刑法分则是犯罪既遂模式，还是犯罪成立模式，总之，刑法分则规定的某具体犯罪的法定刑肯定不可

① 参见李晓明主编：《中国刑法基本原理》，法律出版社2005年版，第343页。

能是为该个罪的未完成形态而设计的。同时，犯罪成立与犯罪既遂是两个不同的概念，亦即犯罪成立并不等于犯罪既遂。但如果以犯罪的成立与刑法分则中规定的法定刑相匹配进行适用，那么就肯定存在问题。例如，故意杀人未遂的，肯定成立故意杀人罪，但不可能对行为人判处死刑，只有杀人既遂时才有可能适用死刑。所以，从这一角度分析，刑法分则中的条文也是以既遂的模式设计的。况且，目前有部分学者主张间接故意中也同样存在犯罪的未完成形态。例如，张明楷教授就认为："间接故意也存在犯罪未遂与犯罪中止形态。"① 就本罪而言，哪怕就是按照上述反对者的观点，因本罪的主观方面肯定表现为直接故意，那也同时肯定了刑法对本罪的设计是属于既遂模式。因此，与其相应的司法解释亦同样要以既遂的标准作出规定。综上，本罪的"三次"应均为既遂，否则不应以本罪处罚。其次，如上所述，本罪无疑为轻罪的范畴，而且刑法本身就为本罪设置了较高的入刑门槛，即要达到情节严重才能纳入本罪处罚。显然，在"三次"中存在未遂的情形下，对行为人以本罪论处的确有不当地扩大处罚面之嫌，因而是难以让人接受的。所以，对此种情形的行为人应作行政处罚即可。

三、"三人以上结伙"的理解及其认定

所谓"结伙"，是指偷渡者在均有偷渡的意思或想法的前提下，而商量共同实施偷渡的行为。应当说，在三人以上结伙偷越国境的人员中，就偷越犯意的提出、偷越过程中的具体策划等如果没有明显表现出主动与被动的差异，而是都作为"平等主体"积极参与的，那么这种情况下，只要确定三人以上的人员均有偷越的意思并经过共同商定，就可以直接认定为结伙。但由于偷越国境犯罪案情的复杂性和多样性，实践中对于"三人以上结伙"这一情形的认定实际上存在较大的困难，往往需要经过细致的甄别

---

① 张明楷：《刑法学（上）》，法律出版社 2016 年版，第 331 页。

才能确立。

一是三人以上的偷越者是在他人（组织者）组织下完成偷越行为的情形下，能否将其认定为结伙而构成本罪。

根据目前的司法实践，对于被组织的偷越者能否构成本罪，存在着不同的处理方案。有的除对组织者以组织他人偷越国境罪追究刑事责任外，同时，还将被组织人以本罪追究刑事责任，而有的则对被组织人作忽略处理。例如，前述所举的毛某某1和宁某某组织他人偷越国境案，[①]前案中的被组织人赵某2、赵某1、罗某、惠某4名游客以及后案中的被组织人李某4、李某1、翟某、乐某、赵某、邓某、宁某、李某2等9名务工人员，均未见司法机关对他们以本罪追究刑事责任。而何某甲等组织他人偷越国境、偷越国境一案中，司法机关却对被组织偷越到我国务工的13名越南籍人员以本罪追究刑事责任。该案的基本情况如下：[②]

经审理查明，2015年12月底，被告人何某甲（外籍人员）与中国籍男子农某乙（另案处理）联系得知中国境内有人招工人砍甘蔗的消息后，便召集被告人何某乙、潘某、房某甲、房某乙、梁某甲、赵某、农某甲、梁某乙、黄某甲、黄某乙、黄某丙、黄某丁、黄某戊13名外籍人员前往中国务工。2016年1月4日，被告人何某甲带领被告人潘某、房某甲等13名外籍人员，先后从越南高平省保乐县通过中越边境便道进入中国广西那坡县百南乡境内，在农某乙的联系和安排下，以上14名外籍人员搭乘班车从那坡县到达田东县××××朔屯务工，由中国籍男子凌某雇用以上14名外籍人员砍甘蔗。2016年1月5日，何某甲等十四人被中国警方查获。经查，何某甲等十四人均未持有合法有效的出入中国境内证件。另查明，何某甲本人未向其他被

① 分别参见广西壮族自治区东兴市人民法院（2017）桂0681刑初121号刑事判决书和（2017）桂0681刑初153号刑事判决书。

② 参见广西壮族自治区靖西市人民法院（2016）桂1081刑初104号刑事判决书。

告人收取费用，其到达那朔屯后和其他十三名被告人一起从事砍甘蔗劳动。

法院认为，本案14名被告人皆违反我国出入境管理法规，其中被告人何某甲违反我国有关出入国境管理规定，非法组织13名越南人偷越国境，人数众多，其行为已构成组织他人偷越国境罪；被告人何某乙、潘某、房某甲、房某乙、梁某甲、赵某、农某甲、梁某乙、黄某甲、黄某乙、黄某丙、黄某丁、黄某戊违反我国出入境管理法规，无出入境证件三人以上结伙出入中越国境，情节严重，其行为已构成偷越国境罪，公诉机关指控的罪名成立。在与农某乙组织他人偷越国境的共同犯罪中，被告人何某甲起辅助作用，是从犯，对于从犯，依法应当从轻或减轻处罚。在偷越国境的共同犯罪中，被告人何某乙、潘某、房某甲、房某乙、梁某甲、赵某、农某甲、梁某乙、黄某甲、黄某乙、黄某丙、黄某丁、黄某戊作用相当，都是主犯，应按其所参与的全部犯罪处罚。

笔者认为，三人以上的偷越者在被他人组织下完成偷越行为应否以本罪追究刑事责任，应当以其在被组织前是否存在偷越的谋议为标准。如果偷渡人事先就有偷越到中国打工的谋议，之后在组织者的带领下一起越境的，这种情形的被组织者应当以本罪论处。例如，周某1组织他人偷越国境、李某某等偷越国境一案便是典型的例证：①

经审理查明，被告人李某某与卢某某、罗某（另案处理）欲偷渡到中国境内找工作，经被告人周某1、李某某商量后，决定由周某1带领李某某、卢某某及罗某偷渡到中国。2016年9月3日被告人周某1从河口县偷渡到越南老街与李某某、卢某某、罗某会合，2016年9月4日在周某1的组织安排下，四人从越南坐船偷渡到中国河口县境内，并坐摩托车到达河口城区。为避开边防检查，周某1安排出租车将李某某、卢某某、罗某从小路运

① 参见云南省河口瑶族自治县人民法院（2017）云2532刑初5号刑事判决书。

到河口县洞坪1号遂道口附近的高速公路旁，自己驾车走高速公路去接应。接到人后周某1驾车载李某某、卢某某、罗某往蒙自方向行驶，当车行驶到蒙河高速湾田服务区时被公安民警查获。法院最后认为，被告人李某某、卢某某违反国（边）境管理法规，没有出入境证件出入我国境内，逃避边防检查，其行为已构成偷越国（边）境罪。

显然，本案中的被告人李某某、卢某某与罗某在决定由组织者周某1带领偷越国境之前，就有了偷越国境的决意，即使通过周某1的组织才得以偷越国境，但他们已符合“三人以上结伙偷越”的严重情节，无疑构成本罪，因而法院的判定无疑是正确的。

由此，上述何某甲组织他人偷越国境案中的何某乙、潘某、房某甲、房某乙、梁某甲、赵某、农某甲、梁某乙、黄某甲、黄某乙、黄某丙、黄某丁、黄某戊13名被组织人，能否将其以本罪追究刑事责任，则值得商榷。因为从本案提供的“被告人供述”这一类证据看出，[①]13名被组织的偷越人并没有存在事前“结伙”的事实。一是被告人何某甲（在侦查阶段第一次）的供述为：“2015年12月底，他接到中国那坡县百南乡平某（农某乙）打来的电话，说中国这边有工做，叫他帮找几个人过来，于是他就叫上农某甲、何某乙、潘某、梁某乙、房某甲、房某乙、黄某甲、黄某乙、黄某丙、梁某甲、黄某丁、赵某、黄某戊，他们从家里坐摩托车到中国边境，再步行偷越国境后进入中国境内。”二是被告人梁某乙的供述为：“他是越南籍人，2016年1月初，与他同村的何某甲找到他，说有个中国人打电话给他，要找几个人一起到中国做工。于是，他在没有办理任何相关合法证件的情况下，和何某甲、农某甲、何某乙、潘某、房某甲、房某乙、黄某甲、黄某乙、黄某丙、梁某甲、黄某丁、赵某、黄某戊14个人，从家里坐摩托车到中国边境，再步行偷越国境后进入中国境内。”三是被告人农某甲、黄某甲、黄某乙、黄

① 参见广西壮族自治区靖西市人民法院（2016）桂1081刑初104号刑事判决书。

某丙、黄某丁、黄某戊的供述以及何某乙、潘某、房某甲、房某乙、梁某甲、赵某（在侦查阶段第一次）的供述与被告人梁某乙的供述基本一致，均证实他们没有任何合法证件进入中国，都是跟随何某甲来中国务工的。从上述各“被告人供述”可见，13名偷越人员完全是在被告人何某甲的召集并带领下，跟随何某甲偷越的，他们并没有事前商议偷越到中国打工的事宜。即使他们之间在偷越的过程中存在语言方面的沟通或者交流，也即使他们到达务工地后进行了各种交流，但这种完全是在何某甲召集大家集中后并在偷越过程中直至到达目的地后的沟通或交流（亦即被组织者并没有在偷越前进行商议偷渡事宜），并不能认定为本罪的“结伙”。既然不存在结伙的事实，同时也没有其他情节严重的情形，那么对他们就不应以本罪论处。

以上探讨的是三人以上的偷越者在组织者亲自带领下偷越国境，被组织人是否以本罪追究刑事责任的情形。另外，对于三人以上的偷渡者接受他人的组织，但不是在组织者亲自带领下完成偷越行为的情形，是否将被组织者以本罪追究刑事责任，也是一个值得探讨的问题。以组织者指挥越南籍人员偷越至我国为例。三人以上的越南籍被组织者只与“蛇头”（组织者）保持单线联系，各偷渡者完全是在组织者的指挥下（不是亲自带领）一起偷渡入境，偷渡者之间并没有事前共同商量偷渡，只是受组织者的安排于某个时间在某个地点从不同的地方集中后统一越境，集中的过程中被组织者存在语言上的交流，行为上是一起越过国界线进入中国境内的，那么此种情形下被组织的偷渡者能否成立结伙而以本罪论处，实践中对此存在着肯定与否定两种不同的意见。笔者认为，这种情形应当认定为结伙，并以本罪论处。因为，尽管被组织的人从不同的地方召集集中在某一地点，事前并没有就偷越事宜进行商量，但是在组织者指挥大家于某个时间在同一地点集中后，由于尚未越境，所以此时的语言交流实际已产生了共同越境的意思，这是事中的通谋，也属于共同犯罪的故意内容。即使临时集中在一起的偷越者没有语言上的交流，但是共同犯罪的意思联络并不限于明示的方式，而且共同犯罪的意思联络并不要求在所有的犯罪人中进行，由于各自心里明白都是被组织起来偷渡的，由此各个偷渡者实际形成了心理上的相互激励，从而共同促进了偷越的实施。综上，对于三人以上的偷渡者接受他人的幕后指挥于同一地点拟集中统一越境的情形，在尚未越境前，存在共同的偷越故意，之后又实施了共同偷越的行为，无疑可以认定为本罪的“结伙”偷越，应以本罪论处。

二是三个人一起偷渡，其中一个人为组织者，能否将另外两个人与组织者再以结伙来进行惩处。

在偷越国境中，有的组织者会一同出现在偷越的队伍中，当然仍然要对组织者以组织他人偷越国境罪论处（其偷越行为被组织行为吸收），而被组织的如果符合情节严重的情形的则以偷越国境罪处置。问题是，如果刚好是三人偷越，其中一个人为组织者，另两个人是否可与组织者一起构成“三人结伙”而对另外两个人以偷越国境罪处理呢（假如这两个人有偷越国境的合谋）？该问题实际涉及的是组织者与被组织人在一同偷越国境的情况下，是否可认定为“三人以上结伙”而共同构成偷越国境罪。实践中有种观点认为，应首先分析被组织偷越国境的两个人是否存在偷越的事前合谋，然后分析组织者与有合谋的被组织者之间能否成立“结伙”。如果发现被组织的两个人均有偷越国境的意思，他们又愿意被组织者组织偷越国境，此时组织者与被组织者之间实际为“结伙”的范畴。因此，应对被组织的两个人以偷越国境罪论处。具体处理方法是：组织者与另外两个人应该在偷越国境的范围内成立共同犯罪，在以偷越国境罪对三个人的刑事责任进行评价后，组织者以组织他人偷越国境罪论处，另外两个人以偷越国境罪论处（可能以偷越国境罪的从犯处置）；如果被组织的两个人没有偷越国境的合谋，而是被组织者拉拢或者引诱偷越国境的，显然因缺乏“三个人以上结伙”的情节严重要求，而无法以本罪追究被组织的两个人的刑事责任。

笔者认为，此种情形下，即使被组织的两个人事前存在偷渡的合谋，但如果被组织的两个人没有其他情节严重的，也不应与组织者以“三人以上结伙”偷越国境的名义对其按本罪追究刑事责任。理由是：

首先，从规范的层面分析，难以证立被组织的二人与组织者成立本罪的共同犯罪。我国《刑法》第25条第1款规定："共同犯罪是指二人以上共同故意犯罪。"可见，我国刑法中的共同犯罪是指二人以上的行为人基于共同的犯罪故意并实施了共同的犯罪行为的犯罪形态。"通说认为，共同犯罪故意，指各共同犯罪人通过意思联络，认识到他们的共同行为会发生共同的危害的事实，并决意参与共同犯罪，并且对这种危害的事实持有共同的希望或者放任其发生的心理态度。"[①]而"共同犯罪行为，是指各共同犯罪人的行为都指向同一犯罪事实，彼此联系，互相配合，参与者与犯罪结果之间都存在着因果关系。"[②]偷越国境罪的"结伙"是行为人均有偷越国境意欲的情况下，共同谋议结合成同伴一起实施偷越国境的行为，其故意的内容之一是希望自己成功偷越国境。而组织他人偷越国境罪之故意的内容，则是行为人（组织人）希望通过自己的精心组织，能够使被组织人成功偷越国境。显然，二者的不同性质和目的，致使其故意的内容也不同，因而不符合共同犯罪应具备共同的犯罪故意的条件。[③]同时，二者虽然均表现出有偷越国境的行为，看似性质相同，但是组织他人偷越国境罪的重心是组织行为，亦即刑法重点关注的是组织者的组织行为，而不是实施偷越国境行为本身。可见，二者所体现出的实施行为也不具有共同性，因而不符合共同犯罪应具备共同的犯罪行为的条件。另外，值得注意的是，有学者在谈及罪刑法定原则指导共同犯罪的定罪和量刑时指出，共同犯罪的定罪必须遵守《刑法》分则的例外性规定，对于《刑法》分则将实行行为和组织行

---

① 林亚刚：《刑法学教义（总论）》，北京大学出版社2014年版，第511页。

② 林亚刚：《刑法学教义（总论）》，北京大学出版社2014年版，第507页。

③ 我国传统刑法理论一般认为，二人以上虽同时实施犯罪，但故意内容不同的，不构成共同犯罪，只能按照各人的主客观情况分别定罪。例如，甲、乙共同用木棍打击丙，甲是伤害的故意，乙是杀人的故意，结果由于乙打击丙的要害部位致丙死亡，由于甲、乙没有共同的犯罪故意，不能按共同犯罪处理，对甲只能定故意伤害罪，对乙则定故意杀人罪。参见高铭暄、马克昌主编：《刑法学》，北京大学出版社、高等教育出版社2017年版，第167页。另参见马克昌主编：《犯罪通论》，武汉大学出版社2006年版，第512—513页。

为、帮助行为、教唆行为分别规定以不同罪名论处的，不能以共同犯罪论处，而组织他人偷越国（边）境罪和偷越国（边）境罪就是例证之一。[①]

其次，从理论的层面探究，也很难找到被组织的二人与组织者成立本罪共同犯罪的答案。关于就如何理解共同犯罪的“共同性”（即二人以上的行为在哪些方面是共同的才成立共同犯罪）问题，国外刑法理论上存在着犯罪共同说和行为共同说两种对立的观点。前者主张，共同犯罪是指二人以上只能就完全相同的犯罪成立共同犯罪，或者说，共同犯罪的共同性就是犯罪的共同性，是二人以上共犯一罪，即“数人一罪”；后者则认为，共同犯罪应以行为本身是否共同为条件，只要行为人实施了共同行为，就可以成立共犯，不要求必须是同一或者特定的犯罪，“数人数罪”是这一学说的本质。[②]在我国，虽然学术界就共同犯罪的“共同性”问题没有明显体现出犯罪共同说和行为共同说的对立，但实质上也无非就是该两种理论的争议。例如，有学者在论及共同犯罪与单个人犯罪的区别时指出，共同犯罪与单个人犯罪一样，其成立亦必须以符合犯罪构成为前提。但共同犯罪与单个人犯罪的区别不在于犯罪构成，而在于符合犯罪构成的行为事实有差异。亦即共同犯罪并没有独立的犯罪构成。当单个人犯罪时，是一人独自的行为符合犯罪构成，而当共同犯罪时，是二人以上的共同故意与共同行为这一整体符合该罪的犯罪构成。[③]由于该观点强调共同故意与共同行为整体性符合某一罪的犯罪构成，所以其实质上持的是“犯罪共同说”的理论。而有学者则明确主张行为共同说，其认为，完全意义上的犯罪包含符合构成要件的不法与责任两个层面，作为不法形态，共同犯罪中的“犯罪”首先是指不法层面意义上的犯罪，因此共同犯罪就是数人共同实施了刑法上的不法行为，而不是共同实施特定的犯罪。例如，只要查明甲、乙共同对

① 参见陈志军:《共同犯罪的理论与实践》，中国人民公安大学出版社2012年版，第7—9页。

② 参见陈家林:《外国刑法通论》，中国人民公安大学出版社2009年版，第507页。

③ 参见高铭暄主编:《刑法专论（上编）》，高等教育出版社2002年版，第338页。

丙实施暴力导致丙死亡，就应认定二人成立共同犯罪，并将丙的死亡结果归属于二人的行为。[①] 通过对犯罪共同说和行为共同说两种理论的本质的剖析，无论哪种理论都无法解决被组织的二人与组织者可以成立共同犯罪的难题。因为，就犯罪共同说而言，组织者肯定构成的是组织他人偷越国境罪，而被组织的二人当然成立的是偷越国境罪，这首先就不符合该说关于“数人一罪”的要求。同时，即使依照犯罪共同说中的“部分犯罪共同说”，[②] 也照样无法得出正确的结论。因为，如上所述，组织者尽管与被组织者一同偷越国境，但是其行为的本质是组织行为而非偷越行为本身，而且其偷越行为实质就是组织行为或者是组织行为的附随行为而被吸收，因此其与被组织者的偷越行为之间并不发生重合的情形，亦即不会存在就重合部分成立共同犯罪的可能。就行为共同说而论，既然二者的行为不同，也当然无法确认组织者与被组织的二人成立共同犯罪。我们还可以用主张行为共同说的学者一般所举的例子来进一步论证，即甲、乙共同对丙实施暴力，导致丙死亡。事后查明，甲具有杀人故意，乙仅具有伤害的故意。根据行为共同说，此种情形下，只要甲、乙对丙具备了共同的暴力行为，即可成立共同犯罪，至于二者分别构成何罪，应由“责任”层面负责考察并进行个别认定。显而易见的是，尽管行为共同说的最后结论是对甲、乙定的罪名可能并不相同，但是甲、乙所实施的“暴力”行为所体现出的性质是共同或近似的。而被组织的二人的偷渡行为与组织者组织他人偷渡的组织行为明显不属于同一性质的范畴。

最后，从刑法的基本原则考察，对被组织的二人与组织者以本罪的共同犯罪论处并不合理。值得注意的是，如果将被组织的二人以偷越国境罪

① 参见张明楷:《刑法学（上）》，法律出版社 2016 年版，第 393 页。

② 部分犯罪共同说认为，二人以上虽然共同实施了不同的犯罪，但当这些不同的犯罪之间具有重合的性质时，则在重合的限度内成立共同犯罪。例如，甲以杀人的故意、乙以伤害的故意共同加害于丙时，只在故意伤害罪的范围内成立共犯。参见张明楷:《外国刑法纲要》，清华大学出版社 2007 年版，第 306 页。

处置，那么组织者也必定要被纳入偷越国境犯罪的共犯之内，如此组织者将会面临组织他人偷越国境罪和偷越国境罪的双重处罚，因为显然此时组织者的偷越国境的行为已很难作为组织行为中的一个环节或者组成部分，也无法作为轻行为或附随行为被组织行为所吸收，而是进行单独的评价，可这样的处理结论明显不妥。因为，对组织者如此的处理，既不符合罪责刑相适应的原则，同时对其本属组织行为的偷越行为单列出来处理也有重复评价之嫌。

基于上述分析，由于被组织的二人无法与组织者在偷越国境的范围内成立共同犯罪，由此被组织的二人因不满足“三人以上结伙”偷越国境的情节的严重情形，同时也不具有其他情节严重情形的情况下，不能以本罪对其追责。

有必要强调的是，上述两种情形探讨的是三人以上的被组织人员能否成立结伙并构成本罪的问题，在被组织人不成立结伙的情况下，应当还要考虑被组织人员中是否存在《解释》第5条规定的其他情节严重的情形。亦即凡符合其他情节严重情形之一的行为，均应以偷越国境罪论处。例如，甲、乙、丙三人被他人组织偷越国境，虽然查明三个人不具有结伙的事实，但是他们或者其中的一人在境外实施损害国家利益行为的，或者偷越国境三次以上的，或者拉拢、引诱他人一起偷越国境的，或者因偷越国境被行政处罚后一年内又偷越国境的，那么他们或者其中的一个人肯定构成本罪。

三是偷越的三人中有一个人或两个人未满16周岁，能否认定为结伙。

由于本罪的主体是年满16周岁的自然人，如果偷越的正好为三个人，而这三个人中有一个人或两个人未满16周岁，此种情形下是否能够认定为“三人结伙”，将另外一个人或两个人以本罪追究刑事责任。这样的情形在实践中时有发生，因而对此很有必要作出厘定。

我们暂且以王某某2等偷越国境一案为例。从本案所查明的事实来看，与被告人胡某某一起偷越国境的胡某1、田某1以及与被告人杨某某、王某某一起偷越国境的肖某因未满18周岁，三人均被作遣送回越南处理（即没有追究刑事责任），虽然从案中所载明的内容无法确定胡某1、田某1和肖某的实际年龄（亦即该三人的实际年龄是否为未满16周岁），但本案毕竟引发了在结伙偷越国境的三个人中是否均应当具备刑事责任年龄的讨论。该案经法院审理查明的事实及最后判决为：①

2016年3月6日，被告人王某某2、王某某3、王某某1同王某1、王某3云（两人均未满18岁，已遣送回越南）经事先商量，在没办理任何出入国境证件的情况下，从越南老街省孟康县偷渡到中国云南省红河州河口县，从中国云南省红河州河口县来到中国广西玉林市玉州区城西街道五联村的一个制衣厂非法务工。

2016年4月，被告人胡某某同胡某1、田某1（两人均未满18岁，已遣送回越南）经事先商量，没办理任何出入国境证件的情况下，从越南老街省孟康县偷渡到中国云南省纸厂口岸，从中国云南省纸厂口岸来到中国广西玉林市玉州区城西街道五联村的一个制衣厂非法务工。

2016年5月5日，被告人杨某某、王某某、肖某（未满18岁，已遣送回越南）经事先商量，在没办理任何出入国境证件的情况下，从越南老街省孟康县偷渡到中国云南省河口，从中国云南省河口来到中国广西玉林市玉州区城西街道五联村的一个制衣厂非法务工。

2016年6月7日，被告人王某某2、王某某3、王某某1、胡某某、杨某某、王某某在玉林市玉州区城西街道五联村马某五联小学后面的一家服装厂被公安机关抓获。

一审法院最后认为，被告人王某某2、王某某3、王某某1、胡某某、杨某某、王某某违反国家出入境管理法规，偷越国境，情节严重，其行为已触犯刑律，均构成偷越国境罪。

---

① 参见广西壮族自治区玉林市玉州区人民法院（2017）桂0902刑初103号刑事判决书。

从上看出，本案是三起由不同的越南籍人员分别实施了偷越国境的行为而合并审理的案件。对于第一起案件，尽管王某1、王某3云两人因均未满18岁而已遣送回越南，但这并不影响对同案被告人王某某2、王某某3、王某某1追究刑事责任，因为其已满足了“三人以上结伙”偷越国境的情节严重的要件。而第二起中的被告人胡某某和第三起中的被告人杨某某、王某某，就出现了是否应当以本罪对其追究刑事责任的情形。因为在第二起案件中，如果与被告人胡某某一起偷越国境的胡某1、田某1均未满16周岁，那么被告人胡某某是否因缺乏“三人以上结伙”的要件而不予追究其刑事责任？同样，在第三起案件中，与被告人杨某某、王某某一起偷越国境的肖某如果未满16周岁，那么被告人杨某某、王某某是否也因没有满足“三人以上结伙”的要件而不予追究刑事责任？实践中有一种观点认为，“三人以上结伙”偷越国境是共同的犯罪，如果结伙偷越国境的刚好为三人，而其中一个人或两个人未满16周岁，因其不满足本罪主体刑事责任年龄的要求，不能按照共同犯罪处理，同时另一个人或两个人如果不具有偷越国境其他情节严重情形的，其肯定不构成本罪。

在笔者看来，结伙偷越国境的三人中有一个人或两个人未满16周岁的，只要有证据证实在偷越那天进行了协商，即可以认定为结伙。亦即，虽然不满足本罪主体刑事责任年龄的偷越人不构成本罪，但并不能否定其他偷越人成立本罪。第一，虽然按照传统的刑法理论，一般认为共同犯罪的主体，必须是两个以上达到刑事责任年龄、具有刑事责任能力的人，如果两个人中有一个没达到刑事责任年龄，即不构成共同犯罪。[①]但也有学者认为，有责任能力者与无责任能力者也可以成立共同犯罪。例如，张明楷教授就明确指出，传统共同犯罪理论采取同时在不法与责任层面认定共同犯罪的混合

① 参见马克昌主编:《犯罪通论》，武汉大学出版社2006年版，第505页；高铭暄、马克昌主编:《刑法学》，北京大学出版社、高等教育出版社2017年版，第164页；赵秉志主编:《刑法新教程》，中国人民大学出版社2012年版，第171页；冯军、肖中华主编:《刑法总论》，中国人民大学出版社2012年版，第347页；等等。

认定方法以及将两个人以上的行为作为整体进而判断该整体是否成立共同犯罪的整体认定方法，并不妥当或者存在诸多问题。他认为，共同犯罪的立法与理论所解决的问题是，将不法事实归属于哪些参与人的行为，只要能够肯定参与者的行为与结果之间具有物理的或者心理的因果性，就应肯定参与者的行为是结果发生的原因，进而将结果归属于参与者的行为。而根据责任主义的要求，即使行为符合构成要件且违法，但倘若行为人没有责任，就不得以犯罪论处。因此，应当采取以不法为重心（从不法到责任）、以正犯为中心（从正犯到共犯）、以因果性为核心（从物理因果性到心理因果性）的共同犯罪的认定方法。这一认定方法的逻辑表现为：首先，在不法层面认定正犯，确定了正犯之后，就将结果或者危险客观归属于正犯行为；其次，判断哪些参与人的行为与正犯结果之间具有因果性，只要具有因果性，就可以肯定其为不法层面的共犯；再次，分别判断各参与人的责任，进而确定参与人所触犯的罪名；最后，按照我国刑法关于主犯、从犯、胁从犯、教唆犯的处罚原则，分别给各参与人量刑。① 通过细心领会上述观点，笔者认为，其无疑是有道理的，因为其毕竟能够解决现实中的某些难题。就以本罪来说，如果结伙偷越国境的三人中有一个人或二个人不满 16 周岁，而否定共同犯罪的成立，那么就意味着不能认定为“三人结伙”，在不具有其他情节严重情形的情况下，其直接导致的结果即因不满足本罪“情节严重”的条件而使另实施了偷越国境行为的二人或一人不能以本罪论处，这一让其逃脱法律制裁的结局，显然是不妥或是难以让人接受的。由此可知，在结伙偷越国境的三个人中，其中有一个人或两个人不满 16 周岁，不管另外两个人或一个人对其知情抑或不知情，均应当应定为“三人结伙”。第二，司法解释规定的“三人以上结伙偷越国（边）境”行为是情节严重的情形之一，是本罪成立的罪量要素，其解决的是本罪在何种情况下属于情节严重而构成本罪的问题，亦即其关注的是偷越国境的人数问题，而不是行为人的刑

① 参见张明楷：《刑法学（上）》，法律出版社 2016 年版，第 380—386 页。

事责任能力问题。应当说，结伙偷越国境的三人中，即使出现有人达不到本罪的刑事责任年龄的情况，但显而易见的是，作为结伙偷越国境的成员，其年龄也不至于小到就偷越问题无法商量的程度。也就是说，虽然有的人达不到本罪的刑事责任年龄，但其与其他结伙偷越的人起码能够协商，并能理解一起偷越的意思。所以，作为本罪的情节严重情形之一，其实际与共同犯罪不是等同的概念。

四是能否对于所有结伙偷越的人一律追究刑事责任。

对于三人以上结伙偷越国境的，在偷越人均达到本罪刑事责任年龄的情况下，是否对所有人都以本罪追究刑事责任，还是只从偷越人中选择部分作用较大或者情节更加严重的予以追究，这也是司法实践中存在一定疑问或者争议的问题。例如，农某雪偷越国境一案，对于该案共计 9 名共同偷越国境的人员中，司法机关只选择农某雪一人追究刑事责任，对此很是值得探讨。公诉机关指控、法院审理查明的事实以及法院的判定结果分别摘要如下：①

广西壮族自治区大新县人民检察院指控，2017 年 2 月 18 日，被告人农某雪（自称系越南国籍）和何某 1、陈某 4、农某 1、农某 2 四个人想一起从越南偷渡到中国广东打工，之后农某雪联系许某 4（另案处理）询问偷渡事宜，许某 4 将一个电话号码告诉农某雪，让其与一名越南人联系。当日，农某雪等人来到越南谅山省车站，遇到了也想到中国打工的周某 4、农某 3、黄某 1、黄某 2，之后 9 人一起同行，经农某雪联系的越南人安排，农某雪等人乘车从越南谅山省出发来到位于中越边境峙马屯，在各自缴纳相应的费用后，由一名越南女子引路，农某雪等人偷越国境进入中国广西宁明县爱店镇，再搭车前往广东省。次日，农某雪等人乘坐的车牌号为桂 A ×××××

---

① 参见广西壮族自治区大新县人民法院刑事判决书（2017）桂 1424 刑初 98 号刑事判决书，案例来源于大新县阳光司法网：http://ygdx.gxcourt.gov.cn/，2019 年 4 月 26 日访问。

大巴车在广东东莞市被公安民警查获。

对于指控的犯罪事实，公诉机关在法庭上出示了相关的证据，并据此认为被告人农某雪的行为已触犯《刑法》第322条的规定，构成偷越国境罪。

被告人农某雪对公诉机关指控的犯罪事实和罪名均无异议。法院审理查明的事实与公诉机关起诉指控的事实一致。另查明，2017年2月19日，农某雪被拘传到案后如实交代自己未经办理任何合法有效的出入境证件从越南进入中国境内的事实。

本案事实，被告人农某雪在开庭审理过程中亦无异议，且有书证受案登记表、立案决定书、抓获经过、电子证据检查工作记录、调取证据通知书、调取证据清单、中国移动通信客户通话详单、情况说明、嫌疑人信息登记表、非法进入中国境内人员自述表、自述书、身份核查结果证明、违法犯罪记录查询情况说明，证人许某4、何某1、周某4、黄某1、农某3、黄某2、陈某4、农某1、农某2的证言，现场勘验笔录、现场示意及照片、辨认笔录及照片、指认现场笔录及照片等证据证实，足以认定。

法院最后认为，被告人农某雪违反我国国境管理法规，非法进入我国境内，情节严重，其行为已构成偷越国境罪。公诉机关指控被告人农某雪犯偷越国境罪的罪名成立。被告人农某雪归案后如实交代自己的罪行，当庭自愿认罪，依法予以从轻处罚。遂作出被告人农某雪犯偷越国境罪，判处有期徒刑九个月，并处罚金人民币1000元。

从本案法律文书所载明的内容我们可以看出，被告人农某雪被公安机关刑事拘留时涉嫌的罪名是组织、运送他人偷越国境罪，后逮捕时改为涉嫌犯偷越国境罪，同时公诉机关也以被告人农某雪犯偷越国境罪向大新县人民法院提起公诉。从本案呈现的上述事实来看，应当说，被告人农某雪相对于其他偷越人其所起的作用要大，因为，其毕竟联系许某4询问了偷渡事宜，许某4也将一个电话号码告诉了农某雪，让其与一名越南人联系，而且该次偷越国境的过程也的确得到了经农某雪联系的越南人安排，农某雪等人乘车从越南谅山省出发才顺利来到中越边境。可见，如果以偷越的作用较大为标准追究农某雪的刑事责任，当然不存在任何疑问。但是，本案从诸多的偷越人中只选择农某雪一人按本罪追究刑事责任是存在问题的。因为，根据本案所查证的事实，被告人农某雪只偷越一次（没有三次），同时根据《解释》的规定，农某雪不存在诸如在境外实施损害国家利益、勾结境外组织或人员偷越国境（农某雪是外国人，该两种情节严重的情形对其不能适用）以及因偷越国境被行政处罚后一年内又偷越国境的等其他情节严重的情形，那么其要成立本罪，要么其实施了拉拢、引诱他人一起偷越国境的行为，要么其就必须符合三人以上结伙偷越的情形。而根据公诉机关的指控和法院查明的事实，被告人农某雪和何某 1、陈某 4、农某 1、农某 2 四个人想一起从越南偷渡到中国广东打工，当农某雪等人来到越南谅山省车站时，遇到了也想到中国打工的周某 4、农某 3、黄某 1、黄某 2，之后 9 人便一起同行。显然，除被告人农某雪外，其余的也都“想”从越南偷渡到中国打工，由此证明被告人农某雪并没有对其他参与偷渡的人员实施拉拢、引诱而与自己一起偷越国境的行为。同时，由于本案所有参与偷渡的人员均“想”到中国打工，所以本案只能以符合三人以上结伙偷越国境的情节严重情形为依据，追究行为人的刑事责任。既然如此，本案就不能将被告人农某雪外的其他偷渡人均作为证人对待，应当与农某雪一并依本罪追究刑事责任，只不过被告人农某雪因在结伙偷越国境的过程中作用较大而在量刑时考虑稍重而已。基于上述分析，司法机关显然没有顾及参与偷渡的人员与被告人农某雪结伙偷越的事实，因而在追究责任主体上存在考虑欠周到之处。

五是三个人以上结伙偷越国境时发生认识上的错误，能否以本罪追究刑事责任。

实践中时而会出现这样的情形，就是行为人在结伙偷越国境时，本已经跨越了国界但因迷路而误认为还处在我国境内，于是又不得不原路返回，对于这种因认识上的错误而导致行为人认为没有真正偷越成功的应当如何处理，是一个值得探讨的问题。例如，2014年左右发生在我国西南边境地区的到境外参加恐怖组织或者接受恐怖培训一类的偷渡案，其背后基本都有境外势力的“黑手”操作。据办案人员介绍，有3个人试图翻越大山从中越边境的广西某县边境偷渡到越南，途中3个人因为迷路不得不返回县城，最终被警方抓获。警方从缴获的通信工具中发现，其中一个人在偷渡途中，不断用手机拍摄照片，传给境外的组织者，组织者在回传的照片上用维吾尔文标明具体偷渡路线，并标出边防检查站、派出所、界碑所在位置，指引偷渡人员非法出境。这3个人实际上已经越过了界碑，到了越南一侧，但是他们误认为还在中国境内，无奈返回县城。事后他们交代，组织者人在土耳其。①

上例中的3个人肯定属于三人以上结伙偷越国境的情节严重的情形，而且还属于勾结境外组织、人员偷越国境的情节严重的情形，但对于此种情形如何处理的问题，首先解决的是其是否有刑罚处罚的必要。有的人就认为，虽然行为人已经出境，但是毕竟又返回了我国境内，其危害行为并没有实际产生，即使造成了危害但实质性影响也不大，因此依照《刑法》第13条的“但书”，可以考虑以情节显著轻微危害不大为由，将行为人予以出罪为宜。其次需要解决的是，如果有以刑罚处罚的必要，那么行为人是否就一定可以构成本罪。为此，有的人指出，此种情形属于刑法上的认识错误，不宜作出构成本罪的认定。

笔者以为，对于中越边境地区的居民（边民）在工作、生活中发生的误进误出的行为，应当说这是一种常态，而且不是行为人有意为之，一般也不会造成边境管理秩序的破坏，因而属于正常范围内的现象，所以为维护中越两国关系的需要，此种情形不具有处罚的必要（包括行政处罚和刑罚处罚）。但是对于上述以外的情形，除了从事正常的边贸生意或者旅游观

① 参见董振国、王军伟：《中国严打西南边境偷渡：境外势力煽动多人去圣战》，载http://news.sina.com.cn/c/2015-01-19/000131414577.shtml，2019年5月7日访问。

光的人之外，行为人进出中越边境的，可以肯定或者推定其是有意的行为。因为，如果行为人不属于边境居民，一般不会也不可能在中越边境线这样的区域发生所谓的误进误出的行为。因此，对于事先具有偷越国境意图的，虽然行为人误认为没有出境而又返回境内，但是肯定具有对其进行刑罚处罚的必要。因为，其客观上已经作出了实际出境的行动，这不能说危害行为还没有实际产生，也不能说其造成的危害实质性影响不大。至于此种情形是否能构成本罪的问题，虽然行为人在偷越国境的过程中发生了对“国境线”认识上的错误，且认真辨析之下，此亦属于真正刑法意义上对事实（对象）的认识错误，但是并不能以此对行为人作出不构成本罪的认定。因为，刑法上的错误认识，是指行为人的主观认识与客观实际不相符合。当产生这种错误认识的时候，其面临并需要解决的问题是还能否认定行为人对于自己的行为以及危害结果具有认识，进一步说，在发生主观认识与客观事实不一致的情形下，是否影响故意犯罪的成立。[①] 而偷越国境的行为人出现对“国境线”错误的认识时，从其已经作出的实际行动可以证明，其对自己的行为以及危害结果并非没有认识（从而排除意外事件以及行为人主观上存在疏忽大意的可能），亦即其犯罪的故意并没有因此改变，因而鉴于行为人已实际出境的客观事实，如果达到本罪的情节严重对其作出构成本罪的认定并非不当。基于上述分析，上例中的3个人由于受境外组织者的操控，且与恐怖组织的相关活动有关，所以对其应有以刑罚处罚的必要性。同时，其属于三人以上结伙偷越国境的情节严重的情形，应以本罪的既遂追究案中3个人的刑事责任（当然考虑到行为人返回的事实，量刑是可以酌定从轻）。

四、“拉拢、引诱他人一起偷越国境”的理解及其认定

可以直接肯定的是，本罪的“拉拢、引诱”与组织他人偷越国境罪组

① 参见陈兴良主编：《刑法总论精释（上）》，人民法院出版社2016年版，第331—332页。

织行为中的“拉拢、引诱”完全是两种不同性质的行为。虽然二者均为教唆他人偷越国境，同时也均属于犯罪的实行行为，但显然，后者是组织行为的一种，亦即行为人在首要分子的指挥下实施了拉拢、引诱的行为的，其构成组织他人偷越国境罪。而前者是行为人在具有偷越国境的向往的前提下，通过拉拢、引诱使他人产生偷越国境的想法从而与行为人结伴共同偷越。所以，本罪中的拉拢、引诱只是行为人本人或者一般的共同犯罪人自行所实施的不受他人任何指使的单纯行为。

值得探讨的是，本罪只有实施拉拢、引诱的人构成本罪，还是被拉拢、引诱人也可以构成本罪，对此问题实践中存在着争议。有的人认为，被拉拢、引诱的人毕竟也偷越了国境，所以有构成本罪的可能；也有的人认为，被拉拢、引诱的人需偷越国境三次以上，才能构成本罪；还有的人认为，如果被拉拢、引诱的人有三个人以上，且存在偷越国境的共谋，因此符合三个人以上结伙偷越国境的情形，当然构成本罪。笔者认为，上述三种观点均不正确。因为，首先，从“拉拢、引诱他人一起偷越国（边）境”的语义上分析，显然可以直接解读出只有是实施拉拢、引诱行为的人构成本罪；其次，本罪本身需要情节严重才构成，实施了拉拢、引诱行为的人，其造就了本来没有偷越意思的他人也与其一起偷越国境，显然被引起偷越的人无论主观上还是客观上均表现出了偷越国境的被动性，这里的“他人”的人数无论多少，他们事先均没有任何偷渡之意，正是如此，刑法才重点关注实施拉拢、引诱行为人的行为危害性。而且，既然被拉拢、引诱的人事前均没有偷越国境的意思，所以就根本不可能存在事前存在共谋的情况。因此，即使被拉拢、引诱的人偷越国境三次以上，但其情节无论如何也达不到严重而作为构成本罪考虑。

另一个需要探讨的是，本罪实施拉拢、引诱的人究竟只能是一个人，还是也可以是两个人或者多个人。有观点认为，此种情形的行为主体只能是一个人。因为，所谓拉拢、引诱他人一起偷越国境，只能理解为拉拢、引诱他人与自己一起偷越国境，而“自己”则应限定为行为人本人，即一个人。笔者认为，本罪此种情形的主体首先肯定不是三个人以上，因为如果是三个人以上，那就与三个人以上偷越国境的情节严重情形相冲突。其次，本罪此种情形的主体也不能只限定为一个人，因为，既然《解释》规定三人以上结伙偷越国境的构成本罪，那么二人实施拉拢、引诱他人一起偷越国境的，只能归为此种情节严重的情形范围。由此，实施拉拢、引诱他人一起偷越国境情形下的本罪主体，既可以是一个人，也可以是两个人。

五、对“偷越国境被行政处罚后一年内又偷越国境”的理解

从中越边境偷越国境违法犯罪的实践来看，由于出入境极为便利，因而众多的偷渡者即使被予以行政处罚并被遣送回国，但往往很快又实施偷越行为，这已成为常见的现象。例如，阮某周偷越国境案，经审理查明，2017 年 5 月 31 日，被告人阮某周从中越边境进入广西凭祥市后，前往广西南宁市青秀区凤岭农贸市场旁工地宿舍，入境时无合法证件，也未经边防检查。另查明，2017 年 5 月 8 日，被告人阮某周因非法入境被公安机关处以行政拘留五日期满，并被遣送出境。[①] 此案中被告人阮某周于 2017 年 5 月 8 日因非法入境被公安机关处以行政拘留五日，2017 年 5 月 31 日又偷越入境，前后相隔不过 20 天左右的时间。显然，行为人因偷越国境被行政处罚后又偷越国境的，说明其主观恶意性严重，因而《解释》将此种情形作为本罪的情节严重之一，无疑是合理的。我国《刑法》及其他司法解释对于行为人被行政处罚后又实施同类违法行为的，均有作出按照犯罪处理的规定。例如，《刑法》第 153 条第 1 款第（1）项规定“一年内曾因走私被给予二次行政处罚后又走私的”，构成走私普通货物、物品罪；2015 年 5 月最高人民法院《关于审理掩饰、隐瞒犯罪所得、犯罪所得收益刑事案件适用法律若干问题的解释》第 1 条第（2）项规定，一年内曾因掩饰、隐瞒犯罪所得及其产生的收益行为受过行政处罚，由实施掩饰、隐瞒犯罪所得及

① 参见广西壮族自治区南宁市兴宁区人民法院（2018）桂 0102 刑初 22 号刑事判决书。

其产生的收益行为的，以掩饰、隐瞒犯罪所得、犯罪所得收益罪定罪处罚。

这里的行政处罚是指根据《出境入境管理法》《出境入境边防检查条例》《外国人入境出境管理条例》《治安管理处罚法》以及同毗邻国家接壤的省、自治区在经国务院批准后，制定的地方性法规或者规章等作出的行政处罚。对行为人进行行政处罚的依据，是指行为人实施了偷越国境的行为，但没有达到本罪的情节严重，具体来讲，其行为没有符合《解释》所确定的各项情节严重情形之一。

对于“被行政处罚后一年内”中的“一年内”如何计算的问题，笔者认为应是指行政处罚的生效之日（而不是行政处罚决定作出之日）至“又偷越国境”行为实施之日的时间间隔计算确定。例如，某行为人于2019年5月22日被行政处罚并于当日生效，那么在2020年5月21日之内又偷越国境的，便构成本罪。对于被行政处罚后超过一年又偷越国境的是否构成本罪的问题，笔者认为，“一年内”的时间限制，其意义体现在行为人的社会危害性和主观恶性的大小，因此超过一年的当然就要看其是否符合本罪的其他各项情节严重的情形，只要符合其中之一的，当然构成本罪，反之则不构成本罪，仍然对其进行行政处罚。这里的问题是：被行政处罚后一年内又偷越国境属于未遂的，是否可以构成本罪？由于本罪整体上属于轻罪的范畴，所以笔者主张，除了经查证偷越国境是为了参加恐怖活动组织、接受恐怖活动培训、实施恐怖活动或者实施其他犯罪的之外，对于一般的偷越国境行为未遂的，以行政处罚为宜。因而，行为人被行政处罚后一年内又偷越国境未遂且属于一般的偷越国境行为的，可以不予纳入本罪处罚。

第二节 “涉恐”型偷越国境罪的理解及其适用

《刑法修正案（九）》第40条对本罪作出了修改补充，即增加了“为参加恐怖活动组织、接受恐怖活动培训或者实施恐怖活动，偷越国（边）境的，处一年以上三年以下有期徒刑，并处罚金”的内容。这一修改补充为本罪新增了一类行为，并形成了两档法定刑。[①] 从此意味着我国《刑法》中的偷越国境罪可以划分为两种类型：一种是一般或传统的偷越国境犯罪行为，此种类型一般是行为人为了谋求到国外定居、非法务工等而偷越国境；另一种是特殊或非传统的偷越国境犯罪行为，此种类型的偷越国境是行为人为了参加恐怖活动组织、接受恐怖活动培训或者实施恐怖活动。对于新增的第二种即“涉恐”型的偷越国境犯罪行为，有必要对其相关概念的内涵及其司法适用进行一番较为深入的厘清与研讨。

一、“涉恐”型偷越国境罪相关概念的内涵

从《刑法修正案（九）》对本罪增加内容的表述来看，由于其专指为了参加恐怖活动组织、接受恐怖活动培训或者实施恐怖活动的目的而偷越国境，因此应首先厘清与厘定恐怖活动组织、接受恐怖活动培训和实施恐怖活动的各自内涵。在《反恐怖主义法》颁布施行之前，根据2011年10月29日第十一届全国人民代表大会常务委员会第二十三次会议通过的《全国人民代表大会常务委员会关于加强反恐怖工作有关问题的决定》（已失效）的规定，恐怖活动组织是指为实施恐怖活动而组成的犯罪集团；恐怖活动是指以制造社会恐慌、危害公共安全或者胁迫国家机关、国际组织为目的，采取暴力、破坏、恐吓等手段，造成或者意图造成人员伤亡、重大财产损失、公共设施损坏、社会秩序混乱等严重社会危害的行为，以及煽动、资助或者

① 不过有学者指出，《刑法修正案（九）》将为参加恐怖活动组织、接受恐怖活动培训或者实施恐怖活动而偷越国（边）境的行为与《刑法》第322条规定在一起，是值得商榷的。其认为，对于“涉恐”的偷越国（边）境行为，无论其犯罪动机还是量刑幅度，都与其他偷越国（边）境的行为区别较大。因此，将“涉恐”的偷越国（边）境犯罪行为进行单独规定也许更为妥当。参见赵秉志主编：《〈刑法修正案（九）〉理解与适用》，中国法制出版社2016年版，第139页。

以其他方式协助实施上述活动的行为。值得注意的是，我国《反恐怖主义法》对上述规定的恐怖组织及恐怖活动的内涵均作出了一定的改变。根据该法第3条第3款规定，恐怖活动组织，是指三人以上为实施恐怖活动而组成的犯罪组织。根据同条第2款的规定，恐怖活动，是指恐怖主义性质的下列行为：（一）组织、策划、准备实施、实施造成或者意图造成人员伤亡、重大财产损失、公共设施损坏、社会秩序混乱等严重社会危害的活动的；（二）宣扬恐怖主义，煽动实施恐怖活动，或者非法持有宣扬恐怖主义的物品，强制他人在公共场所穿戴宣扬恐怖主义的服饰、标志的；（三）组织、领导、参加恐怖活动组织的；（四）为恐怖活动组织、恐怖活动人员、实施恐怖活动或者恐怖活动培训提供信息、资金、物资、劳务、技术、场所等支持、协助、便利的；（五）其他恐怖活动。至于何为“接受恐怖活动培训”，《反恐怖主义法》并没有对其作出规定，理论上一般“是指到境外学习恐怖主义思想、主张，接受心理、体能、实战训练或者培训制造工具、武器、炸弹等方面的犯罪技能和方法等”。[①] 据上，凡行为人为了参加《反恐怖主义法》第3条第3款规定的恐怖活动组织、实施第2款规定的恐怖活动的行为之一以及为了学习恐怖主义思想、主张，接受心理、体能、实战训练或者制造工具、武器、炸弹等方面的犯罪技能和方法等的培训，而偷越国境的，均应将行为人以本罪论处。

二、“涉恐”型偷越国境罪的司法适用

（一）与实施恐怖活动相关犯罪的关系

首先是本罪与准备实施恐怖活动罪的关系。鉴于恐怖主义犯罪的严重性以及对于为实施恐怖活动而进行的各种预备行为难以按照组织、领导、

① 臧铁伟主编：《中华人民共和国刑法修正案（九）解读》，中国法制出版社2015年版，第278页。

参加恐怖活动组织罪处理的状况，《刑法修正案（九）》特增设了准备实施恐怖活动罪，规定有下列情形之一的构成该罪：（一）为实施恐怖活动准备凶器、危险物品或者其他工具的；（二）组织恐怖活动培训或者积极参加恐怖活动培训的；（三）为实施恐怖活动与境外恐怖活动组织或者人员联络的；（四）为实施恐怖活动进行策划或者其他准备的。应当说，上述中的“积极参加恐怖活动培训”与本罪中“接受恐怖活动培训”的内涵存在重合或包容之处，因为，本罪中的行为人在“涉恐”偷越国境的情况下，其偷越国境的目的就是要去接受恐怖活动培训，显然其属于积极参加恐怖活动培训的情形。因此，行为人偷越国境后并成功接受恐怖活动培训的，其行为同时触犯了偷越国境罪和准备实施恐怖活动罪（如果实际上没有接受恐怖培训的，当然只构成本罪一罪）。但值得注意的是，尽管二罪在犯罪构成上具有包容或者交叉关系，但行为人并不能成立法条竞合犯。因为，此种情形下行为人前后实施了偷越国境和准备实施恐怖活动两个犯罪行为，这与法条竞合只实施了一个犯罪行为的要求不符。另外，由于刑法将“为实施恐怖活动进行其他准备”作为准备实施恐怖活动罪客观行为的兜底内容予以规定，那么值得探讨的是，在“涉恐”偷越国境的情形下，是否可以将行为人偷越国境的行为本身认定或理解为准备实施恐怖活动罪的“准备”行为。如果可以认定，那么本罪及准备实施恐怖活动罪所对应的法条就相互存在包容或者交叉的法条竞合的关系，行为人也就成立法条竞合犯。如上所述，行为人偷越国境的目的之一“接受恐怖活动培训”，是属于积极参加恐怖活动培训的范围，从这一角度来看，将偷越国境的行为认定为准备实施恐怖活动罪中的“准备”行为，似乎有一定的道理。但笔者认为，所谓为犯罪作准备，应是指在客观上已经显示出了为犯罪的实行而准备工具或创造便利条件的行为，这种行为不仅是显见的客观事实，而且还表现出与犯罪实行行为稳定的紧密联系性（或称近距离性、可接触性），而偷越国境的行为毕竟与准备实施恐怖活动犯罪行为尚有较大距离，其显然与“准备”不具有紧密的联系，同时偷越国境有成功与不成功之分，且即使偷越国境成功也不一定就能接受恐怖活动的培训。所以，偷越国境的行为肯定不能成为准备实施恐怖活动罪中的“准备”行为，二罪当然就不可能存在法条竞合犯的余地。

其次是与参加恐怖组织罪以及实施恐怖活动构成的相关罪的关系。行为人偷越既遂后并成功参加了恐怖活动组织或者实施了恐怖活动的，其行为构成参加恐怖组织罪或者构成实施恐怖活动相关的罪，那么对行为人究竟是依牵连犯择一重罪处罚，还是不属于牵连犯应实施数罪并罚。对此，实践中出现了不同的主张。主张属于牵连犯的观点认为，偷越国境是方法（手段）行为，而参加恐怖活动组织或者实施恐怖活动是目的行为，亦即行为人偷越国境的目的是参加恐怖活动组织或者实施恐怖活动，从而方法行为与目的行为自然具有了牵连关系。主张应实施数罪并罚的观点则认为，偷越国境后参加恐怖组织或者实施恐怖活动的，往往是行为人通过他人的“洗脑”而有意识的或专门设计的一套行为，其完全是一种偶然性的举动，并不具有必然性，因此二者间只是表象上的牵连，并不能达到刑法意义上的牵连关系。笔者认为，事物是普遍联系的，因而行为人所实施的众多犯罪行为之间也肯定存在着这样或那样的联系，但不能根据这一哲学原理就随意作出相互间存在牵连的判断。由于牵连犯是实质的数行为数罪，理应实施数罪并罚，但考虑到行为之间存在牵连性，所以理论上将之作为处断的一罪进行处理。当然，为了尽可能达到罪责刑相适应，具体处理时要数罪中择一重罪处理（也有学者提出应择一重罪从重处理）。因此，牵连关系的判断必须从实质上考虑，并作从严限制，否则，任意扩大牵连犯的存在范围，将对罪责刑相适应的原则造成破坏。正如有学者指出，牵连犯是将本来为数罪的情形最终作为一罪处理，是减轻了处罚或者说舍弃了其中一罪的判断和认定，因此，从刑罚后果上来看，牵连犯是犯罪认定中的例外，对其适用应当尽量避免、慎之又慎。[①] 基于上述分析，笔者认为，牵连关系的认定

① 参见陈兴良主编:《刑法总论精释（下）》，人民法院出版社 2016 年版，第 711 页。

应当坚持类型化的观点（类型说），“即只有当某种手段通常用于实施某种犯罪，或者某种原因行为通常导致某种结果行为时，才宜认定为牵连犯”。[①]就本罪偷越国境的行为与参加恐怖组织或者实施恐怖活动的行为的关系而言，由于参加恐怖组织或者实施恐怖并不一定非要到境外进行，换言之，行为人也可以在境内实施上述行为，所以偷越国境的行为与参加恐怖组织或者实施恐怖活动的行为之间就不具有密切关联性，从而二者无法形成牵连关系，对行为人不能以牵连犯处置，而是应以本罪与参加恐怖组织罪或者实施恐怖活动构成的相关犯罪实施数罪并罚。况且，刑法规定犯组织、领导、参加恐怖组织罪并实施杀人、爆炸、绑架等犯罪的，依照数罪并罚的规定处罚，由此，也不能以本罪与参加恐怖组织罪或者实施恐怖活动构成的相关犯罪按照牵连犯处理，因为此种情形下实际上已经无法依照牵连犯择一重罪处罚的原则进行处罚。

（二）“涉恐”偷越国境未遂是否处罚的问题

如上所述，尽管我国《刑法》作出了原则上处罚未遂犯的规定，但司法实践中并没有对所有犯罪的未遂一律适用，同时鉴于本罪属于轻罪的范围，所以笔者提出了对本罪的未遂犯以不处罚为宜的主张。然而，笔者提出的上述主张是原则性的，并不能排除例外的适用。相反，对于犯“涉恐”型偷越国境罪未遂的行为人应当追究其刑事责任。因为，“涉恐”型偷越国境本身就是危险性程度很大的行为，所以刑法不仅没有对其需要情节严重的构成要件要求，而且还安排了比一般偷越国境犯罪较重的法定刑。同时“涉恐”型的偷越国境犯罪未遂往往伴随其他危害的产生。例如，2014年8月30日，有人员在中越边境实施偷渡时，被广西防城港警方拦截，警察要求偷渡者依次下车，当询问到第3个人时，该人对警察的指令毫无反应，却瞬间从腰里掏出一把尖刀刺向离他最近的特警。警方事后查明，该名偷渡者

① 张明楷：《刑法学（上）》，法律出版社2016年版，第490页。

是新疆喀什人，在中巴车被警察拦下后，就开始煽动同车的偷渡者一起就地“圣战”。[①] 由上可见，基于恐怖犯罪对社会极其严重的危害性，唯有对“涉恐”型偷越国境的行为从严把控，才能为遏制恐怖活动的开展提供有力支持。因此，对于“涉恐”型的偷越国境犯罪未遂行为施加必要的刑罚处罚，自然在情理之中。

另外，笔者在此从总体上就本罪的未遂犯处罚问题拟定出一个大致的处理原则：（1）对于以多次偷越国境为构成本罪的要件的情形，“多次”中有一次是未遂，且偷越国境不是为了实施其他犯罪的，可以不考虑以本罪追究行为人的刑事责任，对其进行行政处罚；（2）对于经查证行为人是为务工而偷越国境未遂的，考虑到非法务工是一般的违法行为，可以不考虑以本罪追究行为人的刑事责任（即使是属于被行政处罚后一年内又偷越国境的情形），对其进行行政处罚；（3）对于经查证行为人是为实施其他犯罪行为而偷越国境未遂的，均应追究其刑事责任。

第三节　本罪的共同犯罪问题

一、为偷越国境的人提供帮助的是否依本罪的共犯论处

由于刑法规定了提供伪造、变造的出入境证件罪和出售出入境证件罪两个独立的罪名，因此，对于为偷越国境的人提供伪造、变造的出入境证件和出售出入境证件的行为人，就不再以本罪的帮助犯追究其刑事责任，而是以实行犯分别论处。

---

① 参见董振国、王军伟：《中国严打西南边境偷渡：境外势力煽动多人去圣战》，载 http://news.sina.com.cn/c/2015-01-19/000131414577.shtml，2019 年 5 月 7 日访问。

需要探讨的是，对于明知是欲偷越国境的人而为其提供食宿、费用、交通、引路、咨询以及伪造身份证件等各种便利条件的行为，能否以本罪的共犯（帮助犯）论处。对此，司法实践中存在两种不同的处理意见。一种意见认为，目前刑法及司法解释均没有对协助偷越的行为进行刑罚处罚作出规定，依照罪刑法定的基本原则，并考虑到本罪的刑罚较轻，当然不能以本罪的共犯论处，除非刑法增设“协助偷越国境罪”，或者在《刑法》第322条中增加规定“协助他人偷越国境的，以共犯论处”的内容。否则，只能对行为人进行行政处罚。另一种意见则认为，对于明知是欲偷越国境的人而为其提供各种便利条件的行为不以本罪的共犯处罚，这恰恰是违背罪刑法定原则的表现。因为我国《刑法》总则规定了共同犯罪的条款，而且也规定了帮助犯，所以应当对偷越国境提供帮助的人以本罪的共犯论处。从当前的司法实践来看，的确存在着不同的处理态度。例如，对于提供帮助的人没有归案的情形，有的在法律文书上特作了“另案处理”的注明，而有的则并没有对此予以特别的注明。这表明，前者是将帮助犯纳入刑罚处罚的，而后者则否。

笔者认为，对于为偷越国境除提供伪造、变造的出入境证件和出售出入境证件之外的帮助的行为人是否一律以本罪的共犯论处，应当从总体上把握如下几个方面的问题：一是从本罪的立法沿革来看，本罪一直是作为轻罪来对待的，在本罪增设“涉恐”型偷越国境这一行为类型之前，两部刑法典均对本罪法定刑的设置最高为一年有期徒刑。二是如前所述，我国学者在帮助犯的处罚范围上总体上是持限制的观点。由于帮助犯一律是按从犯处罚，将获得从轻、减轻或者免除处罚的刑事处罚，所以，如果一律将本罪的帮助犯纳入刑罚处罚，与刑法的谦抑性精神有相悖之嫌。三是《出境入境管理法》和《治安管理处罚法》均对偷越国境的帮助行为规定了行政处罚的内容，即《出境入境管理法》第72条规定：“协助他人非法出境入境的，处二千元以上一万元以下罚款；情节严重的，处十日以上十五日以下拘留，并处五千元以上二万元以下罚款，有违法所得的，没收违法所得。”《治安管理处罚法》第62条第1款也规定：“为偷越国（边）境人员提供条件的，处五日以上十日以下拘留，并处五百元以上二千元以下罚款。”所以，为了与行政法达到有效衔接，对于为偷越国境提供帮助的行为人是否一律以本罪的共犯论处，应当区别情形作不同的对待为宜。四是提供帮助的人能否成为偷越人的共犯，应当要查明帮助人是否与偷越人存在通谋，包括事前通谋和事中通谋。事前通谋是指偷越人在偷越国境前（指偷越人商量偷越的阶段）与帮助者双方达成由帮助者提供某种帮助的谋议；后者是指偷越人在偷越的过程中与帮助者就提供的某种帮助而达成的谋议（如偷越人到达边境时临时请求帮助者引路）。基于上述分析，在处理本罪的帮助犯问题上，笔者主张应总体上遵循如下三个原则：首先，对于为务工、旅游等而偷越国境的人提供帮助的，依据刑法谦抑的精神，为充分发挥行政法保护法益的功能，不以本罪的共犯论处为宜；其次，对于为在境外或者我国境内实施犯罪而偷越国境的人提供帮助的，且帮助人明知的，则应发挥刑法的最后一道防线的作用，以本罪的帮助犯处置；再次，如果偷越人已经入境我国，帮助人明知其是偷越国境者而运送或者为其提供交通便利的，可能单独成立运送他人偷越国境罪或者该罪的共犯，而不再考虑是否以本罪共犯处置的问题。对于已经入境我国的偷越人提供食宿安排的，则可以根据《出境入境管理法》等相关行政法的规定对行为人进行行政处罚，也不考虑以本罪的共犯处置。至于为偷越人提供伪造或变造的身份证件的，无论事前双方是否存在通谋，均对提供者以伪造、变造、买卖身份证件罪论处。①

---

① 按照部分犯罪共同说，为偷越者提供伪造或变造的身份证件，如存在事前通谋，提供者与偷越者在偷越国境罪的范围内成立共犯，对偷越者以偷越国境罪处置，而对提供者以伪造、变造、买卖身份证件罪论处；如事前不存在通谋，则直接对偷越者和提供者分别按偷越国境罪及伪造、变造、买卖身份证件罪处理。所以，此种情形下，偷越者与提供者无论事前通谋与否，均对提供者以伪造、变造、买卖身份证件罪论处。

二、本罪主犯与从犯的认定

应当说，本罪的实施一般不会（或者根本不会）出现犯罪集团的可能，因而讨论本罪主犯与从犯的认定问题，只是在一般的共同犯罪范围内展开。在《解释》为本罪设定的几种情节严重的情形中，均可能出现共同犯罪：一是二人偷越国境在境外实施损害国家利益行为的；二是二人偷越国境三次以上的；三是三人以上结伙偷越国境的；四是二人共同拉拢、引诱他人一起偷越国境的；五是勾结境外组织、人员偷越国境的；六是二人（或二人中的一人）因偷越国境被行政处罚后一年内又共同偷越国境的。

由于实践中基本没有出现偷越国境的犯罪集团，同时本罪与组织他人偷越国境罪和运送他人偷越国境罪不同的是，后两者一般会有较多的参与人员，而且存在比较明显的级差，作用大小往往容易分辨。因此，本罪的主从犯划分，对于三人以上结伙的情形，认定主犯与从犯基本不存在困难，亦即考虑参与偷越的人员作用相当均为主犯，而且司法实践中也几乎遵循这样的原则处理。当然对于实践中这种整齐划一的情形，也要引起我们的注意。因为，只要是多人参与共同犯罪的，理论上就可以肯定参与人中存在作用大小的差异，只不过在差别不明显时即作不区分主从犯的处理而已。例如，上述所举农某雪偷越国境一案，其在与他人共同偷越国境之前及偷越的过程中，不仅事先向他人咨询偷越的细节，而且还联系他人安排车辆运送，进而使他们的偷越不仅顺利而且成功，其无疑表现出了作用大的一面。所以，实践中应当注意对参与人在共同偷越国境犯罪中的作用进行查实，否则会导致刑罚不公平的结果而影响司法信用，特别是本罪的法定刑不高，对行为人的量刑稍有不同就会出现较大的差别。至于本罪其他情形的共同犯罪，可以从偷越国境犯意的提出、偷越时间和地点等计划的拟定、联系车辆和安排食宿以及打听风声、询问路线等因素，综合考虑并判断是否划定主从犯。

第四节　本罪的罪数形态

一、本罪的想象竞合犯情形

想象竞合犯，又称想象的数罪，是指行为人实施了一个犯罪行为触犯了数个不同的犯罪的形态。从目前的实践来看，本罪与他罪出现想象竞合的情形，主要是在走私犯罪的范围内发生。因为走私行为人在绕关走私的情形下，完全有可能既触犯走私罪，同时又触犯本罪。以中越边境的走私为例，实践中发生许多走私人直接跨越国境运输走私物出入境的案例（包括中国人进入越南运输走私物进境及越南人运输走私物进入我国境内）。如果他们实施走私而进出中越国境三次以上，那么其行为就完全符合本罪的成立标准。因此，走私行为人的行为就成立了走私罪与本罪的竞合犯。不过有学者认为，行为人为实施走私等犯罪，往往需要偷越国（边）境，因而同时又触犯了走私罪等其他罪名，这种情况应按牵连犯的处理原则，择一重罪处断。[①] 笔者认为此种观点有值得商榷之处。由于走私行为必须进出国境，因此走私行为人偷越国境的行为实际是走私的实行行为，因而走私中的偷越国境与单纯的偷越国境实际上是一个行为的两面，构成犯罪的属于一行为触犯数罪名的情形，因而此种情形与牵连犯的数行为触犯数个不同罪名的要求不符，同时走私罪与偷越国境罪所对应的法条不存在竞合，因而二者属于想象竞合。

当然，实施走私而偷越国境的场合，无论行为人成立想象竞合犯，还是牵连犯，依照目前的理论均坚持对行为人择一重罪处断的原则，因此二

---

① 参见李晓明主编:《中国刑法罪刑适用》，法律出版社 2005 年版，第 595 页。

者的最后处理结论是一致的。以王某某偷越国境一案为例：[①]

云南省金平苗族瑶族傣族自治县人民检察院指控：2017 年 6 月 4 日 17 时，被告人王 ×× 在勐拉街景华缘宾馆停车场等待拉货时，一个 20 多岁的陌生男子找到其，问其是否拉货。经过商谈，其答应到金平县金水河镇隔界村拉 10 吨走私冻品到弥勒竹园，运费为 6000 元。后其驾驶云 G5××87 号红色东风牌重型仓栅式货车载着妻子陈 ×× 跟随该男子到金平县金水河镇隔界村，该男子叫其从下方天生桥处的一条便道进入越南，其驾驶货车进入越南并沿路行驶 10 多米后将车辆停靠在路边休息等待装货。到 2017 年 6 月 5 日 6 时仍未装到货，其害怕不敢继续等待，于是驾驶车辆原路返回至中国境内，到隔界村天生桥处时被巡逻执勤民警抓获。法院最后认为，被告人王 ×× 违反国（边）境管理规定，偷越国境，情节严重，其行为已构成偷越国境罪，公诉机关指控的罪名成立，遂判处被告人王 ×× 有期徒刑 6 个月，缓刑一年，并处罚金人民币 20000 元。

此案中，王某某驾驶车辆进入越南境内准备装运走私冻品，其行为实际上既触犯了走私罪又触犯了偷越国境罪。因为，王某某虽然受他人雇请运输走私物，看似为走私人提供帮助，但其亲自驾驶车辆进入越南境内，实际上是走私的实行行为，只是其害怕不敢继续等待，于是驾驶车辆原路返回至中国境内，但其已构成走私罪无疑。同时，依照上述学者对“国家法益”的厘定标准，王某某偷越国境实施走私的行为，属于“在境外实施损害国家利益行为”的范围，符合偷越国境罪的情节严重情形，因而王某某又构成偷越国境罪。基于上述分析，本案由于王某某一行为同时触犯了两个不同的罪名，并且属于想象竞合犯，应当择一重罪论处。而走私冻品应构成走私国家禁止进出口的货物、物品罪，该罪的法定刑为：处五年以下有期徒

① 参见云南省金平苗族瑶族傣族自治县人民法院（2017）云 2530 刑初 93 号刑事判决书。

刑或者拘役，并处或者单处罚金；情节严重的，处五年以上有期徒刑，并处罚金。可见，走私国家禁止进出口的货物、物品罪与偷越国境罪相比，前者肯定是重罪，对王某某本应依照走私国家禁止进出口的货物、物品罪处罚。但由于王某某因害怕而选择驾驶空车原路返回至中国境内，走私行为没有完成属于犯罪中止，[①]根据刑法规定，对于没有造成损害的中止犯，应当免除处罚。同时，根据2014年最高人民法院、最高人民检察院《关于办理走私刑事案件适用法律若干问题的解释》的相关规定，王某某走私10吨冻品不属于情节严重，所以本案的公诉机关以本罪起诉，法院最后也以本罪对其追究刑事责任，均是正确的。事实上，如果对王某某依照本罪与走私国家禁止进出口的货物、物品罪的牵连犯处理，也同样得出依照本罪追究其刑事责任的结论。[②]

二、本罪的牵连犯情形

本罪与他罪成立牵连犯的情形，除下述越南籍人员偷越入境我国后实施盗窃、诈骗、组织卖淫以及我国人员偷越至越南境内后实施赌博、诈骗的犯罪行为，二者形成牵连关系外，还有以下两种情形：

一是本罪与伪造、变造身份证件罪及伪造、变造国家机关证件罪。为偷越国境，如果行为人为办理出入境证件而事先伪造、变造居民身份证、社会保障卡、驾驶证等依法可以用于证明身份的证件的，构成伪造、变造身

① 对于犯罪中止中“自动性”的考量，我国学者一般认为，对行为人自动中止犯罪的起因应作广义的辩证的理解。即引起行为人自动放弃犯罪的起因，可以包括主客观方面多种多样的因素，有的是出于真诚悔悟，有的是因为对被害人产生了同情和怜悯之心，有的是惧怕刑罚处罚，有的是为了争取宽大处理，有的是由于他人的规劝、教育或者斥责而放弃犯罪，等等，这些均可以认定行为人具有放弃犯罪的“自动性”。参见高铭暄、马克昌主编:《刑法学》，北京大学出版社、高等教育出版社2017年版，第159页。

② 当然，在王某某的走私犯罪不出现中止的情况下，一般应以走私罪处理。因为与本罪相比，走私罪一般为重罪。

份证件罪。同时，根据《解释》第 2 条和第 3 条规定，“出入境证件”包括护照或者代替护照使用的国际旅行证件，中华人民共和国海员证，中华人民共和国出入境通行证，边境地区出入境通行证，中华人民共和国旅行证，签证、签注等出境时需要查验的资料以及其他入境时需要查验的资料，如果行为人自己为偷越国境而事先伪造、变造上述出入境证件的，可能构成伪造、变造国家机关证件罪。那么，行为人所实施的方法行为（手段行为）与目的行为便形成了牵连关系，如果均构成犯罪的应按照牵连犯处理，即依择一重罪的原则处断。根据《刑法》第 280 条第 1 款规定，犯伪造、变造国家机关证件罪的，“处三年以下有期徒刑、拘役、管制或者剥夺政治权利，并处罚金；情节严重的，处三年以上十年以下有期徒刑，并处罚金”；根据该条第 3 款规定，犯伪造、变造身份证件罪的，“处三年以下有期徒刑、拘役、管制或者剥夺政治权利，并处罚金；情节严重的，处三年以上七年以下有期徒刑，并处罚金”。显然，除“涉恐”型偷越国境外，本罪的基本法定刑要低于该二罪，为此只能以伪造、变造身份证件罪或者伪造、变造国家机关证件罪对行为人追究刑事责任。当然，“涉恐”型偷越国境的法定刑为“一年以上三年以下”，如果行为人伪造、变造国家机关证件或伪造、变造身份证件的行为不属于情节严重，那么此时本罪就为重罪，应以本罪对行为人追究刑事责任。

二是本罪与妨害公务罪。由于《解释》对以暴力、威胁方法抗拒检查的行为没有纳入本罪情节严重的范围，所以当行为人偷越国境受到检查时，使用暴力、威胁方法抗拒检查的，对行为人应以本罪与妨害公务罪按照牵连犯的原则论处。根据《刑法》第 277 条第 1 款规定，犯妨害公务罪的，“处三年以下有期徒刑、拘役、管制或者罚金”，那么，除“涉恐”型偷越国境外，本罪的法定刑要低于妨害公务罪，为此应以妨害公务罪追究行为人的刑事责任。不过，在“涉恐”型偷越国境的场合，应当说本罪属于重罪，应以本罪处断。

三、本罪与他罪数罪并罚的情形

对于罪数的区分，国外刑法理论上有多种不同的观点，出现了诸如犯意说、行为说、法益说、构成要件标准说等各种学说。犯意、行为和法益标准说分别认为，应当以犯意、行为和被侵害法益的个数为标准来判断罪数，亦即基于一个犯罪意思的就是一罪，具有数个犯罪意思的就为数罪；实施一个犯罪行为的为一罪，实施数个犯罪行为的就为数罪；犯罪行为侵害的法益为单个的为一罪，而被侵害的法益有多个的则为数罪。然而，单以犯意、行为和被侵害法益的个数为标准来判断罪数，不仅忽视了客观与主观的有机统一，而且这种以偏概全的理论也无法为罪数的判断提供统一的标准。为弥补上述各种学说的不足，随后产生的构成要件标准说则认为，犯罪是充足构成要件的行为，因此应以构成要件为标准来决定罪数，罪数应根据构成要件评价的次数来加以决定。亦即犯罪事实充足一个构成要件的，是一罪；犯罪事实充足数个构成要件的，是数罪。构成要件标准说实际上是将犯意、行为、法益等综合起来进行构成要件上的评价，因而成为日本刑法理论的通说，但在德国属于少数说。[①] 我国学者在分析罪数要素的判断时指出："确定罪数是一种整体性判断。但我们又不能忘记，犯罪构成是由主观与客观各个要件组合而成的，因此在以犯罪构成为标准区分一罪与数罪的时候，又不能脱离具体的犯罪构成要件。其中，行为个数的判断，即一行为还是数行为，对于确定罪数具有重要意义。因此，罪数要素的判断应以行为个数为中心展开。"[②]还有学者认为："由于刑法分则所规定的构成要件具有复杂性，有些行为形式上具备数个构成要件，刑法规定按一罪处理；有些行为实质上属于数罪，在法律上以一罪处理，所以，对罪数的确定，必

① 参见陈家林:《外国刑法通论》，中国人民公安大学出版社 2009 年版，第 638 页。

② 陈兴良:《本体刑法学》，中国人民大学出版社 2011 年版，第 474 页。

须结合刑法分则的各种特殊规定进行。”[①] 笔者认为，就本罪而言，由于刑法和《解释》均没有对行为人偷越国境后实施其他犯罪的处罚作出具体规定，因此，在不存在牵连犯等犯罪竞合形态的前提下，无论采取上述任何一种观点，都会得出数罪的结论，应当对行为人实施数罪并罚。例如，阮某甲非法持有枪支、偷越国境案，该案审理查明的事实及法院的判决结果为：[②]

2016年2月23日，被告人阮某甲携带一个藏有一支自制枪支的棕色行李箱伙同同案人杜某乙、阮某乙（均另案处理）在无任何合法有效的出入境证件的情况下，从越南××街市坐船偷渡到中国东兴市，入境后搭乘两辆摩托车到达东兴市汽车站，在东兴汽车站租了一辆车牌号为桂P ×××××的出租车前往南宁市琅东汽车站。出租车途经楠木山边境检查站时，被告人阮某甲三人被执勤人员抓获。执勤人员从被告人阮某甲随身携带的棕色行李箱中查获自制枪支一支。经鉴定，该枪支是非制式枪支，能以火药为动力，利用管状器具发射制式子弹，是《中华人民共和国枪支管理法》规定的枪支。一审法院认为，被告人阮某甲违反中国枪支管理规定，非法持有枪支，其行为已构成非法持有枪支罪。被告人阮某甲违反中国国境管理法规，偷越国境，情节严重，其行为已构成偷越国境罪。

应当说，阮某甲的行为本来可以考虑以走私武器罪定性。因为其行为违反海关法规，逃避海关监管，根据2014年最高人民法院、最高人民检察院《关于办理走私刑事案件适用法律若干问题的解释》的规定，走私以火药为动力发射枪弹的枪支一支的，即构成走私武器罪，处七年以上有期徒刑，并处罚金或者没收财产。但从本案提供的阮某乙的证人证言来看，其证实“2016年2月18日，其堂哥阮某甲让其跟他去中国打工”，显然，阮某甲偷越国境

① 周光权:《刑法总论》，中国人民大学出版社2011年版，第249页。

② 参见广西壮族自治区东兴市人民法院（2016）桂0681刑初108号刑事判决书。

的目的是到中国务工，其携带枪支的行为可以考虑为偷越国境的附随行为，这与专门从事走私的行为不同，所以司法机关并没有以走私武器罪定性，这一考虑是妥当的。同时，虽然在被告人阮某甲的供述和辩解中，其携带的枪支“是其以6000元人民币向一名叫‘阿常’的越南男子购买的”。但本案公诉机关提供的“情况说明”这一材料，“证实阮某甲非法持有的枪支是其以6000元人民币向一名叫‘阿常’的越南男子购买，由于阮某甲提供‘阿常’的情况太少，经多方查找，未能找到”。所以，如对阮某甲定性为买卖枪支罪，也不适宜。为此，司法机关对阮某甲以非法持有枪支罪处断，是比较合理的选择。另外，由于阮某甲拉拢或引诱阮某乙等与自己一起偷越国境，属于情节严重，因而以偷越国境罪追究其刑事责任，也无疑是正确的。本案值得探讨的是，阮某甲非法持有枪支与偷越国境的行为，是否应数罪并罚。应当说，其既不符合牵连犯和吸收犯的理论，二者也不属于法条竞合和想象竞合，所以只能数罪并罚。因而，司法机关最后对阮某甲实施数罪并罚是正确的。

如上所述，“涉恐”型的行为人偷越国境成功后并参加了恐怖组织及实施了恐怖活动的行为，应以偷越国境罪与相关恐怖犯罪实施数罪并罚。此外，如下三种情形也可以肯定予以数罪并罚。一是偷越国境的行为人对检查人员实施除妨害公务犯罪外的犯罪行为的。具体来讲，如果行为人对检查人员实施杀害、伤害犯罪行为的，属于典型的数行为数罪，不属于任何的犯罪竞合情形，应对行为人以本罪与故意杀人罪或者故意伤害罪实施数罪并罚。当然，这里的伤害应当是指严重伤害或者伤害致人死亡的状况。因为，妨害公务罪的法定刑（主刑）为三年以下有期徒刑、拘役或者管制，而故意伤害罪的基本法定刑也是三年以下有期徒刑、拘役或者管制，因此，行为人使用暴力对检查人员实施伤害造成轻伤的，仍然属于妨害公务罪调控的范围，应以本罪与之按照牵连犯的原则处理即可。另外，行为人对检查人员实施侮辱以及对检查人员的枪支、车辆、手机等物品实施抢夺、毁坏等行为并均构成犯罪的，也属于典型的数行为数罪，应对行为人以本罪与相应的犯罪实施数罪并罚。二是行为人偷越国境后，在境外实施损害国家利益的行为往往会构成相应的犯罪，那么这些犯罪与本罪之间不成立牵连犯，也不成立吸收犯，应当数罪并罚。三是实施偷越的行为人为掩盖自己的身份，与他人合谋并让他人为其伪造、变造居民身份证等用于证明身份的证件，之后在依照规定应当提供身份证明的活动中，使用伪造、变造的身份证件，如果情节严重会构成使用虚假身份证件罪，此种情形下，对行为人当然以本罪与使用虚假身份证件罪实施数罪并罚。同时，偷越行为人盗用身份证件并情节严重的，构成盗用身份证件罪，也应与本罪数罪并罚。

值得探讨的是，行为人偷越国境后实施诸如赌博、盗窃、故意杀人、故意伤害、抢劫、抢夺、诈骗、非法拘禁、组织卖淫等的犯罪行为的，是否一律与本罪实施数罪并罚。实务中，对于此种情形究竟是本罪与他罪之间形成牵连犯以一重罪处置还是实施数罪并罚，存在着较为激烈的争议。例如，符某某非法拘禁、偷越国境一案，经审理查明，2015 年 10 月 6 日 8 时许，被告人符某某、余某某 1 伙同另外二名男子（另案处理）为帮他人追讨债务，在南宁市民族大道 139 号边防警官公寓 B2 栋 2 单元一楼停车场内将被害人覃某 2 挟持上一辆银白色别克汽车，将覃某 2 押到广西龙州县水口镇。当日下午，四人在水口镇通过乘船偷越国境方式将覃某 2 带到越南高平省驮隆口岸，将覃某 2 拘禁在驮隆口岸明珠酒店 214 号房，后又转移至该酒店 213 号房。在此期间，覃某 2 趁机发短信报警。2015 年 10 月 10 日 15 时，越南警方在该酒店 213 号房内成功解救覃某 2，并抓获被告人符某某、余某某 1。当日 16 时许，越南警方将符某某、余某某 1、覃某 2 三人移交中国警方。对此案中的两名被告人如何定性产生了两种不同的观点：一种观点认为，被告人符某某、余某某 1 偷越国境行为的目的是更有利地追讨债务，其实施的非法拘禁行为和偷越国境行为属于刑法理论中的“牵连犯”，应择一重罪即以非法拘禁罪定罪处罚；另一种观点则认为，被告人符某某、余某某 1 均是一人犯数罪，应当数罪并罚。[①]

---

① 参见广西壮族自治区南宁市青秀区人民法院（2016）桂 0103 刑初 276 号刑事判决书。

刑法理论界一般认为，牵连犯是指行为人实施某一犯罪，其所采取的手段（方法）行为或者结果行为又触犯其他罪名的犯罪形态。“具体说，行为人的目的，仅意图犯某一罪，实施的方法行为或实施的结果行为，另外触犯了其他不同罪名，其方法行为与目的行为，或原因行为与结果行为之间具有牵连关系，这种犯罪现象，就是牵连犯。”[①] 由于行为人实施的目的行为或者原因行为独立成罪，其相应的方法行为或者结果行为也独立成罪，所以表面上看牵连犯是数行为触犯了数罪，而实施数罪并罚。但刑法理论一般认为，牵连犯不发生数罪并罚的问题，而是把它确定为一罪的情形，并把它安排到处断的一罪（或裁判上的一罪、科刑上的一罪）的类型中。我国台湾学者韩忠谟也认为，牵连犯“此等犯罪行为与其方法或结果行为，本系可以独自成立犯罪，因其相互间有方法或结果之牵连关系，故未可与通常之复数犯罪同视，而须另有处断之标准”。[②] 笔者认为，对于行为人偷越国境后实施别的犯罪究竟是按牵连犯处理还是实施数罪并罚，并不能一概而论，应区分情形分别处理。

对于牵连犯牵连行为（关系）的认定，在刑法理论上出现了几种不同的观点。（1）主观说。该说是纯粹以行为人的认识或意图为标准来判断数行为是否存在牵连关系的理论，如有学者认为：牵连犯既然强调是犯一罪的故意，当然行为人对方法行为、结果行为应该认识到，否则难以认为就是牵连犯；而且，方法行为、结果行为确实在其同一故意支配下发挥了实际的作用，即通常就是以那样的方法行为实施，通常会实施那样的结果行为。因此，牵连关系，就是指所实施的数个不同行为之间，具有在统一的犯罪故意下直接的相互配合关系。[③]（2）客观说。该说认为，只要客观上两种行为之间具有手段行为与目的行为、原因行为与结果行为之间的关系，就具有牵连关

① 马克昌主编:《犯罪通论》，武汉大学出版社 2006 年版，第 680 页。

② 韩忠谟:《刑法原理》，北京大学出版社 2009 年版，第 322 页。

③ 参见林亚刚:《刑法学教义（总论）》，北京大学出版社 2014 年版，第 575 页。

系。[①]（3）折中说。此观点认为，认定牵连关系不能纯以主观或者客观为单一标准，而是应当从主观和客观两个方面进行综合的考察。例如，陈兴良教授主张："牵连关系的认定应当坚持主观与客观相统一的观点，即以牵连意图为主观形式，以因果关系为客观内容的有机统一体。"[②]（4）类型说。持该理论的学者主张，只有具有类型化的手段与目的、原因与结果的关系时，才存在牵连关系。如张明楷教授认为："只有当某种手段通常用于实施某种犯罪，或者某种原因行为通常导致某种结果行为时，才宜认定为牵连犯。"[③]综合并深入上述各学说的内部考察，我们看出，除主观说外，其余三种学说其实均有共通之处，即一般认为，手段行为与目的行为，以及原因行为与结果行为牵连关系的成立，各相互之间要具有密切的联系（亦即具有因果关系或者具有不可分离性等），在"目的行为"的引导下，或在"原因行为"的作用下，"手段行为"或"结果行为"的发生具有通常性或者当然性。反之，在"手段行为"的辅助下，"目的行为"的发生也具有通常性、当然性或者紧密性。如上所述，为了尽可能限制牵连犯的存在范围，笔者主张应当坚持类型化说的立场。

基于上述分析，行为人偷越国境后实施的其他犯罪，如果具有通常性、当然性或者紧密性，就可以认定与本罪形成牵连关系，对行为人以牵连犯的原则处理，反之，则应数罪并罚。从目前的司法实践来看，越南籍人员偷越入境我国后所实施的如下三种犯罪行为，可以与本罪认定为牵连犯。一是盗窃罪。基于中越边境随时随地可以进出的便利，越南籍人员往往运用这一得天独厚的条件，非法入境我国边境一侧实施盗窃。这种偷越国境实施盗窃后又能快速返回其国内且能逃避追查的现象，已经使偷越国境这一手段行为与盗窃的目的行为具有了通常性、当然性或者紧密性，从而将其

---

① 参见张爱晓：《犯罪竟合基础理论研究》，中国人民公安大学出版社 2011 年版，第 179 页。

② 陈兴良：《本体刑法学》，中国人民大学出版社 2011 年版，第 495 页。

③ 张明楷：《刑法学（上）》，法律出版社 2016 年版，第 490 页。

认定为牵连关系应当是合理的。如果行为人构成本罪（如偷越国境三次以上或者三人以上结伙偷越国境），就应依照牵连犯的原则论处。二是组织卖淫罪。应当说这是中越边境常见的跨国犯罪之一。例如，广某某组织卖淫案，该案经审理查明：被告人广某某系外籍人员，自述为越南国籍人。2015年9月，广某某在乐业县城认识刘某耀（另案处理），后与刘某耀以夫妻名义同居生活，于2016年12月生育一儿子。2017年7月初，广某某回越南老家时与广某、卢某1（二人均为外籍人员，自述为越南国籍人）见面，在闲谈中广某和卢某1提出让广某某带她们到中国卖淫赚钱，广某某表示同意。之后广某某便带着广某和卢某1从中越边境小道非法进入中国广西靖西市境内，后由刘某耀驾车从靖西市接到广西乐业县城。2017年7月25日凌晨，刘某耀带广某、卢某1和卢某2在乐业县同乐某新社区合顺宾馆内卖淫时，被公安机关当场查获。[①] 正是诸如案中广某、卢某1“提出让广某某带她们到中国卖淫赚钱”的情由的较多存在，才使得组织卖淫犯罪成为中越边境常见的跨国犯罪之一，从而也就导致该类目的行为与偷越国境的行为的联系具有了通常性、当然性或者紧密性，所以如果行为人构成本罪（例如，组织者偷越国境三次以上或者三人以上结伙偷越国境），其就与组织卖淫罪成立了牵连犯。三是诈骗罪。一些越南籍人员利用对两国情况熟悉的优势，而与其国内及我国人员相互勾结，深入我国内地以推介越南妇女结婚的方式实施诈骗等违法犯罪活动，从而成为中越边境常见的跨国犯罪之一。例如，2016年，河南省驻马店市平舆县警方破获了一起系列跨国婚姻诈骗案，犯罪嫌疑人利用非法入境的越南籍妇女，假借结婚，成功实施骗婚10余起，诈骗受害人礼金共计近60万元。据警方查明，从2015年8月开始，犯罪嫌疑人陈某和李某，伙同越南籍犯罪嫌疑人黄某等人，向河南省驻马店市等地输送越南籍女子实施婚姻诈骗，形成了一个跨国婚姻诈骗团伙，其中越南籍黄某等4人专门负责物色越南籍女子。据调查，每次诈骗成功后，越

---

① 参见广西壮族自治区靖西市人民法院（2018）桂1081刑初110号刑事判决书。

南女子会分到1万5千元至2万元。[①]可见，基于越南籍人员入境我国实施诈骗的常见性，偷越国境的手段行为与诈骗的目的行为无疑具有了通常性或紧密性，从而将二者认定为牵连关系不无道理。

至于越南籍人员偷越到我国境内后实施诸如故意杀人等其他犯罪的行为，由于其偷越国境后的目的行为并不具有当然性或必然性，因而不能认定为牵连关系。例如，笔者在我国边境某县调研中获悉，2014年1月1日，来自越南谅山省禄平县秀段乡蒲瓜村的黄某某，因与同是在该县某地砍甘蔗的越南老乡打牌发生纠纷，而被黄某某持刀砍死。[②]上述事件是行凶人与被害人因打牌发生纠纷而造成，是典型的偶然性行为，而且黄某某越境至我国的目的也并不是为了杀人，所以此种情形下黄某某偷越国境（假如黄某某没有持边民证合法入境）的行为与其故意杀人的行为之间，显然不存在通常性、当然性或者紧密性的余地，因而从根本上讲二者不可能被认定具有牵连关系。

基于上述同样的理由，可以推出我国人员偷渡进入越南境内后实施赌博、电信诈骗的犯罪行为，可以与本罪认定为牵连犯。因为从目前的司法实践来看，实施上述两种犯罪行为的行为人具有典型的利用在国外实施犯罪的诸多有利条件的主观意图，而且行为人选择到国外实施上述两种犯罪行为的原因也是众所周知的，因此其偷越国境的手段行为与目的行为具有相当的紧密性。而对于其他纯属偶然性的犯罪行为，应将其与本罪实施数罪并罚。

① 参见《河南破获跨国骗婚案：专骗残疾人，不超过一月就逃跑》，载 http://legal.gmw.cn/2016-11/12/content_22951962.htm，2019年5月21日访问。

② 参见邓崇专：《中越刑事合作：现状与展望》，中国法制出版社2017年版，第113—114页。

第四章

中越边境妨害国境管理犯罪的刑罚适用

第一节　中越边境妨害国境管理犯罪影响刑罚适用的因素

一、中越边境妨害国境管理犯罪的成因

（一）中越边境的历史为实施本类犯罪提供了一定的人文基础

我国广西共有那坡、靖西、大新、龙州、宁明、凭祥、东兴、防城 8 个县（市、区）、103 个乡（镇）与越南的高平省、谅山省和广宁省 18 个县接壤；云南省有富宁县、麻栗坡县、马光县、河口县、屏边县、金平县、绿春县以及江城哈尼族彝族自治县共 8 个县，与越南的河江省、莱州省、奠边省和老街省的 13 个县接壤。在漫长的中越边境线上，广西边境段聚居着诸多跨境民族[①]，由于族源相同、语言和文化习俗相通或相近，加之具有血亲或姻亲关系，两国边民之间的各种往来就从未间断，特别是自中越关系改善后，两国边民的各种互动更是成为中越边境跨境民族社会生活行为的常态表达。中越两国人员的大交往、大交流，无疑给两国人民的经济社会发展带来了巨大“实惠”，但同时也为实施妨害国境管理的犯罪活动创造了诸多有利的条件。例如，有的人常常以探亲或者参加亲戚、朋友的活动为

---

① 据统计，我国有 13 个民族跨中越两国边境而居，越南有 26 个民族跨中越两国边境而居。参见范宏贵、刘志强等：《中越跨境民族研究》，社会科学文献出版社 2015 年版，第 15 页。

由非法出入境；有的以自家或者他人需要帮工为由，常常通过在越南的亲戚或朋友招揽务工人员（这些务工人员还常常包括招揽人的亲戚和委托人的亲戚），尔后组织务工人员偷越国境进行非法务工，等等。

（二）中越边境的自然条件和交通条件为实施本类犯罪提供了便利①

中越陆地边境线长有二千多公里。在漫长的边境线上不仅难以设置完善的物理隔离设施，而且崇山峻岭的地貌以及深山密林、地势险恶的自然环境，却反而被一些不法人员利用并“打造”成天然屏障成为实施违法犯罪的得天独厚的条件。同时，在中越两国边民走亲访友的过程中逐渐形成的无数便道（或小道）以及边境互市形成的通道，偷越人员可以顺利地在非设关地自由出入，从而导致妨害国境管理犯罪，成为中越边境地区常见的跨国犯罪之一。

另外，与上述自然条件形成“默契”的是我国边境地区交通条件的改善。以广西为例。首先，2000 年 8 月 7 日，广西壮族自治区党委和政府决定，用两年的时间，在与越南接壤的 8 个县（市、区）开展边境基础设施建设大会战。其中广西交通厅负责组织落实 6 件实事：一是实现边境县行政村村村通汽车；二是实现边境县乡乡通油路；三是实现边境县通二级公路；四是建设一条沿边三级公路；五是实现边贸点和边境口岸通三级公路；六是边防连队通油路。广西沿边三级公路起点位于东兴市竹山村，途径东兴市、防城区、宁明县、凭祥市、龙州县、大新县、靖西市、那坡县 8 个县（市、区）31 个乡（镇），终点位于那坡县弄合村，公路全长 725 公里，于 2000 年 10 月开工建设，到 2002 年 9 月 30 日全线基本贯通。其次，广西与越南接壤的 8 个县（市、区）中，有 6 个通高速公路，即使目前尚未通高速公路的宁明县和龙州县，离高速公路也只有几十公里的距离。同时，通往广西边境县（市、区）的高速公路均与广西区内及其他省市的高速公路实现了无缝连接。

---

① 参见邓崇专:《中越刑事合作：现状与展望》，中国法制出版社 2017 年版，第 118—119 页。

犯罪分子利用这些极好的交通条件，可以让犯罪活动快速推进或者不易被抓捕，从而成为中越边境妨害国境管理等跨国犯罪产生的重要原因。

（三）“洼地效应”导致越南“三非”人员在我国增多①

“洼地效应”本是一个经济学术语，它是经济学界从“水往低处流”这一自然现象引申到经济学领域而创设的一个概念。其内涵大致为：在某区域创造理想的或者具有优势的经济发展环境，以吸引其他区域的资源向该区域汇集，从而弥补该区域的诸多不足并促进该区域经济的发展。

相比较而言，应当说，我国边境或其他地区的经济社会发展的速度要稍快于越南北部边境或其他地区，由此我国边境地区乃至内地在很多方面表现出了“洼地”的特性。例如，我国的经济发展速度储存了较高的购买力或支付力，同时创造了较多的赢利平台及就业机会。如此，那些怀揣着改善生活条件的越南边民，便纷纷产生了到中国实现其目标的愿望，并认为在通过签证等合法渠道造成麻烦的情况下而化作了非法入境的行动。于是，到我国边境地区，乃至内地务工的有之，与我国公民合作做生意的有之，与我国边民通婚的也有之，等等。例如，我国广东等经济发达地区不仅吸引了我国广西边境地区的大量劳动力，而且对越南人员也有极大的诱惑力。由此，广西边境地区大量劳力的缺乏，诸如砍种甘蔗、挖木薯、收割水稻、种植林木以及房屋装饰装修等就自然出现了完成工作的人员缺位，从而成为越南边民首选的务工工种和务工地。同时，越南人自行或被组织偷越边境前往广东等内地打工的，近年来也在逐渐增多。

（四）“靠边吃边”的法则助长了本类犯罪的蔓延

有道是“靠山吃山，靠水吃水”，居住在中越边境的边民则创设了“靠边吃边”的法则。在这一“法则”的引领下，边民们在与中越边境相关的

---

① 参见邓崇专：《中越刑事合作：现状与展望》，中国法制出版社 2017 年版，第 123—124 页。

各种违法犯罪活动中设法赚取非法利益。他们有的不仅自行实施各种妨害国境管理方面的违法犯罪，而且还积极地协助他人实施该类犯罪活动。例如，协助他人偷越国境的有之，为组织者组织他人偷越国境的提供协助的有之，协助他人运送偷越国境的人的也有之，等等。可以说，在相辅相成之下，边民与其他犯罪者不断地形成紧密的“利益共同体”。而有了边民的直接参与或者协助，无疑使得对妨害国境管理的违法犯罪活动难以防控及查处，从而助长了该类犯罪的发展。

二、中越边境妨害国境管理犯罪的特点

每个区域都会因其地理和人文环境等各种因素的差异，而产生与其他区域不一样的社会现象。犯罪作为一种社会现象，也无疑如此。同样，妨害国境管理犯罪作为犯罪“大家族”的一员，都或多或少地体现出其地域性特点。中越边境地区所具有的诸多特性，决定了该特定场域所产生的妨害国境管理犯罪也会具有其自身的特点，总括起来，大致有以下几个方面。

（一）中越边境妨害国境管理犯罪的类型不全

我国《刑法》在“妨害国（边）境管理罪”一节中，共设置了组织他人偷越国（边）境罪，骗取出境证件罪，提供伪造、变造的出入境证件罪，出售出入境证件罪，运送他人偷越国（边）境罪，偷越国（边）境罪及破坏界碑，界桩罪7个与“国（边）境管理”相关的罪名。但从目前的司法实践来看，中越边境妨害国境管理犯罪的类型基本是组织他人偷越国境、运送他人偷越国境和偷越国境三种，而实施骗取出境证件，出售出入境证件，提供伪造、变造的出入境证件以及破坏界碑、界桩的犯罪类型则罕见甚至不见踪影。通过“北大法宝”检索（截至2019年6月11日）发现，广西壮族自治区和云南省各级法院审理的妨害国境管理犯罪的数量分别为：（1）组织他人

偷越国（边）境罪。广西壮族自治区为154件（包括上诉、撤回上诉及刑罚变更案在内），云南省为185件（包括上诉、撤回上诉、刑罚变更案以及在中老、中缅边境实施的组织他人偷越国境犯罪在内）。（2）骗取出境证件罪。广西壮族自治区和云南省均为0件。（3）提供伪造、变造的出入境证件罪。广西壮族自治区为0件，云南省为3件（包括上诉一件，但从案情看，该犯罪均涉及的是中缅和中老边境，涉及中越边境的实际为0件）。（4）出售出入境证件罪。广西壮族自治区为1件（但从案情看，该案不涉及中越边境），云南省为0件。（5）运送他人偷越国（边）罪。广西壮族自治区为78件（包括上诉、撤回上诉及刑罚变更案在内），云南省为349件（包括上诉、撤回上诉、刑罚变更案以及在中老、中缅边境实施的运送他人偷越国境犯罪在内）。（6）偷越国（边）境罪。广西壮族自治区为237件（包括上诉、撤回上诉及刑罚变更案在内），云南省为325件（包括上诉、撤回上诉及刑罚变更案以及在中老、中缅边境实施的偷越国境犯罪在内）。（7）破坏界碑、界桩罪。广西壮族自治区和云南省均为0件。

从产生上述状况的原因分析，之所以中越边境妨害国境管理犯罪的类型基本为组织他人偷越国境、运送他人偷越国境和偷越国境三种，那是因为，如上所述，中越边境有着2千多公里的陆地边境线，在这一漫长的边境线上，不仅具有崇山峻岭的地貌以及深山密林、地势险恶的自然环境，而且分布着众多简易的便道或通道，加之中越界河（如北仑河）水面不宽也不深，偷渡人十分容易出入境。正是凭借和利用这些地理优势形成的天然屏障以及简易的便道或通道，犯罪分子甚至根本不需要采取任何所谓骗取出境证件、伪造、变造出入境证件以及购买出入境证件的方法，即可在中越边境的非设关地大肆实施组织、运送他人偷越国境以及结伙偷越国境的犯罪活动，因而在中越边境实施的妨害国境管理犯罪中，就自然没有诸如骗取出境证件、提供伪造、变造的出入境证件及出售出入境证件等犯罪的踪影。

（二）偷越国境的目的多元但以务工为主

从司法实践看，在中越边境，无论是组织他人偷越国境，还是运送他人偷越国境以及行为人自行偷越国境，偷越国境人的目的基本上是务工。如上所述，“洼地效应”不仅导致大量的越南“三非”人员自行涌入我国，而且还在他人的组织或者运送下，很多的越南籍人员被送到我国内地，所以以务工为主的偷越国境人员，其主体绝大部分是到我国务工的越南籍公民，从而表现出了偷渡犯罪人员的流向主要自越南偷越入境我国的以单向为主的特征。亦即偷渡人员多为从越南非法跨境流向我国，而且越南公民占据绝对多数。而以务工为目的，从我国非法偷越至越南的则不多。近年来的司法实践表明，这种情形只有极少数案件发生，而且有的仅是以偷渡至越南作为“跳板”，其真正的务工目的地并不在越南。例如，李某某等偷越国境案，经审理查明，被告人李某某、斯某某某、丁某某某三人欲偷渡去法国务工，于 2016 年 8 月 23 日前后，在一名男子（姓名不详）安排下先后到四川省成都市会合，于 8 月 27 日凌晨从成都市乘坐飞机到达南宁市，当日中午三人又乘坐火车到达凭祥市，欲从凭祥市偷渡到境外。到达凭祥市后，该三人乘坐车牌号为桂 F ××××× 的出租车前往柬浦寨，途经柬浦寨边境检查站中卡执勤点时，被执勤武警当场抓获。经查，上述三人均未办理合法的出入境手续。[①] 除务工外，其他少部分偷越国境的目的大致有以下几种情形：

一是游玩或探亲。此种情形包括自越南偷越国境到我国以及自我国偷越国境到越南游玩两种。例如，周某某等偷越国境案，便是越南籍公民偷越国境至我国游玩或者探亲的例证。该案经审理查明：被告人周某某、邓某某、李某某均为外籍人员。三被告人经商量后，于 2016 年 7 月 8 日，相互结伙，从中越边境便道进入中国境内找在中国的越南籍亲戚周某游玩，7 月 19 日

① 参见广西壮族自治区凭祥市人民法院（2017）桂 1481 刑初 37 号刑事判决书。

9时，三人在化峒边境检查站附近二级公路被中国民警查获。经查，三被告人均未持有任何合法有效的出入境证件；[①]而白某某1组织他人偷越国境案，则是我国公民在被告人白某某1的组织下偷越国境到越南游玩的例子。该案经审理查明：2017年10月3日17时，被告人白某某1在未办理相关过境手续的情况下，非法组织孔某、谷某、唐某、彭某四人从河口县洞坪22队河边乘坐小船偷渡至越南游玩，游玩结束返回中国行至河口县洞坪22队时被公安民警当场查获。[②]

二是通婚。由于民俗相近，语言相通，中越两国的边民历来就有通婚的传统。特别是“洼地效应”的出现，加之中国—东盟自由贸易区的建成以及中越多种合作经济发展平台的落地，中越边民交往越来越密切，由此越南“三非”人员中有许多妇女选择非法入境我国的目的就是与我国公民通婚（这些越南妇女往往与我国边民不办理结婚登记就以夫妻名义共同生活），以保障其在我国能够安居。非法入境的越南妇女与中国男子“结婚”在我国边境地区已成为一种比较普遍的现象，有的边境村屯甚至有一半以上的男子“娶”越南女子为“妻”。据广西某边境县统计，截至2015年年底，该县与越南女子通婚的共有1514对，生育子女1973人。[③]除我国边境地区外，我国内地也出现了部分越南籍妇女“远嫁”的状况。对于越南籍妇女非法入境与我国公民通婚这种现象，尽管司法实践中对此一般不予纳入刑罚处理，但毕竟其行为属于偷越国境的性质。

三是逃避法律制裁。有的人偷越国境是因其在国内实施了违法犯罪的行为，为了逃避法律的制裁而偷越国境至越南或者我国境内。例如，何某某等偷越国境一案，该案经审理查明：2016年9月24日凌晨，被告人何某某、梁某某、冯某某、冯某1与吴某3、唐某（后二人均另案处理）等人

---

① 参见广西壮族自治区靖西市人民法院（2016）桂1081刑初242号刑事判决书。

② 参见云南省河口瑶族自治县人民法院（2018）云2532刑初14号刑事判决书。

③ 参见邓崇专：《中越刑事合作：现状与展望》，中国法制出版社2017年版，第124页。

在东兴市“遇见酒吧”门口共同殴打与吴某3有矛盾的黄某1。随后，何某某、梁某某、冯某某、冯某1、唐某与被告人陈某某商量，并于当日下午一起从东兴市某某镇西铁门码头乘铁皮船进入越南社会主义共和国境内。同年9月26日，何某某、梁某某、冯某某、冯某1、陈某某等人被越南社会主义共和国警察抓获，并向我国移交。①此案中的被告人何某某、梁某某、冯某某、冯某1、陈某某等人之所以共同商量偷越至越南境内，其目的显然是因其殴打了黄某1而为了躲避我国警方的追查而为。近年来，许多在越南国内实施了某种犯罪行为的越南籍公民，为了逃避抓捕也往往偷越至我国境内藏匿。例如,2018年11月26日上午，在广西凭祥友谊关零公里处，中国警方向越南警方移交了越南籍毒品犯罪嫌疑人农某起。据悉，农某起是越南警方于2018年2月23日破获的一起特大毒品案件中的幕后组织策划者，案发后从广西崇左的硕龙镇偷渡潜入中国，随后转移至广东惠州藏匿，直至2018年10月25日被捕。另据介绍，近年来中越边境已成为境外毒品走私进入中国的重要通道，中国和越南面临着巨大压力。2014年中国向越方移交的毒品犯罪嫌疑人只有四五个，2017年上升到四五十个，2018年已经达到七八十个。②

四是违法犯罪。有的偷越国境是为了在越南或者我国境内实施各种违法犯罪行为。比如，我国有的组织者专门组织中国籍公民偷越国境到越南境内实施赌博，有的偷越至越南境内实施电信诈骗犯罪活动；越南有的偷越国境至我国境内实施婚姻诈骗和组织卖淫，有的则是实施盗窃等。例如，阮某某偷越至我国东兴市实施盗窃便是例证，该案经审理查明：2017年2月15日凌晨3时许，被告人阮某某在中国广西东兴市东兴镇解放129号“红姐饭店”门前，将被害人唐某1停放在该处的一辆红

---

① 参见广西壮族自治区防城港市防城区人民法院（2017）桂0603刑初73号刑事判决书。

② 参见郭媛丹:《中方向越南移交“红通”毒枭 两国禁毒执法合作更加务实》，载 http://www.sohu.com/a/278008780_114731，2019年6月12日访问。

色“豪爵”牌摩托车盗走；2017年3月8日凌晨1时许，被告人阮某某在东兴市东兴镇教育路23号门前，将被害人邓某停放在该处的一辆“雅马哈”牌摩托车盗走；2017年3月的一天早上，被告人阮某某在东兴市东兴镇解放路167号后面房子的一楼过道处，将被害人彭某停放在该处的一辆红色“豪进”牌摩托车盗走。法院最后以盗窃罪判处被告人阮某某有期徒刑1年，并处罚金人民币5000元，附加驱逐出境。[①]从目前的司法实践来看，偷越中越边境实施违法犯罪活动最多的是走私（包括中国籍和越南籍人员）。由于中越边境特有的地理环境（包括交通）和人文环境，走私违法犯罪现象在此非常严重。走私分子往往直接驾驶车辆跨越国界进入越南运输走私物或者直接将走私物运送至我国境内，走私人与走私物的进出十分容易。另外，2014年左右，我国的一些偷渡分子受境外势力的煽动、蛊惑并指挥下，选择中越边境作为通道到国外参加所谓的“圣战”，这也是偷越国境实施违法犯罪行为的表现。据警方调查发现，2014年以来，境外势力利用宗教极端思想蛊惑人心，煽动境内人员出境参加所谓的“圣战”。这些受蛊惑的人员试图从我国西南边境地区偷渡出境，在偷渡过程中一旦受阻，甚至不惜就地发动暴恐活动，给人民群众的生命安全造成极大的危害。[②]

（三）犯罪形态以共同犯罪为主

从实施犯罪的人数为标准，理论上将犯罪划分为单独犯罪和共同犯罪。前者是指一人单独实施的犯罪，后者是指二人或二人以上共同实施的犯罪。就中越边境实施的妨害国境管理犯罪而言，由于其基本属于跨国犯罪，所以从目前的司法实践来看，发生在中越边境的此类犯罪多以共同犯罪形态

---

① 参见广西壮族自治区东兴市人民法院（2017）桂0681刑初129号刑事判决书。

② 参见董振国、王军伟:《中国严打西南边境偷渡：境外势力煽动多人去圣战》，载http://news.sina.com.cn/c/2015-01-19/000131414577.shtml，2019年5月7日访问。

表现，单独实施的占少数。单独实施的一般为中越的边民，如他们有的利用熟悉当地语言、地形等的便利，单独偷越国境，或者单独组织他人偷越国境旅游，等等。而在以务工为目的的情形下，偷越人往往是三人以上结伙成行，组织或者运送他人偷越国境的，则是更多地表现出多人参与犯罪。如上所述，由于目前中越边境偷渡人员以偷越入境我国务工为主，这就需要一个“里应外合”的过程。也就是说，组织者一般会通过越南的亲戚或者朋友召集到我国务工的人员，并将召集的越南籍务工人员组织到中越边境，再由组织者亲自或者安排其他参与者在边境处接应（也有越南籍的招募者亲自组织入境我国的）。另外，即使越南的组织者曾在中国务工而具有偷越的经验，但往往也需要中国的运送者一起参与才能顺利完成。其基本流程为：中国方面（包括单位和个人）需要用工——通过越南籍人员招募并组织至中越边境——安排中国人员接应——运往中国务工地（包括边境地区和边境地区以外区域）。所以，在以务工为目的的偷越情形下，无论是组织他人偷越国境，还是运送他人偷越国境或者单纯地偷越国境，三种犯罪一般表现为多人参与的共同犯罪形态。

当然，并非只有以务工为目的组织他人偷越的情形才一般表现为共同犯罪的形态。比如，上述通过境外势力煽动并组织我国境内人员偷越中越边境到其他国家或地区参加所谓“圣战”的情形，不仅多人参与，而且明显表现出犯罪的集团性。经警方查明，2014 年以来发生在我国西南边境地区的偷越国境犯罪活动，形成了一个复杂而又严密的组织人员偷渡路线，产生了境外指挥——境内组织——中转接运——边境向导——境外“蛇头”的“一条龙”利益链，各个环节分工明确，组织严密，逃避打击能力强，造成的危害十分严重。对此，公安部特成立了“4·29”专案组，于 2014 年 5 月初部署多地警方按照“打蛇头、打组织、打通道、挖幕后”的要求，统一开展集中打击西南边境地区组织偷渡专案行动，打掉了一批组织偷渡犯罪团伙，抓获了一批幕后组织者和边境“蛇头”。例如，以广西“蛇头”韦某为首的横跨新疆、广东、广西和越南的特大组织偷渡团伙，据统计，从2014年1月至4月的短短几个月时间内，该团伙就组织300余人偷渡出境。该团伙的作案流程为：每次偷渡时，在境外的艾某·艾买提（外号“阿乐”）会给韦某发指令，让他去接人，然后韦某指示自己的“马仔”雇用黑车过去，接到偷渡人员后趁深夜时伺机在边境线交给越南“蛇头”，再由越南“蛇头”雇黑车将偷渡人员从边境线上运到河内，然后“阿乐”再组织人运出越南。[①]

（四）犯罪主体以自然人为主

如上所述，目前在中越边境实施妨害国境管理的基本为组织他人偷越国境、运送他人偷越国境和偷越国境三类犯罪。尽管《解释》规定单位可以成为组织他人偷越国境罪和运送他人偷越国境罪的主体，但是通过在“北大法宝”上检索我们可以发现，在目前的司法实践中，实施上述三类犯罪的主体无一单位，而全部都是自然人。以越南籍人员偷越国境至我国务工为例，实施组织他人偷越国境犯罪的主体，一般由越南的自然人组织者和中国的自然人组织者构成。具体实施方式，一般由越南的组织者负责招募务工人员，中国的组织者负责接应并运送。其中越南的组织者包括两种类型：一种是应中国组织者的请求或者接受中国组织者的指使，在越南拉拢、引诱或者直接联系（即无须通过拉拢、引诱）到中国的务工人员，并将被组织的人带至中越边境或者中国境内；另一种是有过到中国务工经历的越南籍人员，其自行召集越南籍人员或者应他人的请求而带领被组织人进入中国。中国的组织者也包括两种类型：一种是边境地区或者边境地区附近的需要帮工（如干农活、建房子等）的农民；另一种是为内地企业

① 参见董振国、王军伟：《中国严打西南边境偷渡：境外势力煽动多人去圣战》，载http://news.sina.com.cn/c/2015-01-19/000131414577.shtml，2019年5月7日访问。

介绍工人的中介人。实施运送他人偷越国境犯罪的主体，一般为中国籍人员，当然有的也与越南籍人员共同实施。中国的运送者有的是一人实施，但多数情形下是多人参与，而且是分段实施运送。

第二节　中越边境妨害国境管理犯罪刑罚适用存在的问题与解决径路

一、刑罚适用中存在的问题

（一）主刑适用中存在的问题

根据目前的司法实践，主刑适用中存在的问题是刑罚不均衡，主要表现为同案不同判、不同案同判两种情形。所谓同案不同判，是指犯罪事实和非犯罪事实相同或相近的情况下，作出不同的判罚；所谓不同案同判，是指犯罪事实和非犯罪事实不相同或相近的情况下，作出相同的判罚。笔者且以偷越国境罪与组织他人偷越国境罪为例，分别列举相应的案例进行比较，从中揭示出其主刑适用中不均衡的问题所在。

1. 偷越国境罪

对于一般性的偷越国境犯罪（即不属于“涉恐”偷越国境）情形，其主刑的法定刑为1年以下有期徒刑、拘役或者管制。可见，对于相同或相近的案件，无论对犯罪人选择判处有期徒刑还是拘役，只要在具体判罚中对行为人判多一个月或者少一个月，就会显示出一种较大的差异存在之感。就该罪在主刑适用中出现的同案不同判和不同案同判的现象，我们分别以如下两组案例予以验证。

（1）同案不同判

案例一：新某某等偷越国境案[①]

经审理查明，2017年2月16日，被告人新某某、赏某某、李某某1、王某某、赏某某1、阮某某、李某某与李某（另案处理）经商量后，没有办理任何出入境手续，通过中介的安排，一起乘船从越南芒街非法偷渡到中国东兴市，后辗转到北流市一私人木材加工厂非法务工。3月18日21时，上述八人因形迹可疑在玉林市玉州区文体路被玉林市公安局玉州分局巡逻民警发现抓获。

法院认为，被告人新某某、赏某某、李某某1、王某某、赏某某1、阮某某、李某某违反出入国境管理法规，三人以上结伙偷越国境，情节严重，各被告人的行为均触犯了刑法，构成偷越国境罪。公诉机关指控被告人新某某、赏某某、李某某1、王某某、赏某某1、阮某某、李某某的罪名成立。新某某、赏某某、李某某1、王某某、赏某某1、阮某某、李某某归案后，如实供认犯罪事实，属坦白，依法可从轻处罚。根据被告人新某某、赏某某、李某某1、王某某、赏某某1、阮某某、李某某犯罪的事实，犯罪的性质、情节和对于社会的危害程度，最后被告人新某某等7人均被判处有期徒刑1年，并处罚金5000元。

案例二：戴某某等偷越国境案[②]

经审理查明，2016年5月17日，越南籍被告人戴某某、杨某某1、杨某某和戴某（未满十八周岁，已遣送回越南）经商量后，在没有办理合法出入境手续的情况下，从越南老街省孟康县偷渡至中国云南省文山县。5月19日，戴某某、杨某某1、杨某某、戴某从中国云南省文山县搭乘车来到

---

① 参见广西壮族自治区玉林市玉州区人民法院（2017）桂0902刑初891号刑事判决书。

② 参见广西壮族自治区玉林市玉州区人民法院（2017）桂0902刑初112号刑事判决书。

中国广西玉林市玉州区城西街道五联村成某制衣厂非法务工。6月27日17时，戴某某、杨某某1、杨某某在该制衣厂被公安民警查获。

法院认为，被告人戴某某、杨某某1、杨某某违反出入国境管理法规，偷越国境，情节严重，各被告人的行为均触犯了刑法，构成偷越国境罪。公诉机关被告人戴某某、杨某某1、杨某某的罪名成立。戴某某、杨某某1、杨某某归案后，如实供认犯罪事实，属坦白，依法可从轻处罚。根据被告人戴某某、杨某某1、杨某某犯罪的事实，犯罪的性质、情节和对于社会的危害程度，最后被告人戴某某等3被告人均被判处有期徒刑10个月，并处罚金5000元。

上述两案的相同点为：（1）一审法院均为广西壮族自治区玉林市玉州区人民法院；（2）均为越南籍人员结伙偷越进入我国；（3）偷越入境我国的目的均为务工，且务工地均在广西壮族自治区玉林市辖区内；（4）均是在务工目的地被查获，已经有了实际务工；（5）两案的被告人在庭审中均认定为归案后如实供认犯罪事实，属坦白，依法可从轻处罚。不同点表现在：（1）入境我国的地点不同。案例一中的偷越人乘船从越南芒街非法偷渡到中国东兴市，而案例二中的偷越人是从越南老街省孟康县偷渡至中国云南省文山县。（2）案件发生的时间不同，案例一中的偷越人是2017年2月16日非法入境我国，被查获的时间是2017年3月18日，入境后时间为1个月左右。而案例二中的偷越人是2016年5月17日非法入境我国，被查获的时间是2016年6月27日，入境后时间为40天左右。（3）偷越人深入我国境内的距离不同。案例一中的偷越人是从中国东兴市出发到北流市（属玉林市下辖的县级市，距离玉林市区20公里左右）一私人木材加工厂非法务工，在玉林市玉州区文体路被玉林市公安局玉州分局巡逻民警发现抓获。案例二中的偷越人是从中国云南省文山县搭乘车到中国广西玉林市玉州区。显然，案例一中的偷越人深入我国境内的距离要比案例二中的偷越人近得多。（4）被判刑罚不同。案例一中的被告人均被判处有期徒刑1年，并处罚金5000元，驱逐出境。而案例二中的被告人均被判处有期徒刑10个月，并处罚金5000元，驱逐出境。总体上来看，上述两案案情基本相同或相近，按理各被告人最后被判处的刑罚不应存在2个月的差异。如果一定要存在差异，那么对案例二中的各被告人所判处的刑罚应比案例一中的各被告人要重才对。因为案例二中的被告人不仅入境后的时间要长，而且深入我国境内的距离也要远得多，因而其给我国造成的安全上的危险要大。

（2）不同案同判

案例一：常某某等偷越国境案[①]

经审理查明，被告人常某某、宋某某、莫某某三人为同社村民。为了赚钱，三人共谋一起前往中国广西南宁市打工。2016年9月18日，被告人常某某等三人在未持有任何合法有效出入境证件的情况下，结伙从越南步行通过中越边境便道进入中国云南省富宁县境内，并搭乘中国公民陶某驾驶的车牌号为粤T ××××× 北汽幻速面包车前往南宁市。次日3时30分，三被告人途经靖西市化峒边防检查站时被中国警方当场查获。经查，常某某等三人均未持有任何合法有效的出入境证件。

法院认为，被告人常某某、宋某某、莫某某违反我国出入境管理法规，无出入境证件三人以上结伙偷越国境进入我国，情节严重，其行为已构成偷越国境罪，公诉机关指控的罪名成立。在共同犯罪中，三被告人共谋犯罪，均起主要作用，都是主犯，应按其所参与的全部犯罪处罚。三被告人到案后如实供述自己罪行，依法可以从轻处罚。最后被告人常某某、宋某某、莫某某均被判处拘役5个月，并处罚金人民币2000元。

案例二：梁某某2等偷越国境案[②]

经审理查明，被告人梁某某2、梁某某、梁某某1自报系越南社会主

① 参见广西壮族自治区靖西市人民法院（2017）桂1081刑初1号刑事判决书。

② 参见广西壮族自治区靖西市人民法院（2016）桂1081刑初289号刑事判决书。

义共和国国籍公民。梁某某2、梁某某、梁某某1在未持有出入境证件的情况下，于2016年8月9日伙同“阿燕”（身份待查）从中越边境739-2号界碑附近的边境护栏缺口进入中国龙邦镇排干新村，后到靖西市寻找工作，同年8月12日16时30分许返回越南途中，在龙邦镇排干新村被我国民警查获。

法院认为，被告人梁某某2、梁某某、梁某某1违反国家出入境管理法规，没有出入境证件结伙进入我国境内，是三人以上结伙偷越国境，情节严重，其行为构成偷越国境罪，公诉机关指控的罪名成立。在共同犯罪中，3名被告人均起主要作用，皆是主犯，依法应按其所参与的全部犯罪处罚。鉴于3名被告人到案后如实供述自己的罪行，当庭认罪，可以从轻处罚。最后三被告人均被判处拘役5个月，并处罚金人民币1000元。

上述两案的相同点表现在:（1）一审法院均为广西壮族自治区靖西市人民法院;（2）均为越南籍人员结伙偷越进入我国;（3）偷越入境我国的目的均为务工;（4）均是在去往目的地的途中被查获，没有实际务工;（5）两案发生的时间均为2016年;（6）两案的被告人到案后均如实供述自己的罪行，一审法院均认为依法可以从轻处罚，最后一审法院对所有的被告人均判处拘役五个月。存在差异的地方是:（1）务工地点不同。案例一中偷越人的务工目的地是广西壮族自治区南宁市，案例二中偷越人的务工目的地是广西靖西市。（2）入境时间虽然都不长，但也有细微的差异。案例一中的偷越人入境时间为2016年9月18日，被查获时间是2016年9月19日凌晨3时30分，入境后大致1天左右，案例二中的偷越人入境时间为2016年8月9日，被查获时间为同年8月12日16时30分许，入境后大致4天左右。（3）入境的地点不同。案例一中的偷越人是通过中越边境便道进入中国云南省富宁县境内，案例二中的偷越人是从中越边境739-2号界碑附近的边境护栏缺口进入中国龙邦镇排干新村。（4）偷越人深入我国境内的距离不同。案例一中的偷越人是从中国云南省富宁县搭乘中国公民陶某驾驶的面包车前往南宁市，途经靖西市化峒边防检查站时被中国警方当场查获，而案例二是到靖西市寻找工作后返回越南的途中，在龙邦镇排干新村被我国民警查获。从上述比较来看，似乎因两案的案情所表现出的诸多共同点可以考虑对两案的各被告人处以相同的刑罚。但是，两案存在一个比较明显的不同点，那就是案例一中的偷越人其深入我国境内的距离要比案例二中的偷越人要远得多，而且其务工的目的地是广西的省会城市南宁市，应当说其对我国社会秩序的破坏以及安全带来的危险要大于案例二。所以，一审法院在对案例二中的各被告人量刑时没有考虑上述因素的差异而作出与案例一完全相同的判罚，存在不妥之处。

2. 组织他人偷越国境罪

由于在组织他人偷越国境罪既未遂存在认识上的不同，所以对该罪的犯罪人的处刑存在较大甚至很大的差异。对于在边境管理区域内查获的组织他人偷越国境犯罪，因认定为犯罪未遂，所以有的案件中的被告人以此获得了减轻处罚且缓刑处理的“优待”，如前述第 883 号刑事审判指导案例农某某组织他人偷越国境案即是。审理该案的一审法院认为，被告人农某某为获取廉价劳动力，违反国家有关出入国境管理法规，伙同他人非法组织 13 名越南人偷越国境，其行为构成组织他人偷越国境罪，公诉机关指控的罪名成立。在共同犯罪中，被告人农某某起主要作用，是主犯，依法应按其所参与的全部犯罪处罚。被告人所组织的 13 名越南人在偷越国境过程中被查获，其组织他人偷越国境犯罪未遂，依法可从轻或减轻处罚。被告人农某某到案后如实供述自己的罪行，是坦白，依法可以从轻处罚。根据被告人农某某的犯罪事实、情节与悔罪表现，决定对农某某宣告缓刑。最后被告人农某某被判处有期徒刑 3 年，缓刑 3 年，并处罚金人民币 5000 元。公诉机关认为，一审判决认定被告人农某某组织他人偷越国境犯罪未遂，系适用法律错误，被告人农某某的行为应认定犯罪既遂。同时，被告人农某某组织他人偷越国境的人数达 13 人，没有减轻处罚情节，对其应判处 7 年以上有期徒刑。为此提起抗诉，提请二审院依法改判。二审法院认为，非法进入我国境内的越南人深入我国国境内的范围有限，被告人农某某组织他人偷越国境的行为仍处于一个连续的时间段内，可认定系在组织他人偷越国境的过程中被查获，一审法院据此认定被告人农某某犯罪未遂，对其减轻处罚，判处有期徒刑3年，缓刑3年，符合司法解释的规定。遂作出驳回抗诉，维持原判的刑事裁定。[①]

然而，令人不解的是，有的案件即使与第883号刑事审判指导案例或者其他案件的案情相同或相近的情况下，法院却作出了不同的处理结果，出现了典型的同案不同判现象。例如：

案例一：李某等组织他人偷越国境案[②]

被告人黄某联系其在越南的亲戚谭某强（另案处理），让谭某强在越南联系欲到中国务工的越南籍人员。同年4月4日，被告人李某、黄某越境到越南谭某强家中，商量如何带陆某宝、黄某邮、农某根、黄某坛、马某盖、陆某某、黄某将、陆某营、农某光、王某某、方某某、李某某、农某某（此四人为未成年人）13名越南籍人员从中越边境进入中国境内。次日上午，被告人黄某先返回中国联系车辆，当日19时，被告人李某和谭某强带领13名越南籍人员徒步来到中越边境，并从中越边境724号界碑附近便道进入中国境内，当晚在位于中越边境附近的被告人黄某家吃晚饭，后由被告人李某、黄某安排谭某强及13名越南籍人员分乘联系到的车牌号为桂L××××× 和车牌号为桂L××××× 两部面包车由安宁乡出发开往大新县，次日凌晨3时许途经化峒检查站时，被执勤民警当场查获。经查，被查获的14名越南人均无任何合法有效的出入境证件。

法院认为，被告人李某、黄某违反国家出入境管理法规，非法组织14

---

① 参见广西壮族自治区百色市中级人民法院（2013）百刑终字第153号刑事裁定书。

② 参见广西壮族自治区靖西县人民法院（2014）靖刑初字第195号刑事判决书。

名越南人偷越国境，其行为已构成组织他人偷越国境罪，公诉机关指控的罪名成立。在共同犯罪中，被告人李某、黄某共谋犯罪，均起组织作用，都是主犯，应按其所参与的全部犯罪处罚；被告人李某、黄某在组织他人偷越国境过程中被边防检查站查获，是犯罪未遂，对于未遂犯，依法可以比照既遂犯从轻或者减轻处罚。被告人李某、黄某到案后如实供述自己的罪行，依法可以从轻处罚。被告人李某、黄某组织他人偷越国境人数众多，依法应处七年以上有期徒刑，并处罚金。综合两被告人的犯罪情节和悔罪表现，本院决定给予两被告人减轻处罚。最后被告人李某和黄某均被判处有期徒刑三年零六个月，并处罚金人民币3000元。

案例二：农某某组织他人偷越国境案[①]

经审理查明：被告人农某某需要人工收割其家中种植的甘蔗，为得到廉价的劳动力，在通过其妹夫冯某某获知周某某等多名越南人愿往中国务工的消息后，于2013年2月24日从靖西县龙邦镇越境进入越南国内组织该国公民周某某等14人前往中国天等县为其收割甘蔗。2013年2月25日，周某某等人在被告人农某某的引领下，从靖西县龙邦口岸附近的中越边境737-2号界碑旁的便道进入中国境内，在界碑附近的巡逻道乘上农某某事先联系前来接应的冯某某、农某某驾驶的两辆越野车，当车辆行驶至靖西县龙邦镇护龙村沿边公路与龙邦二级公路岔路口时被巡逻民警检查。

法院认为，被告人农某某违反国家有关出入国境管理法规，非法组织14名越南人偷越国境，其行为构成组织他人偷越国境罪，公诉机关指控的罪名成立。被告人组织偷越国境的人数在10人以上，属人数众多，依法应当在7年以上有期徒刑或者无期徒刑量刑，并处罚金或者没收财产；其所组织的14名越南人在偷越国境过程中被查获，属犯罪未遂，依法可从轻或减轻处罚。被告人农某某到案后如实供述自己的主要犯罪事实，是坦白，依

---

① 参见广西壮族自治区靖西县人民法院（2013）靖刑初字第97号刑事判决书。

法可以从轻处罚。最后判处被告人农某某有期徒刑 3 年，缓刑 3 年，并处罚金人民币 7000 元。

显然，上述两案无论相较于第 883 号刑事审判指导案例农某某组织他人偷越国境案，还是自身相比，无疑在量刑的核心依据方面表现出了近乎的相同：一是被告人均组织了 10 人以上的越南籍人员入境我国务工；二是被告人均被认定为犯罪未遂；三是各被告人到案后均据实供述自己的罪行，是坦白；四是各被告人最后均获得了减轻处罚的结果。可是，第 883 号刑事审判指导案例的被告人农某某和上述案例二中的被告人农某某所领受的主刑都为“有期徒刑 3 年，缓刑 3 年”，而唯有案例一中的被告人李某和黄某均被判处有期徒刑三年零六个月，且为实刑，这样的处理结论差别之大，实在难以理解。

另外，同样也是在边境管理区内查获，但以既遂处理的情况下，法院对诸多案件的处理则没有出现第 883 号刑事审判指导案例等相同或相近的结果，即被告人不仅不能获得减轻处罚，而且对其也基本判处死刑。例如，前述黄某组织他人偷越国境一案，该案查明的事实显示，被告人黄某是在安排陈某某（另案处理）驾驶出租车搭乘被组织的 6 个越南偷渡人准备前往南宁时，在东兴市 ×× 巷附近被民警抓获的。显然，查获该案的地点也是在边境管理区内。但审理该案的法院不仅认定被告人黄某犯罪既遂，而且最终对其作出了判处有期徒刑 1 年，并处罚金人民币两万元的处罚（法院认为，在共同犯罪中，被告人黄某起次要作用，是从犯，应当从轻、减轻处罚或者免除处罚。被告人黄某归案后如实供述自己的罪行，在庭审中认罪态度好，故决定对被告人黄某依法减轻处罚）。① 由上可见，对于组织他人偷越国境罪的刑罚适用，目前可以说是达到了司法乱象的地步。

另外值得一提的是，在主刑适用中，对于中外犯罪分子所作出的判罚往

① 参见广西壮族自治区东兴市人民法院（2016）桂 0681 刑初 98 号刑事判决书。

往表现出一定或者较大的差异，似有“照顾”中国籍犯罪人倾向之嫌。亦即中国籍犯罪人与越南籍犯罪人所犯罪行基本相同或者在中越人员共同实施犯罪中双方的作用大小基本相等（甚至中国籍犯罪人的作用大于越南籍犯罪人）的情况下，对我国的犯罪人处以较轻的刑罚。对此，我们可以列举如下三个案例证明。

案例一：谢某某等偷越国境案[①]

经审理查明，2017年7月16日14时，被告人谢某某、刘某、黄某某在防城港市防城区商议通过偷渡的方式前往越南游玩，后三人驾车至东兴市码头，搭乘越南籍女子陈某1（另案处理）驾驶的铁壳船渡河，并在河中心换乘裴某（另案处理）驾驶的铁壳船到达越南芒街市。同日19时，3个人乘船从越南偷渡返回中国时，在东兴市码头被民警抓获。经查，三人均未办理合法有效的出入境手续。

法院认为，被告人谢某某、刘某、黄某某违反中国出入境管理法规，结伙偷越国境，情节严重，其行为已构成偷越国境罪，公诉机关指控的罪名成立。在共同犯罪中，三被告人共商偷渡事宜，均起主要作用，是主犯，应当按照其所参与的全部犯罪处罚。被告人谢某某曾因故意犯罪被判处有期徒刑以上刑罚，刑罚执行完毕以后，五年内再犯应当判处有期徒刑以上刑罚之罪的，是累犯，应当从重处罚。三被告人到案后如实供述犯罪事实，并当庭认罪，决定分别对三被告人从轻处罚。鉴于被告人刘某、黄某某认罪态度好，有悔罪表现，没有再犯罪的危险，宣告缓刑对所居住的社区无重大不良影响，可以宣告缓刑。最后判处被告人谢某某有期徒刑7个月，并处罚金人民币5000元；判处被告人刘某和黄某某拘役4个月，缓刑6个月，并处罚金人民币5000元。

---

① 参见广西壮族自治区东兴市人民法院（2017）桂0681刑初161号刑事判决书。

案例二：阮某某等偷越国境案①

经审理查明，2016年2月中旬，被告人阮某某1、阮某某2、武某某、陈某某先后找到被告人阮某某商量偷渡到中国打工，并商定于2016年2月20日出发。同月20日早上，被告人阮某某、阮某某1、阮某某2、武某某、范某某一起从越南海阳省乘车前往越南芒街市，当天下午到达芒街市后与被告人陈某某会合。后被告人阮某某、阮某某1、阮某某2、武某某、范某某、陈某某在“阿山”（另案处理）的安排下，结伙乘船从越南芒街市偷渡进入中国东兴市境内。后被告人阮某某等六人由黄光旭（已判刑）接应安排乘车欲离开东兴市时被民警抓获。

法院认为，被告人阮某某、阮某某1、阮某某2、武某某、范某某、陈某某违反中国国境管理法规，结伙偷越国境，情节严重，其行为已构成偷越国境罪，公诉机关指控的罪名成立。6个被告人归案后如实供述自己的罪行，在庭审中认罪态度好，决定依法对6个被告人从轻处罚。根据被告人阮某某、阮某某1、阮某某2、武某某、范某某、陈某某犯罪的事实、性质、情节和对社会的危害程度及悔罪表现，分别判处有期徒刑8个月，并处罚金人民币5000元，其中被告人武某某和范某某附加驱逐出境。

案例三：范某组织武某甲等人偷越国境案②

经审理查明：2013年7月中旬，被告人范某、武某甲经商定，由被告人武某甲负责在越南找人前往中国钦州市范某处打工。被告人武某甲先后召集了被告人阮某甲、武氏某、武某乙等人于当月17日来到越南芒街市车站与被告人范某会合，武某甲将其收取的武氏某、武某乙、阮某甲等人的共12兆越南盾路费交给范某。后被告人范某安排被告人武某甲等4人搭乘

---

① 参见广西壮族自治区东兴市人民法院（2016）桂0681刑初152号刑事判决书。

② 参见广西壮族自治区东兴市人民法院（2013）东刑初字第249号刑事判决书。

摩托车到北仑河边会合阮某乙（另案处理），被告人一伙在均未持有任何合法有效的出入国境证件的情况下，结伙乘船偷渡进入中国东兴市境内，入境后乘坐被告人范某雇请的由李某驾驶的车牌号为“桂N×××××”的五菱牌面包车意欲前往钦州市，途经东兴市江平镇滨海一级公路长山路段时被公安机关查获。

法院认为，被告人范某违反中国国境管理法规，组织他人偷越国境，已构成组织他人偷越国境罪。被告人武某甲、阮某甲、武氏某、武某乙违反中国国境管理法规，结伙偷越国境，情节严重，已构成偷越国境罪。5名被告人在侦查阶段如实供述自己的罪行，在庭审中认罪态度好，决定对5名被告人分别从轻处罚。根据被告人范某的犯罪情节和悔罪表现，没有再犯罪的危险，在所居住的社区无重大不良影响，可以宣告缓刑。被告人范某犯组织他人偷越国境罪，判处有期徒刑二年六个月，缓刑三年，并处罚金人民币4000元；被告人武某甲、阮某甲、武氏某、武某乙犯偷越国境罪，判处有期徒刑八个月，并处罚金人民币2000元，附加驱逐出境。

上述三案的一审法院均为广西壮族自治区东兴市人民法院。从这三个案件的处理结果我们可以看出，中国籍犯罪人与越南籍犯罪人在最后的刑事处遇上无疑存在一定的差异。具体表现在：（1）案例一和案例二的各被告人均触犯偷越国境罪。其中，案例一中的三被告人均为中国籍，因被告人谢某某属于累犯而被判处有期徒刑7个月，被告人刘某和黄某某则被判处拘役4个月，缓刑6个月。而案例二中的被告人武某某和范某某为越南籍（因为这有附加驱逐出境。但从案情来看，似乎案例二中的被告人均为越南籍），均被判处有期徒刑8个月。应当说，在两案中的被告人到案后均如实供述自己的罪行并在庭审中认罪态度好的情况下，最后对他们的判罚不应存在如此的差别。因为，案例一案情显示，虽然被告人谢某某、刘某、黄某某结伙偷越国境至越南境内的目的是游玩，且当天返回国内，但毕竟其完成了偷越国境的往返行程，而案例二中的各被告人虽然偷渡到中国的目的是打工，如果成功亦不具有当天返回其国内的可能性，但是毕竟其偷渡进入中国东兴市境内后乘车欲离开东兴市时即被抓获（因而其打工的目的并没有成功）。所以，总体来看，两个案件中被告人的危害程度相当，在同一法院审理的情况下，应尽可能作出公平的处理结果为宜。（2）案例三中的被告人范某为中国籍，其行为被定性为组织他人偷越国境罪，被告人武某甲、阮某甲、武氏某、武某乙均为越南籍，其行为被定性为偷越国境罪。在“5个被告人在侦查阶段如实供述自己的罪行，在庭审中认罪态度好，决定对五名被告人分别从轻处罚”的情况下，对被告人范某虽然判处有期徒刑二年六个月，但为虚刑（即缓刑），而对被告人武某甲、阮某甲、武氏某、武某乙虽然判处有期徒刑8个月，但均为实刑。显然，组织他人偷越国境罪属于重罪，偷越国境罪是轻罪，互比之下，作为中国籍的犯罪人范某所领受的刑罚无疑要轻。

（二）附加刑驱逐出境适用中存在的问题

我国《刑法》第35条规定：“对于犯罪的外国人，可以独立适用或者附加适用驱逐出境。”据此，驱逐出境具有两个特点：一是驱逐出境只对犯罪的外国人（包括具有外国国籍的人和无国籍人）适用；二是驱逐出境既可以独立适用，也可以附加适用。由于刑法将驱逐出境既没有规定在第33条的主刑中，也没有规定在第34条的附加刑中，而是以专条（第35条）加以规定，所以在学术界引起了关于驱逐出境是否为一种刑罚方法以及是否为附加刑中的资格刑的争论。目前多数学者认为，虽然驱逐出境没有规定在第33条的主刑以及第34条的附加刑中，但是由于驱逐出境只能对犯罪的外国人适用，不具有普遍适用的性质，所以刑法才对其作出专条规定的技术处理。由此可见，不能以《刑法》第33条、第34条所列举的主刑和附加刑中没有驱逐出境为由而将其排除在刑罚方法之外。那么，我国刑法中的驱逐出境，是强迫犯罪的外国人离开我国国（边）境的刑罚方法，且因其既可以独立适用也可以附加适用的特点，显然属于附加刑的一种（是一种特殊的附加刑），同时，驱逐出境是对犯罪的外国人在我国居留资格的剥夺，因而是一种资格刑。[①]

在妨害国境管理的犯罪中，由于偷越国境本身就是从此国非法出境至彼国或者从彼国非法入境到此国的过程，所以在偷越者作为外国人非法入境至我国并构成犯罪的情形下，对其判处刑罚时就要作出附加主刑适用或者独立适用驱逐出境的选择。从目前处理中越边境妨害国境管理犯罪的司法实践来看，附加刑驱逐出境的适用主要存在着如下两大问题：

一是因国籍不明而难以适用。有的偷渡者从其姓名、语言、相貌、偷越线路等综合判断，其明显是越南籍公民，但是在其被抓获后直至庭审的整个过程中，并不如实交代其国籍，这样致使难以适用驱逐出境这一附加刑。例如，邓某某等偷越国境案，经审理查明，被告人邓某某、盘某某、阮某某系外籍人员，三被告人伙同何某（另案处理）共谋一同前来中国务工后，在未持有任何合法有效出入境证件的情况下，于2017年11月14日晚，结伙从中越边境737–2号界碑附近的便道步行进入中国靖西市龙邦境内，后乘车欲前往中国广东务工，当日23时许，三个被告人所乘的车辆途经靖西市龙邦镇吕平村央屯附近二级路段时被中国警方抓获。从该案法律文书载明的内容来看，三被告人均有自己的越文姓名，庭审中邀请了翻译人，同时查明的事实是从中越边境737–2号界碑附近的便道步行进入中国靖西市龙邦境内，应当说三被告人应属于越南籍公民无疑。但是由于最终没有得到越南警方关于核查三被告人身份信息的回复，所以无法真正确认三被告人的国籍，最后使得法院只能将三被告人的身份概括地定性为“系外籍人员”，且也只能作出选择适用主刑和罚金刑（均判处拘役5个月，并处罚金人民币2000元）而无法同时适用附加刑驱逐出境的处理。[②] 又如，上述周

---

① 参见马克昌主编:《刑罚通论》，武汉大学出版社2007年版，第238—240页。另参见高铭暄、马克昌主编:《刑法学》，北京大学出版社、高等教育出版社2017年版，第246页。

② 参见广西壮族自治区靖西市人民法院（2018）桂1081刑初62号刑事判决书。

某某等偷越国境案，经审理查明被告人周某某、邓某某、李某某相互结伙，从中越边境便道进入中国境内找在中国的越南籍亲戚周某游玩。既然已查明三被告人是“从中越边境便道进入中国境内”，而且是“找在中国的越南籍亲戚周某游玩”，同时本案庭审中又配有翻译人，那么按理三被告人应为越南籍公民。但还是因为三被告人的国籍最终没有得到核实，法院最后也只能对三被告人选择主刑和罚金刑适用，而无法附加驱逐出境（均判处拘役 5 个月，并处罚金人民币 1000 元）。①

二是在存在适用驱逐出境的场合，有的是独立适用，有的则是附加适用，出现同案同罪不同判的现象。这从蒋某某组织他人偷越国境案和梁某等组织他人偷越国境案的处理结果便可以得到验证。

案例一：蒋某某组织他人偷越国境案②

经审理查明：被告人蒋某某系越南社会主义共和国高平省保林县李波社口麻屯人，2013 年 9 月，被告人蒋某某从他人处得知在中国南宁打工很赚钱，遂决定带越南人到中国南宁打工。2013 年 10 月 24 日下午，蒋某某组织朝某某、李某等越南人，经越南“古庞”（地名）中越 537 号界碑附近的便道进入中国境内。当天 22 时，蒋某某等 8 人在中国那坡县百省乡搭乘由何某某驾驶的车牌号为桂 A××××× 面包车前往广西南宁市，25 日凌晨 2 时，当车辆途经靖西县化峒边境检查站时，被执勤民警当场查获。经查，被告人蒋某某、朝某某、李某等为越南籍公民，均无法提供任何合法有效的出入境证件。

法院认为，被告人蒋某某违反我国有关出入国境管理法规，非法组织 7 名越南人偷越国境，其行为构成组织他人偷越国境罪，公诉机关指控的罪

① 参见中华人民共和国广西壮族自治区靖西市人民法院（2016）桂 1081 刑初 242 号刑事判决书。

② 参见广西壮族自治区靖西县人民法院（2014）靖刑初字第 41 号刑事判决书。

名成立。被告人蒋某某到案后如实供述自己的罪行，是坦白，依法可以从轻处罚。综合蒋某某的犯罪情节与悔罪表现、犯罪的社会危害程度，最后决定对其独立适用驱逐出境。

案例二：梁某等组织他人偷越国境案[①]

经审理查明，被告人梁某的妻子是越南人，与被告人农某甲是亲戚关系。2015 年 8 月 26 日，被告人梁某为找人帮忙割稻草，就电话联系家住越南的表弟被告人农某甲，要农某甲帮找几个越南人来帮工，被告人农某甲表示同意。8 月 30 日，被告人梁某得知被告人农某甲已联系好了 4 个前来做工的越南人，即安排被告人农某甲入境的时间和路线。2015 年 8 月 31 日上午，被告人农某甲按照被告人梁某的安排，带着越南人朱某、农某乙、农某丙、谭某某从中越边境 771 号界碑附近便道徒步进入中国境内，在靖西市壬庄邦亮村那井屯附近路段与被告人梁某会合后，搭乘被告人梁某雇请的岑某所驾驶的面包车（车牌号桂 L×××××）向靖西县方向行驶，在途经靖西市新靖镇旧州街往化峒镇的驿路约 2 公里处时被公安民警查获。经查明，被告人农某甲和朱某、农某乙、农某丙、谭某均为越南籍人，均未办理任何合法有效的出入境证件。

法院认为，被告人梁某、农某甲违反我国有关出入国境的管理规定，非法组织 4 名越南人偷越国境，对我国国境的正常管理秩序造成了破坏，其行为已构成组织他人偷越国境罪，公诉机关指控的罪名成立。在共同犯罪中，被告人梁某起主要作用，是主犯，应按其所参与的全部犯罪处罚；被告人农某甲受被告人梁某指使，起次要作用，是从犯，依法应当从轻、减轻处罚或者免除处罚。二被告人当庭认罪，可酌情从轻处罚。被告人梁某、农某甲所组织的 4 名越南人在偷越国境过程中，被我边防派出所在边境路段查获，应当以组织他人偷越国境罪未遂论处，对于未遂犯，可以比照既遂犯从轻

---

① 参见广西壮族自治区靖西县人民法院（2015）靖刑初字第 260 号刑事判决书。

或者减轻处罚，决定对被告人减轻处罚。综合被告人梁某、农某甲的犯罪情节、悔罪表现和犯罪的社会危害程度，最后判处被告人梁某有期徒刑1年，缓刑2年，并处罚金人民币2000元；判处被告人农某甲拘役5个月，并处罚金人民币1000元，刑满后驱逐出境。

通过对上述两案的比较发现，案例一中的被告人蒋某某和案例二中的被告人农某甲均为越南籍公民，二人均是在组织越南籍务工人员进入中国境内后，在运送被组织者的途中被查获，因而均被法院认定为犯罪未遂，同时二人到案后均如实供述自己的罪行或者当庭认罪，从而获得了法院从轻处罚的结果。按理，既然法院能对案例一中的被告人蒋某某作出独立适用驱逐出境的判定，那么对案例二中的被告人农某甲就更应作出与蒋某某相同的判决。因为，蒋某某属于单独实施犯罪，而且组织的人数为7人，而农某甲是与被告人梁某共同实施犯罪，其组织的人数为4人，同时法院认定其为从犯（因其受被告人梁某的指使）。相比之下，被告人蒋某某的犯罪情节以及对社会的危害显然要重或大于农某甲，如果要在二者间选择独立适用驱逐出境，就应由农某甲来获取这一“待遇”才更符合情理。所以，作为同一法院审理的上述两起案件，在同罪也基本同案的情况下，却作出完全不同的判决，是十分值得商榷的。

二、解决中越边境妨害国境管理犯罪刑罚适用中存在问题的进路

通过分析发现，在中越边境妨害国境管理犯罪刑罚适用中之所以出现上述问题，是因为在宏观层面缺乏统一的思想引领以及没有建立起标准化的量刑制度所致。所以，解决中越边境妨害国境管理犯罪刑罚适用中存在问题时，就要依据中越边境妨害国境管理犯罪的地域特点，一是从宏观上确立相应的刑罚政策，二是将各种行为（情节）类型化，从而促成量刑的标准化。

（一）中越边境妨害国境管理犯罪的刑罚政策选择

编写前述最高人民法院公布的第883号刑事审判指导案例（即农某兴组织他人偷越国境案）的作者认为，中越两国依山傍水，两国边民来往频繁。近年来，由于我国边境的青壮年劳力大多到广东沿海一带打工，边境地区的农村人工短缺，每到农忙季节吸引了较多的越南劳力越境短期务工。鉴于上述情况，如果对当地农村招募越南人务工的边民处以重刑，社会效果可能不好。因此，从中越边境地理风情分析，为体现罪责刑相适应原则，被告人的行为宜认定为犯罪未遂。[①]可见，被告人农某兴之所以被认定为犯罪未遂，实际是司法机关基于刑事政策层面考量的结果。因此，解决中越边境妨害国境管理犯罪刑罚适用中存在问题的进路之一，就是需要针对中越边境这一特定、特殊的区域，厘定出该区域的妨害国境管理犯罪的刑罚政策。[②]

1. 罪刑法定原则与刑事政策的关系

在确定中越边境妨害国境管理犯罪的刑罚政策之前，不可避免的是要厘清罪刑法定原则与刑事政策的关系。

作为在长期反对封建社会罪刑擅断与滥用刑罚的斗争中而产生的罪刑法定原则，是人类文明发展史上的重大标志性成果，它对于准确、公平惩治犯罪及保障人权，具有不可替代的作用。正如有学者所言："现代罪刑法定原则已经成为国际社会中共同的带有根本性的刑法原则。可以这样说，在当代法治国家，罪刑法定主义的意义已经超出了刑事立法的范畴，成为具

① 参见中华人民共和国最高人民法院刑事审判第一、二、三、四、五庭主办：《中国刑事审判指导案例（05卷）》，法律出版社2017年版，第260页。

② 所谓刑罚政策，是指设定刑罚目的和运用刑罚手段的政策，是刑事政策的重要组成部分。参见储槐植：《刑事一体化论要》，北京大学出版社2007年版，第83页。

有普通作用的人权原则和宪法准则。”[①]“罪刑法定既是刑法铁则，又是宪法原则。”[②]由此，罪刑法定原则无疑需要得到坚决的执行。正如陈兴良教授所言，从罪刑法定中引申出来的形式理性的刑罚理念，应是当前法治建设中需要树立的刑法理念，它是法治社会刑法的内在生命。[③]“为获得形式理性，在某些情况下，我们不能不以丧失实质合理性为必要的代价”。[④]我国现行刑法典第 3 条规定：“法律明文规定为犯罪行为的，依照法律定罪处刑；法律没有明文规定为犯罪行为的，不得定罪处刑。”其基本内涵和要求为：什么行为是犯罪、是哪种罪、有哪些犯罪、某种犯罪成立后应当如何适用刑罚（即刑种和刑度的确定）等，均由刑法事先加以明确规定，并且严格以事先的规定进行定罪和量刑。就刑罚的裁量而言，对于犯罪分子决定刑罚的时候，其要求应当根据《刑法》第 61 条规定，即根据犯罪的事实、犯罪的性质、情节和对于社会的危害程度，依照刑法的有关规定判处（即坚持以犯罪事实为根据，以刑事法律为准绳的原则）。

所谓刑事政策，从广义上看，“刑事政策是指国家政治系统和社会公共权力组织基于一定的社会公共价值目标（共性价值目标）并以防控犯罪为个性价值目标而有组织地采取的一系列方略”。[⑤]我国目前所确立的宽严相济的刑事政策，是“惩办与宽大相结合”的基本刑事政策在构建和谐社会新形势下的回应。至于宽严相济刑事政策的基本内涵，许多学者对此阐明了自己的看法。如有学者认为，“宽严相济”刑事政策就是对刑事犯罪分清轻重，区别对待，做到该严则严、当宽则宽、宽中有严、严中有宽，处罚轻重适宜，符合罪责刑相适应的原则。[⑥]有的学者认为：“宽严相济刑事政

① 姚建龙主编：《刑法思潮与理论进展》，中国人民公安大学出版社 2014 年版，第 38—39 页。

② 张明楷：《罪刑法定与刑法解释》（前言），北京大学出版社 2009 年版，第 1 页。

③ 参见陈兴良：《刑法的格致》，法律出版社 2008 年版，第 13—14 页。

④ 陈兴良：《教义刑法学》，中国人民大学出版社 2010 年版，第 31 页。

⑤ 魏东：《保守的实质刑法观与现代刑事政策立场》，中国民主法制出版社 2011 年版，第 166 页。

⑥ 参见马克昌：《“宽严相济”刑事政策与刑罚立法的完善》，载《法商研究》2007 年第 1 期。

策应当包括如下内容：该严则严，当宽则宽；宽严互补，宽严有度；审时度势，以宽为主。”[①]但有的学者认为，“当宽则宽、当严则严”是对宽严相济刑事政策的形式化解读，甚至可能是在根本方面背离了宽严相济刑事政策的真实要旨。基于宽严相济刑事政策深刻的政治文化背景和政策价值诉求，宽严相济刑事政策的基本内涵，应当是在刑事政策整体上轻缓化的前提下，实行‘以宽为主（针对大多数普通刑事犯罪的广泛性从宽）、以严为辅（针对少数严重暴力犯罪从严）、宽严相济（广泛性与少数性从严的动态协调）’，包括立法上的宽严相济与司法上的宽严相济。[②]

笔者认为，无论赋予宽严相济刑事政策怎样的内涵，其均会在“宽”与“严”的协调或互动中表现出刑事政策的灵活性和高效性的特点，因而与罪刑法定原则所应有的安全性和稳定性可能存在张力。这种张力表现在：一方面，罪刑法定要求不折不扣地执行现行刑事法律；而另一方面，基于司法品格的独立性或者某种现实需求，基于刑事政策的考量需要对罪刑法定作出“变通执行”才能更具合理性和正当性。为此，在彻底贯彻罪刑法定原则的情况下，就可能会与刑事政策产生如何平衡的问题。

当今，罪刑法定无疑从绝对罪刑法定已经步入相对罪刑法定的时代。应当说，相对的罪刑法定已经得到了包括我国在内的大多数学者的赞同。例如，周光权教授认为：“适用罪刑法定，最为重要的问题是合理解释刑法。”[③]其言下之意，罪刑法定并不绝对排斥解释刑法，只是要求做到“合理”解释刑法而已。陈兴良教授认为：“绝对罪刑法定由于完全束缚了法官的手脚，违背了司法活动的内在规律，因而已被历史淘汰；而相对罪刑法定已经为法官的定罪量刑预留了足够的裁量余地，因而是具有生命力的，它能够与司法

---

① 卢建平主编：《刑事政策学》，中国人民大学出版社2007年版，第165页。

② 参见魏东：《保守的实质刑法观与现代刑事政策立场》，中国民主法制出版社2011年版，第212页。

③ 周光权：《刑法总论》，中国人民大学出版社2011年版，第36页。

活动同构共存。”[①]于志刚教授也指出，从历史和现实的双重梳理表明，中国目前不具有实行绝对的、古典式的罪刑法定原则的条件，而相对的、实质主义的刑法观具有现实性。[②]同时，从当今各国的立法实践和司法实践来看，相对的罪刑法定“已成为各国刑法改革的重要成果或者发展方向”。[③]笔者认为，在承认相对罪刑法定并倡导“刑法的刑事政策化”的前提下，解决罪刑法定原则与刑事政策可能存在的内在冲突，在法治的语境下找到消弭二者冲突的平衡点，应当说并不困难。由于“罪刑法定原则是法治在刑法领域中的表现”，[④]而宽严相济的刑事政策也无疑是法治化的刑事政策，“宽不是法外施恩，严也不是无限加重，无论是从宽还是从严，都要于法有据”。[⑤]为此，只要首先毫不动摇地严格遵循罪刑法定原则，并在罪刑法定原则的统领下开展刑事政策的实践，保证刑事政策始终在法律的范围内活动以及在法治的轨道上运行，形成“刑法的刑事政策化”与“刑事政策的法治化”的有机统一，那么，罪刑法定与刑事政策的紧张关系便可以得到消解。

2. 中越边境妨害国境管理犯罪刑罚政策的确立

储槐植教授在论及刑法结构与刑法机制的相互关系时认为，“严而不厉”（即虽刑罚轻缓但法网严密）与“厉而不严”（即虽刑罚苛厉但法网不严）两种刑法结构相较，显然“严而不厉”的刑法结构能较好地同时发挥刑法打击犯罪保护社会与保障犯罪人合法权益的两种功能，容易协调司法实践中可能出现的情与法的冲突。他同时认为，刑不苛厉但法网严密的“严而不厉”是国家对刑法结构唯一的理性选择，是人类迄今为止探索寻觅到的利于刑法

① 陈兴良：《本体刑法学》，中国人民大学出版社 2011 年版，第 76 页。
② 参见于志刚：《罪刑法定原则认识发展中的博弈》，载《法学》2010 年第 1 期。
③ 高铭暄主编：《刑法专论（上编）》，高等教育出版社 2002 年版，第 69 页。
④ 刘明祥主编：《刑法的基础理论》，中国人民大学出版社 2015 年版，第 88 页。
⑤ 张小虎主编：《犯罪学研究》，中国人民大学出版社 2007 年版，第 173 页。

运作（刑法机制）顺畅的刑法结构。[①] 应当说，上述“严而不厉”观点的阐述尽管没有冠以刑事政策之名，但其实际上具有很浓厚的刑事政策内容导向，因而对我国刑罚政策的选择无疑有着重要的指导或启示性作用。例如，梁根林教授在通过回顾和反思我国刑法学界自 20 世纪 80 年代以来曾经展开的重刑化与轻刑化之争，以及对欧美“轻轻重重”的刑罚政策经过一番全方位的检讨之后认为，“我国应当突破重刑化和轻刑化的单极化之争，摒弃单极化的‘严打’方针，顺应世界范围内刑事政策‘轻轻重重’的两极化趋势，结合我国的具体国情和现实犯罪态势，选择‘重重轻轻、整体趋轻’的两极化刑罚政策”。[②]

根据中越边境妨害国境管理犯罪的成因、特点以及宽严相济的刑事政策，笔者认为，对于中越边境妨害国境管理犯罪的刑罚政策，上述“重重轻轻、整体趋轻”的刑罚政策整体上是符合中越边境妨害国境管理犯罪的当前域情的，因而主张将该刑罚政策确立为中越边境妨害国境管理犯罪的刑罚政策。总括起来，“整体趋轻”的依据主要有如下几个方面：

（1）偷越国境者（包括组织、运送他人偷越国境以及自行偷越国境，下同）的目的大多为务工、旅游、探亲，而为实施违法犯罪或者为了逃避法律制裁的偷越国境行为占少数。

（2）在以务工为目的偷越国境的情形中，其务工的目的地虽然有的深入我国内地，但是也有相当部分的偷越者选择或者被组织在边境地区或者与边境地区相邻的附近区域。

（3）有的组织者就是我国边境地区或者与边境地区相邻附近区域需要用工的农民（包括个体企业老板），由于边境地区劳动力的严重缺乏，这些组织者雇用所谓廉价劳力的行为从某种程度上尚值得理解。同时，大多数越南籍偷渡人员是由于家庭经济比较困难才冒险偷越国境至我国境内务工

---

① 参见储槐植:《刑事一体化论要》，北京大学出版社 2007 年版，第 73 页。

② 梁根林:《刑事制裁：方式与选择》，法律出版社 2006 年版，第 52 页。

（否则其不至于偷越国境到我国务工），因而其行为也有值得“同情”之处。

（4）虽然入境我国务工的越南籍偷越人员在务工期间，有违法犯罪行为，但是这种现象并没有达到令人“惊恐”的境地，尚属可控范围。事实证明，大多数的务工者还是表现出了“遵纪守法”的一面。

（5）有的中国组织者往往通过在越南的亲戚或朋友招募务工或帮工人，而招募的对象又往往是招募人的亲戚、朋友或者其他同一村屯的人，无论是组织者与被组织者之间，还是不具有组织行为的招募者与被招募者之间，此种情形似乎给人有“互助”之感。

（6）在边境地区帮工或务工的越南籍人员中，一般完成任务后就会返回越南，在中国非法居留的时间并不很长。同时，自越南偷越入境我国务工的情形中，有较多的是一入境或者不久就被查获，偷越人没有到达其务工目的地，也没有实现其最终目的，我国的国家安全没有遭受实际威胁。

（7）实施运送或者协助组织、运送偷渡者的行为人，大多是来自边境地区“靠边吃边”的边民，而且其行为的对象又大多是为务工、旅游、探亲目的而偷越国境的人，其主观恶性及社会危害性尚无达到不可容忍至极的程度。

（8）大规模的或者集团性的犯罪不多，除了2014年左右发生的系列偷渡者从中越边境大规模偷渡至其他国家或地区参加所谓的“圣战”之外，其余的时间段有组织的犯罪则较少，基本以单独实施或者作为一般的共同犯罪实施的犯罪形态出现。而且，上述以所谓“圣战”之名而实施的大规模偷渡现象，目前已得到了有效控制。

（9）从目前的司法实践来看，发生在中越边境常见的妨害国境管理犯罪中，无论是实施组织他人偷越国境的行为，还是运送他人偷越国境的行为，对行为人加重处罚的依据基本为组织或运送“人数众多”这一情形，少数是“违法所得数额巨大”“多次组织他人偷越国境”“多次实施运送行为”和“以暴力、威胁方法抗拒检查”的加重情形（其中“以暴力、威胁方法抗拒检查”这一情形主要发生在2014年左右参加所谓的“圣战”的偷渡者中)。基于中越边境地理及人文环境的诸多便利，对于偷渡者，特别是居住在边境一侧的中越边民，利用中越双方管理上的漏洞，偷渡行为的完成变得十分容易，从而以“造成被组织人重伤、死亡”“剥夺或者限制被组织人人身自由”或者“所使用的船只、车辆等交通工具不具备必要的安全条件，足以造成严重后果”“在运送他人偷越国境过程中造成被运送人重伤、死亡”以及“在运送他人偷越国境过程中以暴力、威胁方法抗拒检查”等加重情形予以处罚的，则实为罕见。另外，犯组织他人偷越国境罪和运送他人偷越国境罪，同时对被组织人或者被运送人实施杀害、伤害、强奸、拐卖以及对检查人员实施杀害、伤害等犯罪行为，而实施数罪并罚的情形也不多见。

3.“重重轻轻、整体趋轻”刑罚政策在司法实践中的具体适用

根据目前的司法实践，笔者就中越边境常见的组织他人偷越国境、运送他人偷越国境以及偷越国境三种妨害国境管理犯罪各自的“重重”与“轻轻”的具体情形及其适用问题，分别作一大致列举及初步的探讨(其中累犯、惯犯、偶犯、初犯以及坦白、当庭认罪等不在列举之内)。

(1)组织他人偷越国境罪“重”与“轻”的情形及其适用

本罪“重”的情形主要有：一是多次组织他人偷越国境的；二是一次组织偷越人数超过10人的2倍以上的；三是组织他人入境我国务工的目的地离中越边境距离远的；四是被组织偷越的人中包括老人和小孩的；五是明知他人偷越国境实施违法犯罪行为而组织的。上述行为因表现出行为人组织的大规模性，行为人的主观恶意性严重，社会危害性大，因而对于组织他人偷越国境犯罪集团的首要分子(俗称“蛇头”)或者首要分子以外的主犯(包括犯罪集团和一般共同犯罪中的主犯)以及单独实施上述“重”行为的行为人，应在本罪相应的法定刑幅度内处以较重的刑罚(包括处以较重的罚金或没收财产)，而且即使有减轻情节，一般也不应适用缓刑。

除了上述“重”的情节之外，以下几种行为应考虑作为本罪“轻”

的情形。一是以务工、旅游、探亲为目的，单独实施组织他人偷越国境的（由于此种情形形成大规模组织他人偷越国境的可能性不大）；二是一般的共同犯罪实施组织他人偷越国境犯罪行为的（即使是一般共同犯罪中的主犯，如果没有上述“重”的情节，相比犯罪集团的首要分子或者其他主犯也要轻）；三是以务工为目的单独或者一般的共同犯罪实施组织越南籍人员偷越国境在入境我国后即被查获的；四是组织越南籍人员在我国边境地区或者与边境地区相邻地区帮工或务工的；五是被组织人以游玩、探亲为目的，即使组织者的组织行为完成了往返的（例如，组织他人到越南旅游，后又回到中国境内）；六是共同犯罪中的从犯。对于上述情形的行为人，在本罪的相应法定刑幅度内处以较轻的刑罚（包括处以较轻的罚金或没收财产）。同时，如果具有减轻情节，综合案件的各种情况，对中国籍犯罪人可以考虑适用缓刑，对于越南籍犯罪人可以考虑独立适用驱逐出境。

（2）运送他人偷越国境罪“重”与“轻”的情形及其适用

本罪“重”的情形主要有：一是实施运送他人偷越国境共同犯罪中的主犯；二是多次实施运送行为的；三是一次运送人数超过 10 人的 2 倍以上的；四是运送的偷越人中有老人和小孩的；五是明知偷越人偷越国境是为了实施违法犯罪行为或者是为了逃避法律制裁的；六是跨境运送偷越人的。对于上述情形的行为人，应在本罪规定的刑种中选择较重的刑种并在相应的法定刑幅度内处以较重的刑罚（包括处以较重的罚金），而且即使有减轻情节，一般也不应适用缓刑。

除了上述“重”的情节之外，以下几种行为应考虑作为本罪“轻”的情形。一是实施运送他人偷越国境共同犯罪中的从犯；二是运送他人偷越国境的目的是务工、旅游、探亲的；三是运送犯罪行为虽然既遂，但是尚未到达目的地即被查获的。对于上述情形的行为人，在本罪规定的刑种中可以选择较轻的刑种（如拘役或管制），并可以考虑在较轻刑种的相应法定幅度内处以较轻刑罚（如果不选择较轻刑种，应在相应法定幅度内处以较轻刑罚），同时如果具有减轻情节，综合案件的各种情况，对于中国籍犯罪人可以考虑适用缓刑，对于越南籍犯罪人可以考虑独立适用驱逐出境。

（3）偷越国境罪“重”与“轻”的情形及其适用

本罪“重”的情形主要有：一是偷越国境实施违法犯罪行为；二是越南籍人员偷越国境至我国务工期间实施违法犯罪行为的；三是偷越国境是为了逃避法律制裁的；四是越南籍人员偷越国境深入我国内地务工，且距离中越边境远、非法务工时间长的；五是共同犯罪中的主犯。对于上述情形，无论是否以偷越国境罪与他罪实施数罪并罚（第一种和第二种情形可能发生数罪并罚的情况），对行为人均应选择较重的刑种（有期徒刑），并在法定刑幅度内处以较重的刑罚（包括判处较高的罚金）。同时，均应考虑判处实刑，对于越南籍犯罪人在判处实刑的同时附加驱逐出境。

除了上述“重”的情节之外，以下几种行为应考虑作为本罪“轻”的情形。一是越南籍人员以务工为目的偷越国境，其务工目的地在我国边境地区或者与边境地区相邻的区域，且没有实施违法犯罪行为的；二是越南籍人员以务工为目的偷越国境，其务工目的地虽然突破了我国边境地区或者与边境地区相邻的区域，但距离中越边境不是太远、非法务工时间不长，且没有实施违法犯罪行为的；三是以旅游、探亲为目的偷越国境，时间短且没有实施违法犯罪行为的；四是共同犯罪中的从犯。以上情形，对于行为人在本罪的法定刑种中可以选择较轻的刑种（如拘役或管制）并可以考虑在较轻刑种的法定幅度内处以较轻刑罚（包括处以较轻的罚金），同时对于中国籍犯罪人可以考虑适用缓刑，对于越南籍犯罪人可以考虑独立适用驱逐出境。

（二）量刑标准化

中共十八届四中全会通过的《中共中央关于全面推进依法治国若干重大问题的决定》指出：公正是法治的生命线，司法公正对社会公正具有重要的引领作用，司法不公对社会公正具有致命破坏作用。要保证公正司法，提高司法公信力。有学者指出："'同案同判'是自然正义和宪法原则的要求，是司法不断追求的永恒目标。"① 为贯彻罪刑法定原则及宽严相济的刑事政策，实现量刑均衡，维护司法公正，实现惩罚与预防犯罪的目的以及法律效果与社会效果的统一，同时为保障在同一地区同一时期，对于案情相近或相似的案件所判处的刑罚基本相同，笔者认为，根据中越边境妨害国境管理犯罪的成因与特点以及当前的司法实践，应将行为人的各种行为（情节）类型化，从而建立起相对固定的量刑标准体系。②

首先，从量刑依据的宏观上把握，以偷越人偷越国境目的或性质的不同，从轻到重可依次划分为以下三个层次：第一层次是务工型、旅游型、探亲型；第二层次为逃避法律制裁型；第三层次为违法犯罪型。除法定从严或从宽处罚情节外，对于实施第一层次犯罪的行为人，量刑时可以酌情从轻考虑，对于实施第二层次犯罪的行为人，可以考虑酌情从重，对于实施第三层次犯罪的行为人，在第二层次酌情从重的基础上，再酌情从重。另外，也可以偷越人偷越国境的目的或性质，划分为违法犯罪型和非违法犯罪型两大层次，除法定从严或从宽处罚情节外，对于偷越国境违法犯罪的组织者、运送者或者偷越国境者本人，量刑时可以酌情从重考虑，而对后者则酌情从轻处理。

其次，从微观层面把握，综合偷越人的不同情况，可划分出如下几种

---

① 刘树德：《政治刑法学》，中国法制出版社 2011 年版，第 118 页。

② 笔者认为，可以考虑将组织他人偷越国境罪、运送他人偷越国境罪和偷越国境罪作为常见犯罪，分别列入至广西壮族自治区和云南省高级人民法院的《〈关于常见犯罪的量刑指导意见〉实施细则》中。以广西为例，自 2017 年 6 月 1 日起实施的广西壮族自治区高级人民法院《〈关于常见犯罪的量刑指导意见〉实施细则》，并没有将上述三种涉及中越边境的常见犯罪列入其中（其列入的罪名有：交通肇事罪，故意伤害罪，强奸罪，非法拘禁罪，抢劫罪，盗窃罪，诈骗罪，抢夺罪，职务侵占罪，敲诈勒索罪，妨害公务罪，聚众斗殴罪，寻衅滋事罪，掩饰、隐瞒犯罪所得、犯罪所得收益罪和走私、贩卖、运输、制造毒品罪）。应当说，作为我国与越南接壤的两个省区，与在该两省区内发生的其他犯罪相比，涉及中越边境的上述三种犯罪事实上也体现出了其常见性，因而有将其纳入常见犯罪量刑指导意见中的必要。

不同的类型，除法定从严或从宽处罚情节外，对行为人分别酌情从重或从轻处罚。

1. 以偷越人偷越出入境后的时间为标准，划分为较短型和较长型

以越南籍人员偷越入境我国为例，笔者初步考虑，可将偷越入境后不满三个月的，划归为较短型，三个月以上的则确定为较长型。当然，也可以将偷越人偷越出入境后的时间划分为短、中、长三种类型。其中，不满三个月的为“短”型，三个月以上不满六个月的为“中”型，六个月以上的为“长”型。由于入境后非法居留时间的长短，可以体现行为人主观恶意性和社会危害性（对我国社会管理秩序的妨害以及对国家安全的威胁）的大小，所以根据其入境我国后的时间长短，可以分别酌情从重或者从轻处理。

2. 以偷越人偷越国境务工的目的地为标准，可以划分为边境地区务工型与非边境地区务工型

以越南籍人员偷越入境我国为例，偷越人被组织或者自行偷越后选择在我国边境地区做工的，中国的组织者一般为边境地区因一时紧缺劳力而急需用工的农民，而越南的组织者往往是中国组织者的亲戚或朋友，因而被组织者或自行偷越者也往往是与组织者存在一定的亲戚关系。同时，偷越人的工作一般是帮助“主人”打短工（如砍甘蔗、除草、伐木等），一般完成既定任务就返回越南国内。因此，此种情形下，无论是对组织者、运送者，还是自行偷越国境者本人，对其处罚时尚有“人情”的成分基础，因而可以考虑酌情从轻。而对于非边境地区务工这一类型，偷越者一般选择（或组织者帮选择）的是在诸如建筑工地或者工厂（或公司）之类的单位做工。应当说，该类型的偷越者一般具有较长时间在中国做工的主观愿望，同时因深入我国内地之故，其主观恶意性和对社会的危害性应大于边境地区务工这一类型。因此，无论是对组织者、运送者，还是自行偷越国境者本人，对其处罚时应考虑酌情从重。

以越南籍人员偷越入境我国为例，关于以务工目的地为标准的划分中，笔者认为还可以进一步分为就近务工、中距离务工及远距离务工三种类型。至于三者的范围，笔者初步认为，以中越边境线为起点，可将我国边境地区以及与边境地区相邻的县、市（县级市）、区划归为就近务工的范围，将突破与边境地区相邻的县、市（县级市）、区之外，但尚未突破我国与越南交界的云南省和广西壮族自治区行政区划范围内务工的，作为中距离务工处理，而突破了云南省和广西壮族自治区行政区划范围外的（包括从广西中越边境线入境后到云南省务工以及从云南中越边境线入境后到广西壮族自治区务工的情形），则属于远距离务工范畴。基于上述同样的理由，对组织者、运送者，还是自行偷越国境者本人处罚时，可依据上述三种情形依次酌情从轻、酌情从重、再酌情从重处理。

3. 以偷越者是否到达务工目的地为标准，可划分为成功型和非成功型

以越南籍人员偷越入境我国为例，前者是指偷越者已经到达我国某个预定的务工目的地。其被查获的情形有三种：有的是刚到目的地或到达后不久尚未开始工作被查获；有的是在目的地已开始务工或正在务工时被查获；有的是务工结束或者放假返回其国内的途中被查获。后者是指前往我国某个预定务工目的地的途中被查获的情形。对于后者，无论是组织者、运送者，还是偷越者本人，对其处罚时可以或者应当酌情从轻考虑。

不过值得说明的是，前述最高人民法院公布的第 883 号刑事审判指导案例（即农某兴组织他人偷越国境案），法院以中越边境的地理风情为“人情”基础，为体现罪责刑相适应原则，将被告人组织他人在前往务工目的地的途中被查获的行为以尚“在偷越国境过程中”为由认定为犯罪未遂，虽然其在对被告人判罚时所融入的“人情”成分是无可厚非的，也符合宽严相济刑事政策的要求。但是法院完全以此作为认定被告人犯罪未遂的依据，应当说是没有道理的，甚至是违背罪刑法定原则的表现。诚然，中越两国一衣带水，山水相连，两国人民各种形式的友好交往源远流长。由于我国广东等经济发达地区吸引了广西边境地区的大量劳动力，由此，广西边境地区大量劳力的缺乏，诸如砍种甘蔗、挖木薯、收割水稻、种植林木以及房屋装饰装修等就自然出现了完成工作的人员缺位，从而成为越南边民首选的务工工种和务工地。加之，越南务工人员吃苦耐劳又相对比较廉价，从而也就成为我国边民乃至内地某些企业或者个人雇请的首选。应当说，越南务工人员对我国边境地区劳力的补缺，既能够加强两国人民的友好交往，又能够帮助我国边境地区的经济发展，可谓双赢之效果，这应当成为中越边境妨害国境管理犯罪适用刑罚时考虑酌定从轻的情节。然而，这并不能成为司法机关认定行为人组织越南籍人员偷越国境犯罪未遂，甚至用于判定罪与非罪的依据，亦即其不能选择以认定犯罪未遂的路径来实现罪责刑相适应的目标。因为此举无疑会助长行为人大量实施组织越南籍人员偷越国境的犯罪，从而导致大量越南“三非”（即非法入境、非法居留、非法务工）人员长时间滞留在我国边境及其他地区，从而成为影响我国治安及国家安全的一大因素。为此，在影响我国治安秩序及国家安全利益的情况下，不管是根据《刑法》中的罪刑法定原则，还是援引行政法中的比例原则，均应将组织他人已实际跨越国境的行为认定为犯罪既遂。鉴于中越边境的实际情况，编写第 883 号刑事审判指导案例的作者认为，“如果对当地农村招募越南人务工的边民处以重刑，社会效果可能不好”，这恰恰证明作者混淆了犯罪与刑罚的关系，也显然误解了法律效果与社会效果的关系。实际上，其至多是可以作为酌定量刑情节从而影响量刑的一个问题（即可以或者应当从轻处罚）。作者在对该案作出判罚时的疑虑实际在于，如果认定被告人农某兴为犯罪既遂，那么根据《刑法》第 318 条第 1 款的规定，因其组织 14 名越南籍人员偷越国境，属于“人数众多”的加重情节，在不存在减轻情节的情况下，肯定要领受七年以上有期徒刑或者无期徒刑的刑罚量，而且不可能适用缓刑，而这对于被告人的处罚未免有些过重。因而，为了实现罪责刑相适应的目标，只好以“社会效果”的名义，首先将被告人的组织行为以尚“在偷越国境过程中”为由认定为犯罪未遂，使被告人获得从轻或减轻处罚的情节（即在7年以下处刑）；其次综合被告人的犯罪事实、情节及悔罪表现等考虑；最后决定减轻处罚，对被告人判处3年有期徒刑，缓刑3年，并处罚金5000元。实际上，如果一定认为被告人农某兴不应在本罪规定的法定刑之内处刑，那么也并不是找不到“折中”处理的途径。因为，《刑法》第63条第2款规定：“犯罪分子虽然不具有本法规定的减轻处罚情节，但是根据案件的特殊情况，经最高人民法院核准，也可以在法定刑以下判处刑罚。”据此，司法机关完全可以通过此径达到其所需的目标。[①]

4. 以偷越人员之间或组织者与偷越人之间的相互关系不同为标准，可划分为亲属型和非亲属型

如上或如前所述，无论是组织者还是偷越者，有的往往就是拉拢、引诱自己的亲戚前往中国务工，甚至有的无须通过拉拢、引诱的行为（如只是介绍）也可以成行，即使是不具有法律上的亲属关系，被组织人或者被引诱人也往往是同村屯的村民。对于此种情形，司法实践中有的人认为，如结伙偷越国境的人间具有亲属关系或者是同村屯的村民的，不应认定为结伙，亦即不以偷越国境罪论处。还有人认为，对于组织自己的亲戚或者同村屯的村民偷越至我国做帮工的组织者，不以组织他人偷越国境罪处理为宜，而对其进行行政处罚即可。因为中越边境双方人员历来有互往互助的传统，对此种危害不大且对我国边民有益情形下的组织者予以打击，有打击面过宽之嫌，不仅影响中越边民的交往，也不利于我国边境地区的经济发展。

笔者认为，如果单纯从刑事政策的角度考量，上述观点并非没有道理。因为，一方面，无论是组织者还是偷越国境的引诱者，其希望自己的亲戚

---

① 笔者认为，关于组织他人偷越国境罪既未遂的认定标准问题，应尽快回归本位以达致统一。否则，由此造成的司法乱象，将严重影响司法的公平与公正，进而影响司法信用及法律的威信。

能够到中国务工赚钱以改善家庭的经济条件，这是值得理解的；另一方面，中国组织者在缺乏劳力的情况下希望越南的亲戚或朋友帮忙（当然也有获取廉价劳力的意图）以解决燃眉之急，也是可以值得理解的；再一方面，被组织或者被引诱的亲戚或朋友对于组织者或引诱者的行为，应当也在能够容忍的范围内。实际上就连亲属相犯或者包庇、藏匿亲属犯罪的问题，无论我国还是外国均有出罪的规定。例如，我国早在汉朝就有“亲亲得相首匿”的规定，其意思是对于实施了犯罪行为（除了犯谋反、大逆之外）的亲属均可相互隐匿，而且减免刑罚。根据2013年4月2日最高人民法院、最高人民检察院《关于办理盗窃刑事案件适用法律若干问题的解释》第8条规定：“偷拿家庭成员或者近亲属的财物，获得谅解的，一般可不认为是犯罪；追究刑事责任的，应当酌情从宽。”2006年1月11日最高人民法院《关于审理未成年人刑事案件具体应用法律若干问题的解释》第9条第3款规定：“已满十六周岁不满十八周岁的人盗窃自己家庭或者近亲属财物，或者盗窃其他亲属财物但其他亲属要求不予追究的，可不按犯罪处理。”在国外，有的国家的刑法典明确规定包庇、藏匿犯罪的亲属或者对亲属犯罪的可以不追究刑事责任。例如，越南刑法典第22条第1款和第2款规定：知道犯罪正在预备、实施或者已经完成而不告发者，必须以包庇罪承担不告发的刑事责任。但如不告发者为罪犯的祖父母、父母、子女、孙子女、同胞兄弟姐妹、妻子、丈夫时，且犯罪不为危害国家安全或者所包庇的不属于其他特别严重犯罪的，则不承担不告发罪的刑事责任。[①] 又如，朝鲜刑法典第18条第1款规定：“以家庭成员、亲属为对象实施犯罪的，被害者或者被害一方要求不追究其法律责任的，可以不承担刑事责任。”[②] 再如，日本刑法典第105条规定，犯人或者脱逃人的亲属，为了犯人或者脱逃人的利益而藏匿犯人或者脱逃人，

---

① 参见《越南刑法典》，米良译，中国人民公安大学出版社2005年版，第9页。

② 参见《朝鲜民主主义人民共和国刑法典》，陈志军译，中国人民公安大学出版社2008年版，第4页。

或者为其隐灭证据的，可以免除处罚①，等等。所以，上述以人性为基础而主张将组织或引诱的对象为亲属或者同村屯的村民的组织者或引诱者予以出罪的观点，应当说是值得理解的。但是，如上所述，宽严相济刑事政策的实践展开必须受罪刑法定原则的支配。而目前，无论是立法还是司法解释，均没有对此种情形如何处理作出明确的规定，那么当然就不能轻易地对行为人作出出罪的处理。基于上述分析，笔者认为，目前的处理方式只能是，对于亲属型的，可以酌情从轻处罚（这是相对的罪刑法定原则与刑事政策融合的体现），而对于非亲属型的，则不考虑酌情从轻。

5. 以被组织者或者被运送者的身份不同为标准，可划分为特殊型和非特殊型

此处的"身份"特指被组织者或者被运送者的年龄、性别等。前者是指被组织者或被运送者中存在诸如小孩、老人或者妇女的情形，后者则是指不具有上述特殊身份的情形。就前者而言，2014 年左右发生在中越边境的偷越国境至他国或地区参加所谓"圣战"的系列偷渡行为中，就存在此种情况。为了逃避检查和打击，偷渡人员可谓精心设计和伪装，每一拨偷渡者中几乎都有妇女和儿童，这种组合容易被误认为经商或旅游者。在从广西境内偷渡时，偷渡者一般也不会从新疆直接到广西中越边境，而是绕道其他地方，再雇用"黑车"到广西边境线，这也是为了增加迷惑性。②由于司法解释目前并没有将"特殊型"纳入《刑法》第 318 条和第 321 条规定的加重情节中的"其他特别严重情节"，所以，笔者考虑，应当将组织或运送小孩、老人偷越国境的行为人，酌情从重处罚，而相比之下，对"非特殊型"的则可以不考虑酌情从重。

① 参见《日本刑法典》，张明楷译，法律出版社 2006 年版，第 42 页。

② 参见董振国、王军伟：《中国严打西南边境偷渡：境外势力煽动多人去圣战》，载 http://news.sina.com.cn/c/2015-01-19/000131414577.shtml，2019 年 5 月 7 日访问。

6. 以组织或运送的人数多少以及获利的数额大小等的不同为标准，可划分为一般型、重大型和特别重大型

对此分类，可根据公安部于2000年3月31日发布并施行的《关于妨害国（边）境管理犯罪案件立案标准及有关问题的通知》（公通字〔2000〕30号）的规定进行。根据该规定，组织他人偷越国（边）境、运送他人偷越国（边）境以及偷越国（边）境罪应当立为重大案件和特别重大案件的标准，分别为：

第一，组织他人偷越国（边）境，具有下列情形之一的，应当立为重大案件：（1）一次组织20—49人偷越国（边）境的；（2）组织他人偷越国（边）境3—4次的；（3）造成被组织人重伤1—2人的；（4）剥夺或者限制被组织人人身自由的；（5）以暴力、威胁方法抗拒检查的；（6）违法所得人民币5万—20万元的。组织他人偷越国（边）境，具有下列情形之一的，应当立为特别重大案件：（1）一次组织50人以上偷越国（边）境的；（2）组织他人偷越国（边）境5次以上的；（3）造成被组织人重伤3人以上或者死亡1人以上的；（4）违法所得20万元以上的。

第二，运送他人偷越国（边）境，具有下列情形之一的，应当立为重大案件：（1）一次运送20—49人偷越国（边）境的；（2）运送他人偷越国（边）境3—4次的；（3）使用简陋、破旧、报废、通气状况很差的船只或者车辆等不具备必要安全条件的交通工具运送他人偷越国（边）境，足以造成严重后果的；（4）违法所得5万—20万元的；（5）造成被运送人重伤1—2人的；（6）以暴力、威胁方法抗拒检查的。运送他人偷越国（边）境，具有下列情形之一的，应当立为特别重大案件：（1）一次运送50人以上偷越国（边）境的；（2）运送他人偷越国（边）境5次以上的；（3）造成被运送人重伤3人以上或者死亡1人以上的；（4）违法所得20万元以上的。

第三，偷越国（边）境，具有下列情形之一的，应当立为重大案件：（1）为逃避刑罚偷越国（边）境的；（2）以走私、贩毒等犯罪为目的偷越国（边）境的。

根据上述分类，对于重大型的行为人应当在法定刑幅度内酌情从重处罚，对于特别重大型的行为人应当在此基础上再酌情从重处罚。例如，上述所举韦某等组织他人偷越国境案，经新疆克拉玛依市中级人民法院审理查明，被告人韦某与境外人员“阿某”等共谋组织中国境内人员偷渡至越南，拉拢被告人陈某贵入伙，在中越边境探查出境路线，策划出境方案，并指挥王某有等其他 11 名被告人具体实施。2013 年 12 月至 2014 年 6 月，涉案被告人共拉运 45 车次 305 人越境，并向偷渡人员收取 5000 元至 6000 元的费用。克拉玛依市中级人民法院一审以组织他人偷越国境罪分别判处被告人韦某、陈某贵无期徒刑，剥夺政治权利终身，并处没收个人全部财产；分别判处王某有等 11 名被告人 7 年至 12 年有期徒刑，并处剥夺政治权利或罚金等相应附加刑。[①] 可见，无论是组织他人偷越国境的次数，还是非法获利，该案均属于特别重大案件，因而法院对被告人韦某等被告人酌情从重处罚，在七年以上有期徒刑或者无期徒刑的法定刑中，最终选择对被告人韦某和陈某贵判处无期徒刑，无疑是正确的。又如前述所举王某某等组织他人偷越国境案，经法院审理查明，2017 年 1 月 10 日，被告人王某某与中国山东省菏泽市牡丹区沙土镇新兴村任某的“晨明建材制砖厂”签订了劳务合同，由其负责招收工人，之后，被告人王某某、古某到越南招募了 42 名越南籍人员到该砖厂打工。2017 年 2 月 7 日，被告人王某某、古某带领该 42 名越南人到金厂乘坐微型车，于次日凌晨 2 时到文山州德厚服务区，并转乘由被告人王某祥事先联系好的大客车去山东。2017 年 2 月 8 日 10 时 30 分，该车行至富源县胜境关时被富源县公安局查获。法院认为，被告人王某某、古某在共同犯罪中起主要作用，系主犯。但被告人古某在犯罪活动中的地位和作用相比被告人王某某处于从属地位，在量刑时予以区分。鉴于被告人归案后认罪态度较好，确有悔罪表现，法院依法对被告人从轻处罚。最后法院以被告人王某某犯组织他人偷越国境罪，判

① 参见《新疆宣判涉参与资助恐怖组织偷越国境案》，载 https://zj.zjol.com.cn/news/151959.html，2019 年 5 月 7 日访问。

处有期徒刑9年，并处罚金人民币20000元；被告人古某犯组织他人偷越国境罪，判处有期徒刑7年，并处罚金人民币15000元。[①] 此案的务工目的地是山东菏泽市，一次组织人数42名，属于“重大型”的范畴，对被告人应在7年以上有期徒刑或者无期徒刑选择处刑。考虑到被告人在组织途中被查获，且归案后认罪态度较好，确有悔罪表现，在决定从轻处罚的情况下，对被告人王某某判处有期徒刑9年，并处罚金人民币20000元。显然，在不应选择适用无期徒刑的情况下，在七年以上十五年以下的幅度内，最后对被告人王某某所判处的刑罚，应当融入了“重大型”酌情从重的考量（加上运送路途遥远的因素），因而对于被告人王某某来说，是一个尚可以接受的结果。

7. 以犯罪人的国籍是否明了为标准，可划分为国籍明确型和国籍非明确型

以越南籍人员偷越入境我国为例，如上所述，通过案情的综合判断，按理被告人应为越南籍公民，但是由于最终没有确定被告人的国籍，从而导致法院无法适用驱逐出境这一刑种。我们还可以黎某甲组织他人偷越国境、黎某乙等偷越国境一案为例。经审理查明：2013年7月，被告人黎某甲与被告人黎某乙商量从越南带人到中国广东省打工。2013年8月26日凌晨，被告人黎某乙、杜某、陈某、谢某、裴某甲、谢某某、裴某乙、同案人裴某某（另案处理）八人乘车到达越南芒街市，在被告人黎某甲通过找“阿莲”“阿芳”（另案处理）帮忙下，安排被告人黎某乙等八人在未持有任何合法有效的出入境证件的情况下，从越南芒街市码头结伙乘船偷渡进入中国东兴市境内，被告人黎某甲安排车辆将他们带到防城港市防城区黎某甲的家中藏匿。同月31日下午，被告人黎某乙、杜某、陈某、谢某、裴某甲、谢某某、裴某乙、裴某某八人在被告人黎某甲的安排下搭乘“浙J×××××号”

① 参见云南省富源县人民法院（2017）云0325刑初197号刑事判决书。

客车前往广东，在途经广西防城港市港口区高速公路收费站时被公安民警查获。从该案法律文书载明的内容发现，所指控的8名被告人均注明为“国籍不明”，但从其姓名看，所有的被告人均以越文标注，而且有的被告人还注明有“越文三年级文化”或“越文四年级文化”等文化程度的内容，加之所有被告人均从越南入境我国的事实，因而明显可以确定上述被告人均属越南籍公民无疑。但因被告人的国籍没有得到核实，所以法院最终无法适用驱逐出境的附加刑。①

笔者初步认为，将犯罪的越南籍人员划分为国籍明确型和国籍非明确型，并通过酌情从轻或者从重处罚两种待遇的运用，或许（并不能确定）在一定程度上可以缓解无法适用附加刑驱逐出境的困境。因为，从司法实践看，上述困境的发生可能首先与犯罪人不承认自己是越南的国籍有关（因而无法通过越南警方的协助核实其身份），而对于所犯罪行较重的犯罪人而言，如果事先将国籍明确的可以酌情从轻以及国籍不明确的可以从重的处罚待遇告知，为了获取较轻的刑罚，其可能会首先主动承认自己的国籍身份，同时还可能会积极地通过各种能够行使的办法证实自己的国籍身份。

---

① 参见广西壮族自治区东兴市人民法院（2014）东刑初字第83号刑事判决书。

参考文献

一、著作类

1. 韩忠谟:《刑法原理》，北京大学出版社 2009 年版。

2. 马克昌主编:《犯罪通论》，武汉大学出版社 2006 年版。

3. 马克昌主编:《刑罚通论》，武汉大学出版社 2007 年版。

4. 马克昌主编:《百罪通论（下卷）》，北京大学出版社 2014 年版。

5. 高铭暄、马克昌主编:《刑法学》，北京大学出版社、高等教育出版社 2017 年版。

6. 高铭暄主编:《刑法专论（上编）》，高等教育出版社 2002 年版。

7. 高铭暄:《中华人民共和国刑法的孕育诞生和发展完善》，北京大学出版社 2012 年版。

8. 储槐植:《刑事一体化论要》，北京大学出版社 2007 年版。

9. 张明楷:《刑法学（上）》，法律出版社 2016 年版。

10. 张明楷:《刑法学（下）》，法律出版社 2016 年版。

11. 张明楷:《罪刑法定与刑法解释》，北京大学出版社 2009 年版。

12. 张明楷:《刑法的基本立场》，中国法制出版社 2002 年版。

13. 张明楷:《外国刑法纲要》，清华大学出版社 2007 年版。

14. 陈兴良:《刑法哲学（上）》，中国政法大学出版社 2009 年版。

15. 陈兴良:《规范刑法学（上册）》，中国人民大学出版社 2013 年版。

16. 陈兴良:《规范刑法学（下册）》，中国人民大学出版社 2013 年版。

17. 陈兴良:《刑法的格致》，法律出版社 2008 年版。

18. 陈兴良:《教义刑法学》，中国人民大学出版社 2010 年版。

19. 陈兴良:《本体刑法学》，中国人民大学出版社 2011 年版。

20. 陈兴良主编:《刑法总论精释（上）》，人民法院出版社 2016 年版。

21. 陈兴良主编:《刑法总论精释（下）》，人民法院出版社 2016 年版。

22. 魏东:《保守的实质刑法观与现代刑事政策立场》，中国民主法制出版社 2011 年版。

23. 卢建平主编:《刑事政策学》，中国人民大学出版社 2007 年版。

24. 周光权:《刑法总论》，中国人民大学出版社 2011 年版。

25. 周光权:《刑法各论》，中国人民大学出版社 2011 年版。

26. 刘明祥主编:《刑法的基础理论》，中国人民大学出版社 2015 年版。

27. 张小虎主编:《犯罪学研究》，中国人民大学出版社 2007 年版。

28. 梁根林:《刑事制裁: 方式与选择》，法律出版社 2006 年版。

29. 梁根林:《刑法总论问题论要》，北京大学出版社 2018 年版。

30. 姚建龙主编:《刑法思潮与理论进展》，中国人民公安大学出版社 2014 年版。

31. 刘树德:《政治刑法学》，中国法制出版社 2011 年版。

32. 谢望原、赫兴旺主编:《刑法分论》，中国人民大学出版社 2011 年版。

33. 冯军、肖中华主编:《刑法总论》，中国人民大学出版社 2012 年版。

34. 陈志军:《共同犯罪的理论与实践》，中国人民公安大学出版社 2012 年版。

35. 林亚刚:《刑法学教义（总论）》，北京大学出版社 2014 年版。

36. 齐文远、童德华、周详《全球化视野下的中国刑法原理》，法律出版社 2018 年版。

37. 张平、周铭川：《刑法总论疑难问题探究》，中国政法大学出版社 2016 年版。

38. 彭文华、王昭武、吴江：《中国刑法罪刑适用》，法律出版社 2013 年版。

39. 李晓明主编：《中国刑法基本原理》，法律出版社 2005 年版。

40. 李晓明主编：《中国刑法罪刑适用》，法律出版社 2005 年版。

41. 陈家林：《外国刑法通论》，中国人民公安大学出版社 2009 年版。

42. 张爱晓：《犯罪竞合基础理论研究》，中国人民公安大学出版社 2011 年版。

43. 臧铁伟主编：《中华人民共和国刑法修正案（九）解读》，中国法制出版社 2015 年版。

44. 熊选国、任卫华主编：《刑法罪名适用指南——妨害国（边）境管理罪》，中国人民公安大学出版社 2007 年版。

45. 中华人民共和国最高人民法院刑事审判第一、二、三、四、五庭主办：《中国刑事审判指导案例（05 卷）》，法律出版社 2017 年版。

46. 何帆主编：《最高人民法院司法观点集成（刑事卷Ⅳ）》，中国法制出版社 2017 年版。

47. 范宏贵、刘志强等：《中越跨境民族研究》，社会科学文献出版社 2015 年版。

48. 邓崇专：《中越刑事合作：现状与展望》，中国法制出版社 2017 年版。

二、论文类

1. 马克昌：《“宽严相济”刑事政策与刑罚立法的完善》，载《法商研究》2007 年第 1 期。

2. 于志刚：《罪刑法定原则认识发展中的博弈》，载《法学》2010 年第 1 期。

3. 熊永明：《〈刑法修正案（八）〉第37条的理解与适用》，载《山东警察学院学报》2011年第5期。

4. 陈国庆、韩耀元、吴峤滨：《〈关于办理妨害国（边）境管理刑事案件应用法律若干问题的解释〉理解与适用》，载《人民检察》2013年第3期。

5. 刘艳红：《“规范隐退论”与“反教义学化”——以法无明文规定的单位犯罪有罪论为例的批判》，载《法制与社会发展》2018年第6期。

6. 姜俊山：《组织他人偷越国（边）境罪相关问题探析》，载《法学杂志》2015年第9期。

7. 李晓杰：《在境内多次接应外籍偷渡人员构成组织他人偷越国（边）境犯罪》，载《人民司法》2017年第17期。

8. 孙运梁：《帮助行为正犯化的教义学反思》，载《比较法研究》2018年第6期。

9. 陈兴良：《刑法指导案例裁判要点功能研究》，载《环球法律评论》2018年第3期。

10. 王明辉、杜娟：《偷越国（边）案件的法律适用问题探究》，载《黑龙江省政法管理干部学院学报》2007年第2期。

11. 刘之雄：《法律推定的故意伤害罪、故意杀人罪研究——以聚众斗殴致人重伤、死亡为焦点》，载《法学家》2018年第1期。

12. 郭玮：《中立的帮助行为司法犯罪化的标准探讨》，载《西部法学评论》2018年第1期。

三、外国刑法典类

1.《越南刑法典》，米良译，中国人民公安大学出版社2005年版。

2.《朝鲜民主主义人民共和国刑法典》，陈志军译，中国人民公安大学出版社2008年版。

3.《日本刑法典》，张明楷译，法律出版社2006年版。